张勇 著

ECUPL 1952-2022

刑民一体化视域下个人信息保护问题研究

商务印书馆
The Commercial Press

编委会

主 任
郭为禄 叶 青 何勤华

副主任
张明军 王 迁

委 员
（以姓氏笔画为序）

马长山	朱应平	刘 伟	刘宪权	孙万怀
杜 涛	杜志淳	李 峰	李秀清	杨忠孝
肖国兴	何益忠	冷 静	沈福俊	张 栋
陆宇峰	陈金钊	陈晶莹	范玉吉	林燕萍
金可可	屈文生	胡玉鸿	贺小勇	徐家林
高 汉	高奇琦	高富平	唐 波	

本书受上海市高水平地方高校建设项目资助；
系国家社科基金一般项目
"大数据背景下公民个人信息刑法保护体系研究"
(19BFX074)的阶段性研究成果

总　序

以心血和智慧服务法治中国建设

华东政法大学成立70周年了！70年来，我国社会主义法治建设取得了一系列伟大成就；70年来，华政缘法而行，尚法而为，秉承着"笃行致知，明德崇法"的校训精神，与共和国法治同频共振，与改革开放辉煌同行，用心血和智慧服务共和国法治建设。

执政兴国，离不开法治支撑；社会发展，离不开法治护航。习近平总书记强调，没有正确的法治理论引领，就不可能有正确的法治实践。高校作为法治人才培养的第一阵地，要充分利用学科齐全、人才密集的优势，加强法治及其相关领域基础性问题的研究，对复杂现实进行深入分析、作出科学总结，提炼规律性认识，为完善中国特色社会主义法治体系、建设社会主义法治国家提供理论支撑。

厚积薄发70载，华政坚定承担起培养法治人才、创新学术价值、服务经济社会发展的重要职责，为构建具有中国特色的法学学科体系、学术体系、话语体系，推进国家治理体系和治理能力现代化提供学理支撑、智力支持和人才保障。砥砺前行新时代，华政坚定扎根中国大地，发挥学科专业独特优势，向世界讲好"中国之治"背后的法治故事，推进中国特色法治文明与世界优秀法治文明成果交流互鉴。

"宛如初升的太阳，闪耀着绮丽的光芒"——1952年11月15日，华东政法学院成立之日，魏文伯院长深情赋诗——"在这美好的园地上,让我们做一个善良的园工,勤劳地耕作培养,用美满的收获来酬答人民的期望"。1956年6月,以"创造性地提出我们的政治和法律科学上的成就"为创刊词,第一本法学专业理论性刊物——《华东政法学报》创刊,并以独到的思想观点和扎实的理论功力,成为当时中国法学研究领域最重要的刊物之一。1957年2月,《学报》更名为《法学》,坚持"解放思想、不断进步"的治学宗旨,紧贴时代发展脉搏,跟踪社会发展前沿,及时回应热点难点问题,不断提升法学研究在我国政治体制改革中的贡献度,发表了一大批高水平的作品,对我国立法、执法和司法实践形成了重要理论支持,在学术界乃至全社会产生了巨大影响。

1978年12月,党的十一届三中全会确定了社会主义法制建设基本方针,法学教育、法学研究重新启航。1979年3月,华东政法学院复校。华政人勇立改革开放的潮头,积极投身到社会主义法制建设的伟大实践中。围绕"八二宪法"制定修订、土地出租问题等积极建言献策;为确立社会主义市场经济体制、加入世界贸易组织等提供重要理论支撑;第一位走入中南海讲课的法学家,第一位世界贸易组织争端解决机构专家组中国成员,联合国预防犯罪和控制犯罪委员会委员等,都闪耀着华政人的身影。

进入新世纪,在老一辈华政学人奠定的深厚基础上,新一代华政人砥砺深耕,传承中华优秀传统法律文化,积极借鉴国外法治有益成果,为中国特色社会主义法治建设贡献智慧。16卷本《法律文明史》陆续问世,推动了中华优秀传统法律文化在新时代的创造性转化和创新性发展,在中国人民代表大会制度、互联网法治理论、社会治理法治化、自贸区法治建设,以及公共管理、新闻传播等领域持续发力,华政的学术影响力、社会影响力持续提升。

党的十八大以来,学校坚持以习近平新时代中国特色社会主义思想为指导,全面贯彻党的教育方针,落实立德树人的根本任务,推进习近平法治思想的学习、研究、宣传、阐释,抓住上海市高水平地方高校建设契机,强化"法科一流、多科融合"办学格局,提升对国家和上海发展战略的服务能级和贡献水平。在理论法学和实践法学等方面形成了一批"立足中国经验,构建中国理论,形成中国学派"的原创性、引领性成果,为全面推进依法治国、建设社会主义法治国家贡献华政智慧。

建校70周年,是华政在"十四五"时期全面推进一流政法大学建设、对接国家重大战略、助力经济社会高质量发展的历史新起点。今年,学校将以"勇担时代使命,繁荣法治文化"为主题举办"学术校庆"系列活动,出版"校庆丛书"即是其重要组成部分。学校将携手商务印书馆、法律出版社、上海人民出版社、北京大学出版社等,出版70余部著作。这些著作包括法学、政治学、经济学、新闻学、管理学、文学等多学科的高质量科研成果,有的深入发掘中国传统法治文化、当代法学基础理论,有的创新开拓国家安全法学、人工智能法学、教育法治等前沿交叉领域,有的全面关注"人类命运共同体",有的重点聚焦青少年、老年人、城市外来人口等特殊群体。

这些著作记录了几代华政人的心路历程,既是对华政70年来的学术成就、华政"创新、务实、开放"的学术文化的总结和展示;也是对更多后学以更高政治站位、更强政治自觉、更大实务作为,服务国家发展大局的激励;更是对华政这所大学应有的胸怀、气度、眼界和格局的展现。我们串珠成链,把一颗颗学术成果,汇编成一部华政70年的学术鸿篇巨作,讲述华政自己的"一千零一夜学术故事",更富特色地打造社会主义法治文化引领、传承、发展的思想智库、育人平台和传播高地,更高水准地持续服务国家治理体系和治理能力现代化进程,更加鲜明地展现一流政法大学在服务国际一流大都市发展、服务长三角一体化、服务法治中国建设过程中的新作为、新担当、新气象,向学校70年筚路蓝缕的风雨征程献礼,向所有关心支持华政发展的师生、校友和社会贤达致敬!

　　七秩薪传,续谱新篇。70年来,华政人矢志不渝地捍卫法治精神,无怨无悔地厚植家国情怀,在共和国法治历史长卷中留下了浓墨重彩。值此校庆之际,诚祝华政在建设一流政法大学的进程中,在建设法治中国、实现中华民族伟大复兴中国梦的征途中,乘风而上,再谱新章!

郭为禄　叶　青

2022年5月4日

目 录

序 论 ·· 1

第一章 个人信息保护的刑民一体化理念 ················· 4
第一节 个人信息的界定与多元法益属性 ················· 5
第二节 个人信息保护公法与私法的关系 ··············· 23
第三节 个人信息保护刑民一体化的根据 ··············· 31

第二章 个人信息保护的刑民一体化模式 ··············· 45
第一节 个人信息法益识别与分类分级保护 ··········· 45
第二节 个人信息安全风险预防与利益衡量 ··········· 58
第三节 《个人信息保护法》的衔接协调功能 ········· 65

第三章 个人信息去识别化的入罪与出罪 ··············· 75
第一节 个人信息去识别化及其法益保护 ··············· 76
第二节 个人信息去识别化的入罪根据 ··················· 87
第三节 个人信息去识别化的出罪事由 ··················· 93

第四章 信息数据与网络犯罪的刑法规制 ············· 100
第一节 侵犯公民个人信息罪及其认定 ················· 100
第二节 危害数据安全的犯罪及其认定 ················· 110

第三节　危害网络安全的犯罪及其认定 ………………… 129

第五章　敏感个人信息的刑民一体化保护 ……………… 152
　　第一节　敏感个人信息的界定及其法益性质 …………… 153
　　第二节　敏感个人信息刑民一体化保护模式 …………… 159

第六章　个人生物信息的刑民一体化保护 ……………… 173
　　第一节　个人生物信息法益保护的刑法理念 …………… 174
　　第二节　个人生物信息刑民一体化保护模式 …………… 186

第七章　个人信用信息的刑民一体化保护 ……………… 197
　　第一节　个人信用信息的界定及其法益性质 …………… 198
　　第二节　个人信用信息刑民一体化保护模式 …………… 204

第八章　个人疫情信息的刑民一体化保护 ……………… 214
　　第一节　个人疫情信息法益保护与利益衡量 …………… 215
　　第二节　个人疫情信息刑民一体化保护模式 …………… 224

第九章　APP 个人信息的刑民一体化保护 ……………… 233
　　第一节　APP 个人信息知情同意的法益保护 …………… 233
　　第二节　APP 运营者的保护义务及侵权犯罪 …………… 240
　　第三节　APP 用户被害人同意的出罪化事由 …………… 249

第十章　商用密码信息的刑民一体化保护 ……………… 256
　　第一节　商用密码信息安全保障理念与原则 …………… 257

第二节　商用密码信息安全等级保护与监管 …………… 262
第三节　商用密码信息安全义务与法律责任 …………… 267

结　语 …………………………………………………… 277

参考文献 ………………………………………………… 279

后　记 …………………………………………………… 286

序　论

当下信息网络技术深刻影响着人类社会生活,数据经济改变着人们的生活方式和社会规范,个人信息成为自然人虚化的人格存在。然而,随之而来的是非法买卖、泄露与滥用公民个人信息行为的日益泛滥,其借助网络载体所产生的波及效应,不仅严重侵犯个人隐私,危及社会公共利益和国家信息安全,而且极易引发诈骗、绑架、敲诈勒索等"次生"犯罪,成为新型网络犯罪的根源。因此,有必要通过制定和实施国家法律法规,确立个人信息处理行为规范及法律责任,保护个人信息权益,并促进个人信息的合理利用和经济发展。然而,目前我国个人信息保护立法却存在不足:私法规范过于关注个人隐私权,而相对忽视对其他人格权及财产权的保护;公法规范则零散杂乱、不成体系,仅强调信息网络公共安全保障,对个人信息权益保护重视不够。在刑事立法与司法解释之间,刑法与民法、行政法之间,存在诸多不衔接、不协调的"碎片化"问题,由此也带来认定处理对侵犯公民个人信息罪的诸多困惑,致使查证难度和司法成本相当大,仅仅依靠刑事手段也难以达到遏制此类犯罪的目的。

近年来,我国先后通过《民法典》、《网络安全法》、《电子商务法》、新版《消费者权益保护法》等法律,逐步确立了个人信息保护的基本规则,新修订的《刑法》完善了惩治侵害个人信息犯罪的法律制度,新颁布的《民法典》还明确了个人信息主体的权益。2021年,数据安全和个人信息保护领域进入全新的时代,《数据安全法》《个人信息保护法》等新法新规于 2021 年颁布并实施,网信部门、工信部门等监管部门的数据安全和个人信息保护执法进入常态化阶段,数据安全问题多次引发热议,个人信息保护公益诉讼成为新的公益诉讼关注重点。其中,《个人信息保护法》作为我国第一部专门规定个人信息保护的法律,明确了个人信息处理全生命周期的规范要求、个人在个人信息处理活动中的权利,以及个人信息处理者的义务及法律责任。此外,为落实上位法的精神和原则,《网络数据安全管理条例(征求意见稿)》《互联网信息服务算法推荐管理规定》《网络安全审查办法》等一批重要的新法新规正在或已完成意见征求。在地方立法层面,《深圳经济特区数据条例》和《上海市数据条例》由深圳市人大常委会和上海市人大常委会讨论通过,并于 2022 年 1 月 1 日生效,为未来全国性立法工作提供了有益探索。此外,个人信息保护的法律体系自身是一个开放的复杂系统,并不局限于静态的文本构造,更应从其司法功能的动态发挥中得到实现。

在大数据时代,个人信息法益性质和结构趋于复杂化,呈现个人法益、公共法益、国家法益兼具的多元化特征。在个人信息法律保护领域,也出现了公、私法交叉融合的趋势。在我国《个人信息保护法》等综合性法律法规公布实施的背景下,从法律体系角度基于民法、行政法与刑法的不同功能,对个人信息所蕴含的多元法益实行公、私法一体化保护,实现不同信息主体的权利保障和利益平衡,是本书所关注和探讨的问题。本书立足于刑民一体化和法秩序统一性的理论视角,通过考察和梳理侵犯个人信息的违法犯罪及国内外法律规制状况,剖析我国个人信息保护立法和司法方面的不足,确立个人信息权利保护与合理利用相统一的价值理念,探讨侵犯个人信息行为犯罪化与非犯罪化的范围与限度,形成内外部衔接协调的公民个人信息刑法保护体系。在此基础上,针对敏感个人信息、个人生物信息、个人信用信息、个人疫情信息、APP 个人信息、商业密码信息等不同类型个人信息在刑民一体化保护方面的具体问题展开研究,寻求法律体系内外部衔接协调的路径与模式。

第一章
个人信息保护的刑民一体化理念

随着我国信息化程度不断提升,个人信息保护问题日益突出,个人信息保护规范存在着碎片化、保护利益不清晰、效力层级低、执法部门定位和权限不明确等问题。① 在民事、行政等部门法律保护力度明显不足的情况下,立法层面越来越注重运用刑事法律手段强化对个人信息的保护。在此过程中,个人信息的内涵与对象范围也在不断扩张。在当下信息网络社会风险因素和潜在威胁不断增大的情况下,追求个人信息安全、社会公共和国家信息安全成为人们的普遍心态和立法目标的价值选择,个人信息保护的法益呈现复杂化形态和多元化趋势。我国《个人信息保护法》已经颁布,该法律使用了"个人信息权益""个人在个人信息处理活动中的权利"等概念,《民法典》也明确保护个人信息,同时规定网络虚拟财产和数据作为财产性质的权利(权益)受到法律保护。② 正确认识个人信息的内涵及其所蕴含的法益,成为对其进行法律保护所面临的首要问题。

---

① 齐爱民:《信息法原论——信息法的产生与体系化》,武汉大学出版社2010年版,第33页。
② 张新宝:《论个人信息权益的构造》,《中外法学》2021年第5期。

第一节 个人信息的界定与多元法益属性

一、个人信息的概念及其可识别性

(一) 个人信息的概念界定

"个人信息"的概念一般是指与特定个人相关联的、反映个体特征的具有可识别性的符号系统,具体包括个人身份、工作、家庭、财产、健康等各方面信息。我国立法及司法解释中先后使用了"信用卡信息""个人信息""身份信息""身份认证信息""推定身份信息"等相关概念的表述,之后"公民个人信息"逐渐成为刑法及司法解释中的规范概念。有的学者主张,在"个人信息"前面加上"公民"两个字实无必要,应当删除;[1]有学者则认为,刑法规范逐渐向着超个人法益的保护方向扩张,"公民个人信息"中的"公民"概念正是体现着这种立法趋向,因而是有意义的,不宜删除。[2] 比较而言,后一种观点是妥当的:如果将"个人信息"仅看作自然人的人身和财产权,前面"公民"两个字显得画蛇添足;但"个人信息"不仅限于自然人的个人权利,往往涉及社会公共利益甚至国家安全,其所蕴含的法益是个人信息权利的集合,也是一

---

[1] 赵秉志:《公民个人信息刑法保护问题研究》,《华东政法大学学报》2014年第1期。

[2] 曲新久:《论侵犯公民个人信息犯罪的超个人法益属性》,《人民检察》2015年第11期。

种综合性权利或利益,用"公民个人信息"的概念表述更能予以全面反映。

从相关立法和司法解释来看,根据《刑法》第253条之一的规定,违反国家有关规定,向他人出售或者提供公民个人信息,情节严重的,以及窃取或者以其他方法非法获取公民个人信息的,构成侵犯公民个人信息罪。最高人民法院、最高人民检察院、公安部2013年发布的《关于依法惩处侵害公民个人信息犯罪活动的通知》规定,公民个人信息包括公民的姓名、年龄、有效证件号码、婚姻状况、工作单位、学历、履历、家庭住址、电话号码等能够识别公民个人身份或者涉及公民个人隐私的信息、数据资料。这是刑事司法解释中最早出现个人信息的概念,其在广义上把握个人信息,将识别个人身份或者涉及公民个人隐私的信息都包括在内。与之相应,《网络安全法》第76条规定,个人信息是指以电子或者其他方式记录的能够单独或者与其他信息结合识别自然人个人身份的各种信息。从立法目的上看,《网络安全法》主要是出于网络信息安全角度考虑的,而《刑法》主要在于保护公民个人信息的相关权利,应当适当扩大法益保护的范围。[①]

之后,最高人民法院、最高人民检察院于2017年6月颁布施行《关于办理侵犯公民个人信息刑事案件适用法律若干问题的解释》(以下简称《个人信息刑案解释》)第1条明确规定,《刑法》第253条之一规定的"公民个人信息"是指以电子或者其他方式记录的能够单独或者与其他信息结合识别特定自然人身份或者反映特定自然人活动情况的各种信息,包括姓名、身份证件号码、通信通讯联系方式、住址、账号密码、财产状况、行踪轨迹等。可以说,这是目前对公民个人信息概念的

---

① 喻海松:《侵犯公民个人信息罪司法适用探微》,《中国应用法学》2017年第4期。

完整表述。根据此解释,在个人身份信息之外能够"反映特定自然人活动情况的各种信息",也属于个人信息,这比之前实施的网络安全法以及2013年的《关于依法惩处侵害公民个人信息犯罪活动的通知》中关于个人信息的界定还要宽泛。在2017年《个人信息刑案解释》实施之后,国家立法机关进一步对个人信息概念进行了明确。根据《民法典》第1034条第2款的规定,个人信息是以电子或者其他方式记录的能够单独或者与其他信息结合识别特定自然人的各种信息,包括自然人的姓名、出生日期、身份证件号码、生物识别信息、住址、电话号码、电子邮箱、健康信息、行踪信息等。《个人信息保护法》第4条第1款规定,个人信息是以电子或者其他方式记录的与已识别或者可识别的自然人有关的各种信息,不包括匿名化处理后的信息。

前述立法及司法解释都比较重视信息在识别特定个人方面的功能发挥,采用列举与概括相结合的规范方式。当然,不同立法及司法解释对"个人信息"的概念表述不尽一致,其外延也存在一定的差异。正如有学者指出,《民法典》或《个人信息保护法》中有明确规定,但《个人信息刑案解释》未明确列举的个人信息类型,刑法上也可能进行处罚。例如,在《民法典》和《网络安全法》中,都将生物识别信息明确规定为个人信息,在《个人信息保护法》第28条第1款中,将生物识别信息明确规定为个人敏感信息。但是,在《个人信息刑案解释》中并无相关规定。不过,这不影响司法机关将非法获取、提供个人生物信息的行为认定为犯罪。由于不同部门法规范的保护目的不同,对某一特定概念可以做相对不同甚至独立的理解,这也表明了涉及个人信息概念的刑事违法具有相对性。①

---

① 周光权:《刑法视野中个人信息概念的相对理解》,《法治日报》2021年9月1日。

(二) 个人信息的可识别性

国内学界关于个人信息的概念存在认识分歧。有的学者认为,公民个人信息的本质属性就在于可识别性,并提出与自然人相关、单独或与其他信息组合可以识别特定个人身份的信息都是公民个人信息。① 亦有学者认为,公民个人信息的范畴应限缩解释为可直接识别特定个人身份的公民个人信息。② 还有学者认为,刑法上的公民个人信息是具有法益关联性、强识别性的信息。如果行为人仅仅采用非法方式获取了被害人的弱识别性、公开性信息,与公民个人法益的关联程度不强、专属性较弱的,则不能动用刑法处置。③ 另有一些学者认为,个人信息中的"信息"应当具有法律上的保护必要性,即必须和主体的特定人格权益及由此引发的财产权益相关。④ 目前,"可识别性"被学界普遍视为个人信息的本质特征。比较《民法典》和《个人信息保护法》对个人信息的定义,虽然表述上有所差异,但"可识别性"被认为是个人信息的共同要素和本质特征,包括身份识别和行为识别。⑤ 如果某种信息能够直接识别特定自然人及其活动情况,即为"直接个人信息";而诸如手机设备识别码(IMEI)、浏览记录、消费记录、行为记录或手机型号、GPS 位置信息、IP 信息等,虽不直接指向特定个人,故可识别性程度较弱,但通过与特定自然人及其活动的关联性,在借助其他"辅助

---

① 胡胜:《侵犯公民个人信息罪的犯罪对象》,《人民司法》2015 年第 7 期。
② 高富平、王文祥:《出售或提供公民个人信息入罪的边界——以侵犯公民个人信息罪所保护的法益为视角》,《政治与法律》2017 年第 2 期。
③ 叶良芳、应家赟:《非法获取公民个人信息罪之"公民个人信息"的教义学阐释——以〈刑事审判参考〉第 1009 号案例为样本》,《浙江社会科学》2016 年第 4 期。
④ 杨惟钦:《价值维度中的个人信息权属模式考察——以利益属性分析切入》,《法学评论》2016 年第 4 期。
⑤ 苏今:《〈民法总则〉中个人信息的"可识别性"特征及其规范路径》,《大连理工大学学报(社会科学版)》2020 年第 1 期。

信息"后也能起到识别作用,因而属于"间接个人信息"。须指出,某种个人信息的"识别度"实际上处于一种暂时而不稳定的状态,需要将其与相匹配的外部信息结合才能认定。① "绝对不可识别是不存在的,可识别性只存在强弱之分。"②间接个人信息不是不具备"可识别性",而是不具有直接识别的可能性;某种单个信息可能不能识别特定自然人身份及其活动情况,但将不同信息组合起来就具有可识别性;而离开了信息组合的关联性,其就不能成为"间接个人信息"。在信息网络社会之前,个人信息处理方法较为简单,直接识别成为主要方式;但在大数据背景下,间接个人信息越来越发挥着重要的识别作用。③ 对于间接个人信息来说,需具备与特定自然人身份及活动情况的关联性并达到一定的紧密程度。就此而言,间接个人信息也可能具有较强的可识别性,只不过需要借助其他信息加以综合分析判断。信息处理者通过分析和利用海量的个人信息数据,绘制"用户画像",使其在具体场景里具有了更多商业应用价值,同时也极大地提高了个人信息被滥用的风险。④ 因此,不能因为间接个人信息的"间接性"而忽视对它进行规制和保护,只不过不是再像以往一样依赖隐私权保护模式,而是要通过保护个人信息权来实现。

在我国《刑法》中,"公民个人信息"的本质特征在于它具有个人身份或个体特征的可识别性。所谓"可识别性",即指相关信息与特定公

---

① See Omer Tene, Jules Polonetsky, "Big Data for All: Privacy and User Control in the Age of Analytics", *Northwestern Journal of Technology and Intellectual Property*, 11(5), 2013, p. 257.
② 郑飞:《大数据时代的权利演进与竞合:从隐私权、个人信息权到个人数据权》,《上海政法学院学报(法治论丛)》2021年第5期。
③ 程啸:《论我国个人信息保护法中的个人信息处理规则》,《清华法学》2021年第3期。
④ 邓建鹏、石立坤:《间接个人信息安全及法律保护》,《中国信息安全》2020年第1期。

民具有一定的关联性与专属性,通过这些信息符号能够把信息主体直接识别出来,或者与其他信息结合,从而间接识别出主体身份和个体特征,具体包括识别特定个人身份与识别特定个人个性特征两种情况。如果某些信息仅仅属于某些个人兴趣爱好或特殊习惯,虽具有一定的敏感性,但无法明确知道该个人的身份,也即无法特定化,不能直接侵害或威胁该个人的隐私或人格尊严,根本不具有社会危害性,也就不应成为刑法中的"公民个人信息"。这里需要探讨的是,公民个人信息是否具有较强的识别性、是否具有刑法所保护法益的关联性? 应当看到,公民个人信息识别性的强弱并不能决定其法益关联性大小,实践中完全有可能出现虽然公民个人信息识别性较弱,但对法益造成的威胁或损害反而更严重,或者虽然公民个人信息识别性较强,但对法益并没有可能产生足够的威胁等情况。因此,《刑法》中的公民个人信息只需要具备可识别性特征即可,不要求其具有较强识别性和法益关联性。同时,不是所有具有可识别性的个人信息都需要纳入《刑法》保护范围。有学者主张,侵犯公民个人信息标准的衡量应当以是否关系到当事人以及是否具备法律保护的价值和可行性为标准,[①]《刑法》中公民个人信息的判断标准,除了个人信息识别性的强弱以外,还包括行为人非法获取个人信息的数量规模,行为方式和用途去向,被害人个体心理感受,对国家信息安全、社会公共利益的影响,等等。[②] 诸如事关公共生活的个人信息、非专有个人信息、无效的个人信息等,除非能够识别特定用户的身份或个体特征的,一般不需要纳入公民个人信息范畴。另外,随着信息技术升级和大数据的应用,可识别与不可识别、隐私与公

[①] 杨燮蛟、张怡静:《大数据时代个人信息刑法保护新探——以〈刑法修正案(九)〉为视角》,《浙江工业大学学报(社会科学版)》2016年第4期。
[②] 胡胜:《侵犯公民个人信息罪的犯罪对象》,《人民司法》2015年第7期。

开的界限变得越来越模糊,对公民个人信息的内涵难以作出精确界定,使得刑法在侵犯公民个人信息犯罪圈划定问题上面临很大的困扰。司法关注的重点应单纯从公民个人信息的性质、类型转移到对非法获取公民个人信息之后的实际用途及其危害结果的评价上来,更多地注重对公民个人信息滥用风险的评估和控制,以更有效地实现对侵犯公民个人信息犯罪的惩治。

(三) 信息与数据的界分

在国外,许多国家的法律法规对数据和信息未加以区分,如欧盟的《通用数据保护条例》(GDPR)对"个人数据"的保护就是对可识别或已识别的"个人信息"的保护。我国采取分散式立法模式,"信息""数据""个人信息""个人数据""个人资料""个人隐私""个人电子信息"等称谓各异,信息与数据的范畴关系难以厘清。[1] 有的观点将数据与信息等同,有的认为数据大于信息,还有的则认为数据小于信息。[2] 在我国《刑法》规定的相关罪名中,"数据"与"信息"的概念关系也难以区分,因此有必要予以厘清。

首先,从数据的本质属性来看,"数据"和"信息"两个概念既有紧密联系又存在区别。从国外立法来看,欧盟于1991年制定的《信息技术安全评估准则》(ITSEC)首次提出了包含数据的保密性、完整性、可用性"三要素",对数据占有主体赋予了较为严格的规范保护义务,建立了以数据用户权益保障为核心的数据安全保护体系。国际标准化组织(ISO)认为,数据是以一种适合沟通、解释或处理的形式化方式,是对信息的可解释性呈现。值得注意的是,《信息安全技术 信息安全事

---

[1] 彭诚信、向秦:《"信息"与"数据"的私法界定》,《河南社会科学》2019年第11期。
[2] 梅夏英:《数据的法律属性及其民法定位》,《中国社会科学》2016年第9期。

件分类分级指南(征求意见稿)》(以下简称《信息安全事件分类分级指南》)第3.5条规定,数据是指"关于可感知或可想象到的任何事务的事实";同时第3.6条规定,信息即"有意义的数据"。由此看出,数据和信息可谓"一体两面",数据是信息的形式和载体,信息则是数据可以表达的内容。就某个特定场景而言,数据和信息是很难分离的。但在计算机信息系统中,有些数值虽然对于计算机信息系统或某些程序本身的运行必不可少,但却不一定体现为对外的信息内容,也不能被人所识别,因而信息时代的数据范畴比信息要大。[1] 相对来说,对个人信息的保护,法律更加关注信息的"保密性",即信息权利主体对个人信息的"能够知悉的状态";侵犯公民个人信息罪中"非法获取、披露、使用或允许他人使用"的行为所侵犯的法益是个人信息的保密性。而对于数据来说,其对应的数据主体权利属性却并非仅为"保密性",法律所保护的是数据主体的使用权益,避免数据被他人非法获取、删改、压缩或者使用,这一点与个人信息权利属性不同。

其次,从数据的表现形式来看,传统的计算机时代,数据仅包括特定类型的结构化数据和静态的数据库。而在信息时代,不仅数据的存储和处理设备发生了根本性变革,数据所承载的信息的内容也发生了根本变化,无论是单个数据的集合,还是经过数据集合的技术处理而生成的有价值的数据,其内涵都远远大于信息。对于诸如文本、声频、视像等半结构化、非结构化的数据来说,其本身就已经是信息对自然人社会活动的不间断自动化记录,而不再是对客体简单的测量数值。有些看似简单且杂乱的半结构化、非结构化数据,经过成规模的收集和处理后,可能展示出重要的信息。与此同时,计算机信息系统的终端计算能

---

[1] 涂子沛:《数据之巅:大数据革命、历史、现实与未来》,中信出版社2014年版,第256页。

力明显弱化,存储、处理、传输都不是针对数据的主要技术过程。网络空间里的数据由计算机信息系统的技术传输对象逐渐变成了现实载体,对信息系统技术性无重要意义的数据,可能是大数据时代法律所要重点关注的对象。因而,数据法益具有独立的技术属性与法律地位,并成为法益保护对象和主体内容。①

二、个人信息的公、私法益多元形态

世界各国普遍将平衡个人、信息业者(一般个人信息处理者)与国家三者之间的关系作为个人信息保护立法的主要目的。② 如欧盟《通用数据保护条例》第 1 条第 1 款规定:"本条例制定关于处理个人数据中对自然人进行保护的规则,以及个人数据自由流动的规则。"其"前言"部分第 2 条也明确指出:"本条例意在促进创立一个自由、安全与正义的领域和经济联盟、推动经济和社会进步、加强欧盟内部市场的经济融合,以及维护自然人的福祉。"

对于个人信息的法益属性,国内学界存在认识分歧,主要有以下观点:有的学者将公民个人信息的法益理解为个人隐私权,既包括公民个人隐私不受侵犯的权利,也包括公民对自己个人信息的控制权。③ 有的学者则认为,《刑法》中侵犯公民个人信息罪的法益应理解为公民人格尊严与个人自由,隐私利益只是个人尊严保护的一项内容。④ 还有

---

① 孙道萃:《大数据法益刑法保护的检视与展望》,《中南大学学报(社会科学版)》2017 年第 1 期。
② 张新宝:《论个人信息权益的构造》,《中外法学》2021 年第 5 期。
③ 刘艳红编:《刑法学》(下),北京大学出版社 2016 年版,第 253 页。
④ 高富平、王文祥:《出售或提供公民个人信息入罪的边界——以侵犯公民个人信息罪所保护的法益为视角》,《政治与法律》2017 年第 2 期。

的学者认为,《刑法》中的公民个人信息判断应以"私人生活安宁"为标准。① 另有学者认为,公民个人信息不仅仅直接影响着公民个人信息安全以及公民生活安宁,而且关系到社会公共秩序、信息主权甚至国家的安全,因而具有"超个人法益"属性。② 此外,围绕侵犯公民个人信息罪存在个人法益观与超个人法益观的争论:个人法益观认为本罪的保护法益是公民个人信息权;超个人法益观认为本罪的保护法益是公共信息安全或者其他集体法益。在个人法益观内部,又存在私法法益观与公法法益观之争:私法法益观认为个人信息权的内涵是个人信息自决权,强调个人信息权的排他性;公法法益观在"公民权利-国家义务"的关系中理解个人信息,认为个人信息权的内涵是个人信息受保护权。有学者提出个人信息权益的"权益构造"理论,其中个人信息权益的内部构造由"本权权益"与保护"本权权益"的权利构成。"本权权益"主要包括人格尊严、人身财产安全以及通信自由和通信秘密等利益,但不包括财产利益;保护"本权权益"的权利主要包括同意(或拒绝)的权利以及知情、查阅、复制、转移、更正、补充、删除、请求解释说明等权利。③ 还有学者提出,个人信息权益体现为三层构造:在宪法维度,个人信息权益包含了以尊严为核心的基本权利所对应的个人自治、生活安宁、公正对待、信息安全四类法益;在民法维度,个人信息权益包含民法上的隐私、名誉等个人信息关联权益,主要对应的是个人信息处理导致的现实损害;在行政法维度,个人在个人信息处理活动中的权利是国家主导构建的法秩序的构成要素,作为国家规制的产物由公共监管积极形塑

---

① 胡胜:《侵犯公民个人信息罪的犯罪对象》,《人民司法》2015 年第 7 期。
② 曲新久:《论侵犯公民个人信息犯罪的超个人法益属性》,《人民检察》2015 年第 11 期。
③ 张新宝:《论个人信息权益的构造》,《中外法学》2021 年第 5 期。

与保障。①

以上观点,都反映了个人信息多层次、多元化的法益属性和形态。侵犯公民个人信息罪的法益观之争,直接影响对本罪构成要件符合性和违法性的判断,进而决定了本罪犯罪圈的大小,②因而有必要探讨个人信息的法益形态。

(一) 个人信息的私法法益

首先,需要探讨一下个人信息权与隐私权的关系问题。国内多数学者认为,两者的性质和范围是不同的。其中,有人认为,个人信息与隐私所指向的对象是一种交叉关系,个人信息如果涉及私人生活的敏感之处,就可归属于隐私范畴,而公开程度比较高的,则不属于隐私。③有人则认为,《刑法》不能对个人信息进行绝对化的保护,应仅限于公民个人信息所能体现的公民隐私权的那一部分,而与公共生活有关的部分应该排除出《刑法》规制范围。④ 还有的学者认为,《刑法》设置侵犯公民个人信息罪的目的是保护公民人格尊严、自由等宪法权利,而不仅仅是对公民隐私权的保护。⑤ 在国外,关于个人信息权利性质的归属,一种是以美国法为代表,将个人信息归类于个人隐私的范畴,倡导以"隐私权"保护个人信息权;另一种以德国法为典型,将个人信息权

---

① 王锡锌:《个人信息权益的三层构造及保护机制》,《现代法学》2021年第5期。
② 欧阳本祺:《侵犯公民个人信息罪的法益重构:从私法权利回归公法权利》,《比较法研究》2021年第3期。
③ 张新宝:《从隐私到个人信息:利益再衡量的理论与制度安排》,《中国法学》2015年第3期。
④ 王昭武、肖凯:《侵犯公民个人信息犯罪认定中的若干问题》,《法学》2009年第12期。
⑤ 高富平、王文祥:《出售或提供公民个人信息入罪的边界——以侵犯公民个人信息罪所保护的法益为视角》,《政治与法律》2017年第2期。

称为"信息自决权",即个人依照法律控制自己的个人信息并决定它们是否可被收集和利用的权利。① 德国在1990年颁布的《联邦个人数据保护法》中归纳出的个人信息自决权包括:个人信息告知权、个人信息更正权、个人信息封锁权以及个人信息删除权,这些内容拓展都使信息权成为多面向、多维度的体系化的权利整体。即便是在美国,当下在私法领域内的隐私权被赋予了更加丰富的内涵,扩充为信息隐私、空间隐私和自我决定的隐私。②

从我国民法上看,所谓"隐私权"在过去并没有被当作独立的人格权看待,它其实并不是一种法定权利,只是被纳入名誉权的范围,间接地受到有限法律保护。《民法典》第1034条规定,"个人信息中的私密信息,适用有关隐私权的规定",从而将隐私权作为独立的人格权加以保护。而关于隐私权与个人信息权的关系,在法学界和司法实践中一直存在认识分歧,有的观点认为,个人隐私与个人信息存在交叉关系,其中的交叉重叠部分就是个人敏感信息或者私密信息;有的观点则认为,隐私权是一种民事权利,个人信息则是一种民事权益,隐私权作为高位阶的权利,具有适用的优先性。③ 本书同意后一种观点:如前所述,个人信息权并不限于隐私权,尽管后者是其最重要、最核心的内容。比较来说,个人信息权的法律保护属于弱保护,而隐私权的法律保护则属于强保护,后者是公民人格权中涉及人格尊严的核心部分;一般个人信息大多不需要权利主体明示同意也可收集,但对于私密敏感信息不能仅仅通过知情同意权加以保护,而是应优先适用隐私权保护。然而,

---

① 王利明:《论个人信息权的法律保护——以个人信息权与隐私权的界分为中心》,《现代法学》2013年第4期。
② 杨惟钦:《价值维度中的个人信息权属模式考察——以利益属性分析切入》,《法学评论》2016年第4期。
③ 张新宝:《个人信息收集:告知同意原则适用的限制》,《比较法研究》2019年第6期。

当个人私密敏感信息经过去识别化的"脱敏"技术处理,成为单纯的个人数据之后,人格权属性减弱,财产属性和交易价值相应地增强,其社会公共属性得以体现和凸显。

在我国立法中,个人信息涉及的权利范围整体而言超出了隐私权。《个人信息刑案解释》将"公民个人信息"分为"识别特定自然人身份"或"反映特定自然人活动情况"两类,明显不限于隐私权的范畴。在我国《民法典》制定颁布之前,原《侵权责任法》第2条首次纳入了隐私权的概念,第62条规定了医疗机构及其医务人员对患者的隐私保密的义务和侵权责任。但无论是我国《民法通则》还是《民法典》,都没有将公民个人信息的权利范围进行明确规定,所谓"公民个人信息权"其实是个理论上的概念,缺乏独立的法律地位。因而将公民个人信息作为某种个人法益直接在刑法中予以保护缺乏前置根据。从学理解释角度,公民个人信息权和隐私权存在较为明确的区别:首先,从权利属性看,隐私权主要是精神性的人格权,是消极性和防御性的;而个人信息权属于一种集人格利益与财产利益于一体的综合性权利,权利人可以对其进行积极利用并加以保护。其次,从权利客体看,隐私属于私密性信息,而个人信息注重的是身份识别性,常常以集合的形式表现出来,形成了所谓的"大数据",与国家安全和社会公共利益的联系更为密切。[①]最后,从权利内容看,隐私权主要包括维护个人的私生活安宁,而公民个人信息权主要是指对个人信息的支配和自主决定,包括个人对信息被收集、利用等的知情权,以及自己利用或者授权他人利用的决定权等内容。

基于以上分析,从传统个人法益角度来说,《刑法》之所以将侵犯

[①] 王利明:《论个人信息权的法律保护——以个人信息权与隐私权的界分为中心》,《现代法学》2013年第4期。

公民个人信息的行为犯罪化,就在于这种行为威胁或损害了公民个人隐私在内的人格尊严和个人信息自决的自由,以及由人格权延伸出来的财产利益。首先,应将《刑法》中公民个人信息的法益主要理解为一种人格权,可将其作为侵犯公民个人信息罪的主要客体。从实体上包括隐私权、肖像权、姓名权等,从形式上则表现为个人信息自决权,即公民拥有是否同意他人收集和利用本人的信息的选择权。意志自由是人格自由发展和人格尊严的前提,法律保护个人信息的首要目的在于对个人信息自决的维护,保障个人的信息自决权有利于人格尊严与自由发展。同时,应将个人信息确认为一种具体人格权,并通过单行法的形式,明确个人信息权利主体的知情、同意、查询、更正、补充、删除、封锁等权利,以及他人在持有、收集、存储、加工、传输、开发、利用、公开个人信息过程中的具体权利义务规则。[1]

其次,公民个人信息的法益还具有人格权延伸出来的财产权属性,可将其作为侵犯公民个人信息罪的次要客体。个人信息权益的本质是一种人格权,其财产利益是现代社会精神性人格利益商业化的典型。"大数据被演化成为创造巨大价值的新型资源和方法,数据不断发展为新型资产,同时也越来越被市场赋予巨大的商业价值。"[2]在我国《刑法》分则中,侵犯公民个人信息罪属于侵害人身权利罪章节,其法益内容似乎并不包含公民个人的财产权。同时,按照传统的人格权理论,人格权受到侵害之后不能申请财产赔偿,反过来,财产权受侵害后也不能要求精神赔偿;自然人死亡之后,其个人信息的商业价值的利用问题也无法得到解决,因为人格权不能转让或者继承。正因为个人信

---

[1] 杨惟钦:《价值维度中的个人信息权属模式考察——以利益属性分析切入》,《法学评论》2016年第4期。

[2] 龙卫球:《数据新型财产权构建及其体系研究》,《政法论坛》2017年第4期。

息人格权和财产权的属性区分不明确,导致在侵犯公民个人信息的刑事案件中,被害人很难提起附带民事赔偿的要求。故刑法要遏制侵犯公民个人信息的行为,就必须加大其犯罪成本,最有效的做法就是承认公民个人信息的财产属性,将其中的人格权与财产权分开,并追究相应的刑事责任。在刑事附带民事诉讼中,受害人既可以申请精神损害赔偿,也可以申请财产侵害赔偿。这样显然更有利于公民个人信息权的保护。

(二) 个人信息的公法益

所谓"公法益",也即"超个人法益",是指在法益概念中与个人法益相区别的,又具有某种关联性的那部分利益,强调自身是全部个人法益的集合。① 在大数据时代,仅以隐私权利及财产权等私权对个人信息进行保护和利用,难以对个人信息的使用方式、目的和效果产生有效的规制,因而应将个人数据信息作为公共物品加以治理,其目的是保障社会公共利益、国家和公共安全。② 我国刑事立法倾向于将抽象危险犯等预防性刑法条款适用于具有"超个人法益"的犯罪领域,法益功能从出罪化转变为入罪化。③ 公民个人信息的法益保护也出现了公共化的趋势,逐渐向"超个人法益"的方向扩展。刑法中公民个人信息法益可分为两部分:一是传统法益,即公民个体的人格权和财产权;二是新型法益,即信息领域的国家和社会公共利益、安全或秩序,其法益结构具有多元性,这一点在刑事立法和司法解释中也得到反映。《个人信息刑案解释》第 5 条第 2 款规定,非法获取、出售、提供公民个人信息

---

① 王永茜:《论集体法益的刑法保护》,《环球法律评论》2013 年第 4 期。
② 吴伟光:《大数据技术下个人数据信息私权保护论批判》,《政治与法律》2016 年第 7 期。
③ 何荣功:《预防刑法的扩张及其限度》,《法学研究》2017 年第 4 期。

"造成重大经济损失或者恶劣社会影响的",应当认定为《刑法》第253条之一第1款规定的"情节特别严重",这在某种程度上体现了本罪的超个人法益属性。一般认为,人身法益是专属法益,自然不可能像财产法益那样相加重叠。但侵犯个人法益超过一定数量就会带来对公民个人信息权叠加而成的集体法益的侵害。另外,《个人信息刑案解释》将诸如"出售或者提供行踪轨迹信息,被他人用于犯罪的""造成被害人死亡、重伤、精神失常或者被绑架等严重后果的""造成重大经济损失或者恶劣社会影响的"作为认定本罪"情节严重"或"情节特别严重"的因素,而这些因素与公民个人信息自决性没有什么关联性,明显已经超出传统个人法益所能涵盖的范围。

须指出,"超个人法益"由于其内容过于抽象和模糊,在限制刑罚处罚方面的解释机能趋于弱化;而传统个人法益具有限制刑罚发动和处罚范围的机能;刑法对传统个人法益的保护仍是主要的,对"超个人法益"的保护范围和力度应当受到限制。另外,个人信息所蕴含的保护法益内容逐渐呈现出复合性、多元化特征,法律面临如何在权利保护和价值利用、信息自由与信息安全之间进行利益平衡和价值选择的问题。对此,有学者主张提倡法律应着力保护数据安全法益,即对数据的保密性、完整性和可用性的保护,维护数据在社会往来中的安全性和可信赖性;①在法律上明确规定保护个人信息的基本人格权益的同时,积极鼓励对个人信息的经济价值进行有效利用,并实现两者之间的平衡。②

上述对个人信息所蕴含的法益属性的认识,对刑法中相关罪名的

---

① 杨志琼:《我国数据犯罪的司法困境与出路:以数据安全法益为中心》,《环球法律评论》2019年第6期。

② 王利明:《人格利益许可利用规则蕴含五大价值》,《检察日报》2020年1月13日。

认定来说是很关键的。在我国《刑法》中,侵犯公民个人信息罪被设置于分则第4章侵犯公民人身权利、民主权利罪,说明《刑法》将该罪名涉及的主要客体定位于公民个人的人身自由权益。有学者就此认为,侵犯公民个人信息罪所保护的法益就应当是公民个体权利,而绝非公共秩序或者社会利益。① 这种观点值得商榷,因为它将刑法中的同类客体和直接客体简单地予以等同,将前者直接替代后者予以认定,是不合理的。虽然侵犯公民个人信息罪归属于侵犯公民人身权利罪,但这只能说明其主要客体的性质是个人法益,而个罪所侵犯的直接客体应当具有多样化的个性特征,因而并不排除其次要客体具有社会公共法益属性。《刑法》对公民个人信息的保护不限于单一、平面的个人法益,而是包含了"超个人法益",即个人信息所蕴含的公共利益、社会秩序乃至公共安全。比如《网络安全法》中有关个人信息保护的内容,就是着重从保障信息网络安全的角度作出的规定,该法对网络运营者提出的义务要求,就不仅仅是出于对个人信息权利保护的角度考虑的。而《网络安全法》作为《刑法》中侵犯公民个人信息罪等相关罪名的前置性法律规范,其法益保护价值取向也必然反映在这些罪名的构成要件要素当中。须指出,《个人信息刑案解释》设定了侵犯公民个人信息罪"情节严重""情节特别严重"的定罪标准,采取了"混合型"认定模式,列举了包括个人信息的类型、数量、用途,犯罪行为违法所得等诸多方面,其中不乏人身危险性、社会影响恶劣等要素。② 然而,比较而言,公民个人法益的保护内容具体明确,而社会公共法益内容概括模糊,在区分罪与非罪的界限上,个人法益仍是主要考虑因素。正如有学者指

---

① 于冲:《侵犯公民个人信息罪中"公民个人信息"的法益属性与入罪边界》,《政治与法律》2018年第4期。
② 石聚航:《侵犯公民个人信息罪"情节严重"的法理重述》,《法学研究》2018年第2期。

出,"在各种考量中,人权和公民权利具有优先性"①,对于公民个人信息的"超个人法益",需要基于风险预防的刑法理念和刑法体系的角度,根据所涉个人信息安全的等级层次及其所可能遭受侵害的危险程度,从行为犯、危险犯、结果犯的不同层面实行多层次、等级化的刑法应对。以此避免因追求社会公共安全而不当损害个体权利自由,这也是刑法谦抑性精神的体现。

总之,个人信息作为权利客体或行为对象,其所蕴含的法益具有多元属性,具有权利、权益和利益三种形态,包括个人、公共和国家法益三个层次:个人信息初始权利主体、信息处理主体的人格权(隐私权、名誉权等)、财产权(人格权衍生的财产权益),社会秩序和公共利益、国家安全利益,以及个人、公共或国家法益的复合体。公域与私域的分界随着社会发展而逐渐清晰,并且重合交叉,因此,公益与私益又具有交融性。也即是说,公益是普遍性私益的集合,诉求公益同时也在维护或保障私益。有时诉求私益也与公益具有一致性,但不能因此而要求私益诉求必须符合公益,二者毕竟是两个相对立的利益范畴。私益与公益的对立与冲突的存在,需要一种特殊法律规范,使公益诉求不侵犯私益,私益诉求也不侵犯公益,从而使公益与私益的实现保持一种平衡。② 从立法上看,作为兼具公法与私法性质的《个人信息保护法》即体现了这一种法益平衡。正如张新宝教授指出的,个人信息"本权权益"兼具公法与私法双重性质,《个人信息保护法》确立了多层级、多维度的个人信息保护规范体系。该法确立的法律规范大致可以划分为三个层级:第一个层级是个人的个人信息权益;第二个层级是个人信息处

---

① 张文显:《法治与国家治理现代化》,《中国法学》2014年第4期。
② 王学辉、赵昕:《隐私权之公、私法整合保护探索——以"大数据时代"个人信息隐私分析视点》,《河北法学》2015年第5期。

理活动中各方的权利义务关系;第三个层级是违法行为的法律责任。对此,他提出"两头强化,三方平衡"理论,以实现个人、信息业者(一般个人信息处理者)与国家三方利益的平衡。①

第二节 个人信息保护公法与私法的关系

一、个人信息保护立法的碎片化与体系化

在个人信息保护立法方面,我国《民法典》《网络安全法》《数据安全法》《个人信息刑案解释》等相关立法和司法解释大都采取"概括+列举"的方式界定个人信息,其内涵及其对象范围逐步扩大。如《网络安全法》第76条第5款将直接个人信息与间接个人信息一并纳入"个人信息"的概念之中,其内涵和外延较之前的《关于依法惩处侵害公民个人信息犯罪活动的通知》有所扩大。2017年3月通过的《个人信息刑案解释》第1条则对"公民个人信息"作出界定,除了身份识别信息之外,还包括反映特定自然人活动情况的各种信息。《民法典》第1034条第2款规定,"个人信息"是以电子或者其他方式记录的能够单独或者与其他信息结合识别特定自然人的各种信息,其中也包含了个人生物识别信息。《个人信息保护法》第4条规定,"个人信息"是指"以电子或者其他方式记录的与已识别或者可识别的自然人有关的各种信息,不包括匿名化处理后的信息"。该条款对个人信息的界定采取了

---

① 张新宝:《论个人信息权益的构造》,《中外法学》2021年第5期。

"已识别或者可识别"的表述方式,虽然对个人信息类型没有再作具体列举,但也同样确认了个人信息可识别性的本质属性;同时,该法还设专节规定了敏感个人信息的处理原则,予以强化保护。

除了上述法律法规之外,工信部、全国信息安全标准化技术委员会等相关部门和机构还颁布实施了诸多国家行业规范,对于个人信息的收集和使用提出了合规标准。其中,2020年3月修订的《信息安全技术 个人信息安全规范》(以下简称《个人信息安全规范》)在2017年旧版的基础上,细化与完善了个人生物识别信息在收集、存储和共享三个方面的保护要求。《个人信息安全规范》第3.1条规定,"个人信息"是指"以电子或者其他方式记录的能够单独或者与其他信息结合识别特定自然人身份或者反映特定自然人活动情况的各种信息",包括姓名、出生日期、身份证件号码、个人生物识别信息、住址、通信通讯联系方式、通信记录和内容、账号密码、财产信息、征信信息、行踪轨迹、住宿信息、健康生理信息、交易信息等。此外,还有2020年11月发布的《APP收集使用个人信息最小必要评估规范 人脸信息》(以下简称《人脸信息规范》),后者基于"最小必要"原则,对收集、存储、使用、删除APP个人信息行为进行了具体规范;以及2021年公布的《信息安全技术 生物特征识别信息保护基本要求》(以下简称《生物特征识别信息保护基本要求》)。

另外值得关注的是,最高人民法院于2021年6月8日审议通过了《最高人民法院关于审理使用人脸识别技术处理个人信息相关民事案件适用法律若干问题的规定》(法释〔2021〕15号,以下简称《人脸识别民案规定》),该规定自2021年8月1日起施行,其中第2条至第9条主要从人格权和侵权责任角度明确了滥用人脸识别技术处理人脸信息行为的性质和责任。

上述民事、行政和刑事法律法规及司法解释共同构成了个人信息保护的法律规范体系,分别承担着保护公民个人的人格权、财产权以及信息网络公共秩序和国家安全的不同职能作用,法益保护的重点、价值目标和规制方式也不同。由于个人信息法益的多元化和复杂性,不同法律规范文件的调整对象和适用范围也存在交叉重合。仅以"人脸信息"为例,其属于哪一种个人信息类型?其所蕴含的法益性质如何界定?如果将其视为个人生物识别信息,并纳入敏感个人信息的范围,相对于非敏感个人信息,需要在哪些方面予以强化保护?私法保护和公法保护之间如何衔接协调?在刑事法领域,侵犯公民个人信息罪等相关罪名的前置法规范,《个人信息保护法》《网络安全法》《数据安全法》以及《民法典》都具有重要的法益识别参照系和定罪功能。①

从系统论角度,某一领域的法律体系都是由多个组成部分构成的,各个部门法及其法律规范作为各分支、组分和要素,再以一定的结构聚合成为一个法律体系整体。② 其中,刑法规范体系是整个法律体系的子系统,既以其自身独有的结构而具有内部封闭性,又因同非刑事法律法规的交互作用而获得其自身的开放性。然而,在现实立法中,某种法律体系都会不同程度地存在"碎片化"现象,即各分支和部门法之间局部分割或板块组合的现象。在公民个人信息法律保护方面,各部门法同样不自觉地采取了散在型立法模式,相关法律法规就像堆积拼接而成的"碎片",既不系统又不协调,层级低且效力弱,专门化和板块化问题突出。

首先,在民事法领域,是否应将公民个人信息看作一种独立的权

---

① 张勇:《数据安全法益的参照系与刑法保护模式》,《河南社会科学》2021年第5期。
② 曲广娣:《论法律体系的概念及其构建的一般条件——综合系统论和分析法学视角》,《中国政法大学学报》2015年第3期。

利?其权利范围是否仅限于隐私权,还是包括其他人格权及衍生的财产权?对此学界存在争议。从学理上说,虽然公民个人信息与个人隐私权存在一定的关联性,但其权利范围显然不仅限于隐私权,还应包括姓名权、肖像权等其他人格权,而且还涉及财产利益。同时,公民个人信息保护涉及信息收集、储存、处理、使用、传递、标注、封存、删除、披露、泄露等一系列行为的法律规制,从立法上看,过去的《民法通则》没有专门针对公民个人信息权利进行规定;原《侵权责任法》第 2 条确认了隐私权在民法中的独立地位,第 36 条规定了网络用户和网络服务提供者的侵权责任;原《民法总则》第 111 条规定个人信息受法律保护,任何组织和个人不得非法收集、使用、加工、传输他人个人信息,不得非法买卖、提供或者公开他人个人信息,但没有明确公民个人信息的权利属性。在此基础上,2021 年起施行的《民法典》第 6 章第 1032 条至第 1039 条专门规定了"隐私权和个人信息保护"的内容:一是明确了个人信息的定义,规定了处理个人信息应遵循的原则和条件;二是构建自然人与信息处理者之间的基本权利义务框架,明确处理个人信息不承担责任的特定情形,合理平衡保护个人信息与维护公共利益之间的关系;三是规定国家机关及其工作人员负有保护自然人的隐私和个人信息的义务。至此,个人信息民事权益法律保护力度得到进一步提升。然而,在国家维护信息网络安全立法思想主导下,公民个人信息的私权保护显得限制有余而保护不足。

其次,在行政法领域,个人信息权利自由的保护只在《居民身份证法》《护照法》《消费者权益保护法》《未成年人保护法》《档案法》等零星分散的非刑事法律条款中有所涉及。2016 年的《网络安全法》吸收了 2012 年《关于加强网络信息保护的决定》的条款内容,放大了这些条款的网络信息管控功能,在一定程度上削弱了公民个人信息保护条款的权利保护。我国政府部门近年来建立了许多含有海量公民个人信息的应用网络系统,将身份登记、视频监控、实名注册等作为公权力运行的前置依据,公民个人的行踪、言论和生活轨迹暴露在国家政府的监控之下。[①] 然而,对于政府机构不当搜集和滥用公民个人信息的行为缺乏应有的法律规制,信息安全与信息自由的价值选择之间产生了不均衡问题。2021年施行的《个人信息保护法》共8章74条,主要内容包括:(1)对个人信息等相关概念予以界定,并确立个人信息处理应遵循的原则,强调处理个人信息应当采用合法、正当的方式,具有明确、合理的目的,限于实现处理目的的最小范围,遵循公开处理规则,确立以"告知-同意"为核心的个人信息处理的一系列规则。(2)根据个人信息处理的不同环节、不同个人信息种类,对个人信息的处理提出有针对性的要求,如设专节对处理敏感个人信息作出更严格的限制、设专节规定国家机关处理个人信息的规则。(3)完善个人信息跨境提供规则,明确运营者和处理者的义务,对跨境提供个人信息的"告知-同意"作出更严格的要求。(4)明确个人信息处理活动中个人的权利和处理者义务,与《民法典》的有关规定相衔接,明确在个人信息处理活动中个人的各项权利,包括知情权、决定权、查询权、更正权、删除权等,明确个人信息处理者的合规管理和保障个人信息安全等义务,等等。可以看出,《个人信息保护法》兼具公法和私法性质,是一部个人信息保护的综合法,《个人信息保护法》的颁布实施,对于解决以往个人信息保护的立法碎片化问题,具有重要作用和意义。

最后,在刑事法领域,对于侵犯公民个人信息犯罪的惩治处于不断扩张态势,法益保护的链条不断拉长,刑法修正立法频繁,刑事司法解

---

① 参见赵宏:《从信息公开到信息保护:公法上信息权保护研究的风向流转与核心问题》,《比较法研究》2017年第2期。

释呈现细密化、扩大化趋势。如《刑法修正案(五)》增设了"窃取、收买、非法提供信用卡信息罪";《刑法修正案(七)》增设了"出售、非法提供公民个人信息罪"和"非法获取公民个人信息罪"两个罪名;《刑法修正案(九)》又以"侵犯公民个人信息罪"的罪名取代了上述两个罪名。现行《刑法》中相关罪名包括"侵犯公民个人信息罪""拒不履行信息网络安全管理义务罪""非法利用信息网络罪""帮助信息网络犯罪活动罪""非法获取计算机信息系统数据罪""编造、故意传播虚假信息罪"等。《个人信息刑案解释》明确了公民个人信息的内涵和定罪量刑的情节标准,但仍并未形成对公民个人信息权利完整的体系化保护。如根据《刑法》第 253 条之一的规定,非法使用自己掌握的公民个人信息的行为不能被认定为侵犯公民个人信息罪;不同刑法规范、不同罪名之间也存在交叉竞合和冲突问题,不仅难以实现公民个人信息法律保护的统一性和有机性,也不能为司法上认定和处理侵犯公民个人信息的行为提供明确的法律依据。"在法理上分析起来并不复杂的案件,常常会产生多种分析和裁判意见,而这些意见多有法律依据,法院判案常常遇到困难;案件判决后社会不认可这些判决。"[①]要在司法上克服立法"碎片化"问题,最重要的是如何在个人权利自由、社会公共利益、国家信息安全之间如何进行价值平衡和选择。虽然民法、行政法、刑法等部门立法的价值目标各有侧重,但从系统论角度,公民个人信息保护的法律规范应当是衔接协调的,共同构筑相关侵权行为的法律责任和制裁体系。在刑法体系内部,也涉及对侵犯公民个人信息罪及其关联罪名的体系解释问题。只有在刑法体系内外部实行多层次的法益保护,将大量侵犯公民个人信息的违法行为堵截在民事、行政法律领域进行

[①] 孙宪忠:《防止立法碎片化、尽快出台民法典》,《中国政法大学学报》2013 年第 1 期。

处置,才能更好地发挥刑罚的惩治和预防功效。

二、个人信息保护公法与私法的分立融合

关于公法与私法的分立和融合,一直以来都是法学界关注和研究的重要问题。一般认为,区分公法和私法的主要标准是调整对象(横向关系或纵向关系)和调整目的(个体利益或群体利益、总体利益)的不同。基于"公法调整公域,私法调整私域"这样严格区分公法与私法的二元论认识,公法的判断与私法的判断之间就并不存在交错的可能。"公法的归公法,私法的归私法",二者各自独立,互不介入。我国法学理论和实务界曾长期不承认公法与私法的划分,但近年来,区分公法与私法的认识却获得了相当多的支持。"分立论"认为,公、私法应有明确的界限,甚至还提出了私法优位的观点。公、私法二元论认识对司法实践的直接影响就是,当同一行为同时引起公、私法上的不同效果时,就必须遵循公、私法原则上相互区分且各自自洽的基本理念,对公、私法问题分别依据不同规则予以裁断。而"融合论"认为,实际上,公法与私法的概念主要是作为一个观念性的存在而被提出的。在我国,公、私法之间出现交错的情形更属常见,比如在《民法典》合同编以及物权编中就有很多涉及公共利益甚至是宪法的规范;而行政法乃至《刑法》《宪法》中也有很多保护和协调私人利益的规范。

笔者肯定"分立论"的基本立场,但也不排除"融合论"的合理观点。比较来说,私法保护的自然人的民事权益具有绝对、消极的属性;而公法所保护的公民个人或组织的"法益"(权利或利益),具有相对、积极的属性,国家为了公共利益,通过行政方式规范私法关系。在《民法典》颁布之前,很多学者就公法与私法在立法和实践中的混合交融

有过讨论,认为民法中存在行政法性规范是随着现代社会的发展,公法与私法发展融合的结果。就此而言,《民法典》构建了自然人与信息处理者之间的基本权利义务框架,明确处理个人信息不承担责任的特定情形,合理平衡保护个人信息与维护公共利益之间的关系;规定国家机关及其工作人员负有保护自然人的隐私和个人信息的义务;在个人信息权益保护方面,通过赋予个人信息处理者、国家机关及工作人员的保护义务及行政责任来实现。其具有的"公法私法化"特点,成为个人信息权益一体化保护的立法基础。《民法典》颁布后,不少学者认为,其中具有行政法属性的条款规范体现了打破公、私法二元化划分的传统观念,呈现出让公、私法之间走向交叉融合发展的趋势。[①]

如果站在实证法的角度观察,公法与私法的区分本就并非绝对,同时也是不能够完全被割裂开来孤立存在的。很难说某一部法律是仅仅"调整私域"的私法,或者是单纯"调整公域"的公法。一旦公、私法实证规范出现交错,尤其是公法也开始涉足私人领域,那么就会出现公法与私法评价的协调问题。如果一概继续固守"公、私法二元论"的观念,则同一行为在公法和私法规范上就可能会得到不同的评价,从而导致法秩序上的紊乱。作为社会生活的体现和反映,公法与私法之间存在大量交叉地带早已成为学界共识,公法私法化理论,或公法私法融合理论也屡见不鲜。但存在交叉地带并不影响公法与私法仍然具有各自独立的法域。公法规范与私法规范规制手段、法益保护等方面存在着明显差异,不能因共同参与某一领域的社会治理而混为一谈。反之,想要取得更好的社会治理效果,仍需公法规范与私法规范在各自法域中实现调整相应社会关系的立法目的。

---

① 张国敏、郝培轩:《公法与私法的融合性社会治理——以民法典中行政主体义务性规范为视角》,《河北法学》2021年第6期。

第三节　个人信息保护刑民一体化的根据

一、个人信息保护刑民一体化的合理根据

所谓"刑民一体化",准确地说是"刑民行一体化",就是把刑法、民法、行政法作为一个法律整体加以解释和适用。刑法、民法、行政法都有保护法益的功能:民法主要保护人身权利、财产权利等私权利;行政法主要保护公共利益;刑法虽然既保护私权利,又保护公共利益,但是其不调整一般的侵害法益行为,只有严重侵害法益,用民法、行政法不足以调整的行为,刑法才有加以调整的必要。因此,对法益的全面保护不是依靠单一的法律实现的,而是由刑法、民法、行政法及其他部门法共同作用的结果。

在现代法治国家,法律是以宪法为顶点的阶层构造。当具有阶层构造的法规范成为一个体系的时候,则被称为"法秩序"。但对法秩序的统一不能做机械的理解,而应当基于宪法价值的原点,从实质法秩序的角度进行把握。这样的要求包含两层意涵:一方面,法秩序的统一所强调的是价值与目的的统一,而非具体判决结论上的完全一致;另一方面,由于公法与私法的关系既非独立,亦非依存,因此应统一在宪法的指导理念之下,接受宪法价值的约束。①

---

① 黄忠:《民法如何面对公法:公、私法关系的观念更新与制度构建》,《浙江社会科学》2017 年第 9 期。

《民法典》和《个人信息保护法》均开宗明义地点明"根据宪法,制定本法",即个人信息权利的根源在于《宪法》上的个人信息受保护权。但《宪法》没有明文肯定或承认个人信息保护,那么能否通过宪法解释将其纳入基本权利? 有的学者主张,可依据《宪法》第 38 条,将"个人信息受保护权"纳入基本权利范围。① 笔者则认为,个人信息受保护权的根本目标决定该项基本权利的内容:一方面,进入数字时代,个人信息天然具有公共性、交互性,其自由流动与利用具有巨大社会和经济价值,保护个体占有既无可能也不必要,因此,个人信息受保护权并不意在实现信息主体对个人信息绝对、排他的控制;另一方面,有必要让每时每刻都在被"处理"的信息主体在此过程中重拾主体地位,确保其个人信息以合乎人格尊严的方式被处理。《个人保信息保护法》第 1 条规定:"为了保护个人信息权益,规范个人信息处理活动,促进个人信息合理利用,根据宪法,制定本法。"正体现了上述目标,该法确立的个人信息处理原则,更多地体现了个人信息保护与利用平衡的理念。其第 5 条规定:"处理个人信息应当遵循合法、正当、必要和诚信原则,不得通过误导、欺诈、胁迫等方式处理个人信息。"这样严格的规定并不意味着个人信息不能利用,相反,只有在严格保护的立场下才能促进个人信息依法有序健康长久的利用。换言之,《个人信息保护法》不是只规定如何保护个人信息,只要遵循个人信息处理的合法、正当、必要和诚信原则,法律是鼓励对个人信息的合法利用的。②

就个人信息而言,鉴于其天然的公共价值属性,传统私权化保护模式的确存在明显的局限性。在价值多元和利益分化的时代,如何既能够更好地维护公法秩序,同时又能正确理解和把握社会公益的真正内

---

① 王锡锌、彭錞:《个人信息保护法律体系的宪法基础》,《清华法学》2021 年第 3 期。
② 申卫星:《论个人信息保护与利用的平衡》,《中国法律评论》2021 年第 5 期。

涵,使公益和私益的冲突最终统一在促进社会文明进步的范围之内,这是一个亟待解决的问题。公共利益是公法秩序赖以建立和形成的核心价值基础,必须通过与个体私益的比较后概括和抽取,而不是简单地服从多数。公益必须从多重利益的比较平衡中抽取,而不是简单地少数服从多数。合法并正确地保护私益亦属公益,需要在个案中比较衡量,不宜一概而论。① 面对大数据时代系统化的信息安全风险,出于管控国家网络信息安全、维护承载于个人信息上的公共利益的需要,公法介入个人信息保护势在必行。但这种介入不能矫枉过正,完全采取以公法为主导的保护模式,使私法并非毫无用武之地。在公法、私法领域相互交错的背景下,单一私法保护和完全公法规制之间仍存在折中地带——建构公、私法整合保护模式。② 正如有学者指出,理想的个人信息保护模式一定是一个融贯公、私法,调和行政规制与民事诉讼乃至刑事责任的综合性法律框架。③

在刑事法领域,刑民一体化是解决刑法侵犯公民个人信息罪保护法益究竟为何的基本视角。这意味着,对刑法保护法益的确立,必须同时结合刑法以及民法的规定。团藤重光教授认为:"一个法秩序,应该形成统一的体系。例如,在作为一个法秩序的日本法内部,有民法、刑法等分支,且各自以不同的原理让社会生活规律化,但这些分支必须相互之间没有矛盾,最终作为整体法秩序而具备统一性。亦即,法秩序作为一个整体必须是无矛盾地统一的事物。"④民法是前置法,它在前拦截违法行为,刑法是保障法,它在后惩治未被成功拦截的犯罪行为;民

---

① 李惠宗:《行政法要义》(第六版),元照出版有限公司 2012 年版,第 132 页。
② 张力、黄鑫:《大数据背景下个人信息保护的公、私法衔接》,《重庆邮电大学学报(社会科学版)》2021 年第 1 期。
③ 孔祥稳:《论个人信息保护的行政规制路径》,《行政法学研究》2022 年第 1 期。
④ 團藤重光:『法学の基礎』、有斐閣、1996、第 84 頁。

法先确立违法性,刑法后确立犯罪性。虽然"前置法"的提法主要出现在法定犯中,而侵犯公民个人信息罪又是《刑法》分则第4章中侵犯公民人身民主权利的犯罪,换言之它是自然犯,但是基于有前置法的违反不一定都是法定犯,自然犯也可能违反某些前置法。况且侵犯公民个人信息罪本身也确实具有一定法定犯的气质亦即"自然犯的法定犯化"①,因此确立侵犯公民个人信息罪的保护法益究竟为何,必须参考《民法总则》及其他有关个人信息保护法律法规的规定,这种刑民一体化视角并不影响该罪作为自然犯的根本性质。基于刑民一体化视角与法秩序统一性原理,侵犯公民个人信息罪所保护的也不是等同于民事权利的个人信息权,而是其中最重要的权利即个人信息自决权;以信息自决权作为侵犯公民个人信息罪的保护法益,正是对刑法一般性的自我决定权的丰富和发展,并能充分发挥刑法保护公民自由等个人法益之机能。②

二、刑民交叉领域刑民一体化的实践价值

近些年来,我国社会经济关系的复杂化造成刑、民界限判断模糊。在个人信息保护领域,刑民交叉案件也逐渐成为司法实务界所面对的难点。从我国《刑法》和司法解释关于公民个人信息概念以及与其相关罪名设计的扩张历程来看,我国个人信息保护立法采取的是刑事立法和民事、行政立法并行的模式。尽管个人信息法律保护范围不断被

---

① 刘艳红:《侵犯公民个人信息罪法益:个人法益及新型权利之确证——以〈个人信息保护法(草案)为视角之分析〉》,《中国刑事法杂志》2019年第5期。

② 刘艳红:《民法编纂背景下侵犯公民个人信息罪的保护法益:信息自决权——以刑民一体化及〈民法总则〉第11条为视角》,《浙江工商大学学报》2019年第6期。

扩大,但更多的是附属于相关法益进行"连带"的保护,个人信息的法益属性始终模糊不清,不同部门法的保护也处于"九龙治水"的状态;相对的,各部门法之间独立性有余而关联性不足,导致立法衔接和司法适用受阻。① 针对上述问题,实践中,司法机关面对涉及个人信息保护的刑民交叉案件时,如何既有效进行刑、民界分,依法打击犯罪,又维持好刑法的谦抑性,避免刑事手段过度介入民事领域,是很值得思考和探讨的问题。以下就刑民交叉案件的界定、违法性判断、"先刑后民"与"先民后刑"的选择、刑民交叉案件中先判决的既判力等问题加以探讨,为实务中处理涉个人信息保护的刑民交叉案件提供参考。

(一) 刑民交叉案件的界定

在理论和实践中,对"刑民交叉"含义的理解存在诸多分歧。陈兴良教授认为,刑民交叉案件从实体法的角度观察,刑事法律关系是指刑事犯罪,而民事法律关系是指民事不法,即"刑民交叉"案件是指刑事犯罪与民事不法存在竞合的案件。② 周光权教授认为,所谓的"刑民交叉"案件,特指某种行为究竟应当被作为犯罪处理,还是认定为民事违法性质不明、"难办"的情形。③ "刑民交叉"源自司法实践,属于一种疑难案件。"刑"意味着刑事案件、刑事犯罪、刑事处罚、刑事责任、刑事诉讼程序;"民"则不仅限于民事,更多是民商事案件、非刑事处罚、民商事责任、民事诉讼程序。对于某一案件,程序上,究竟按刑事案件处理还是按民事案件处理,是先进入刑事诉讼程序还是民事诉讼程序;实

---

① 夏伟:《个人信息嵌套保护模式的提出与构造》,《中国政法大学学报》2021 年第 5 期。
② 陈兴良:《刑民交叉案件的刑法适用》,《法律科学(西北政法大学学报)》2019 年第 2 期。
③ 周光权:《"刑民交叉"案件的判断逻辑》,《中国刑事法杂志》2020 年第 3 期。

体上,是认定为犯罪并予以刑事处罚、追究刑事法律责任,还是认定为民商事违法、追究民事法律责任或行政法律责任,司法工作人员难以作出决定,此类案件即可称之为"刑民交叉"案件。① 从刑事程序法角度,实务界专家认为刑民交叉案件是指一个完整的案件事实过程所包含的当事人合法权益,通常需要经由分别提起刑事和民事两种诉讼才能给予充分保护或救济的案件。刑民交叉案件通常形成于一个案件的完整事实过程之中,刑事与民事两种法律事实交叉并存、紧密关联,刑事与民事两种法律责任具有交互性和整体性。刑民诉讼程序的启动、推进也相应具有关联性,需要彼此协调、相互照应,唯此才能达成既充分保护救济合法权益,又依法合理追究法律责任的司法目的。②

笔者认为,对于涉个人信息的刑民交叉案件,应当从实体法和程序法的双重视角予以考察。从程序法角度,究竟按刑事案件处理还是按民事案件处理,是先进入刑事诉讼程序还是民事诉讼程序;而从实体法角度来看,刑民交叉案件属于"狭义"的概念,涉及相关行为是认定为犯罪并予以刑事处罚并追究刑事责任,还是认定为民事违法并追究民事责任。这种狭义上的刑民交叉案件具有以下特点:一是同一主体,即刑事被告人、受害人跟民事被告、原告是同一对应的;二是同一事实,就是指从众多事实中找出造成刑民交叉的同一事实;三是同一法律关系,就是说刑事和民事调整是基于同一事实的法律关系。如果案件中刑民涉及的不是同一个事实,而分别是两个不同事实,则案件不发生刑民交叉。司法实务中,更多关注的是狭义上的刑民交叉问题,即基于同一主体、同一事实、同一法律关系形成刑事、民事法律调整上法域效力交缠问题的案件。在涉个人信息的刑民交叉案件中,刑事、民事法律事实交

---

① 周光权:《"刑民交叉"案件的判断逻辑》,《中国刑事法杂志》2020年第3期。
② 黄祥青:《刑民交叉案件的范围、类型及处理原则》,《法律适用》2020年第1期。

叉并存,刑事、民事责任具有交互性和整体性,刑事、民事诉讼程序也彼此关联,须予以协调和照应。

有的观点认为,"刑民交叉"的概念其实并不准确,因为民事违约和侵权较难与刑事犯罪发生交叉,实践中,刑民交叉案件大量出现在公司、证券、银行、保险、借贷、担保等商事领域,其根本原因在于商事领域行政监管不到位,"重商不足"而"重刑过度"。[①] 有的司法机关习惯于以非法集资、非法经营等犯罪的认定约束民营经济的自由发展,一遇到问题,公安机关就冲在一线处理。这样刑民商关系就会变成很复杂,刑民商交叉疑难问题由此层出不穷,其根源即在于对刑民交叉案件本身的认识不准确、不到位引起的。在刑民交叉案件中,"同一事实"是刑民交叉类案的判断标准,对此,最高法院刘贵祥专委在2019年7月3日全国法院民商事审判工作会议上的讲话提出,鉴于民事诉讼与刑事诉讼具有不同的职能与程序,分开审理是基本原则,因此要从行为主体、相对人以及行为本身三个方面认定是否属于"同一事实"。最高法院于同志则认为,"刑民交叉"案件的判断标准应采取"同一事实","同一事实"指的是同一主体实施的行为,刑事案件的受害人同时也是民事法律关系的相对人的,民事案件争议的事实,同时也是构成刑事犯罪的要件。[②]

(二) 刑民交叉案件中的违法性判断

在刑民交叉案件中,从实体法角度来看,对于刑事违法性的判断,应以民事法(即前置法)的合法性作为前提,还是坚持刑法独立的判断

[①] 李有星:《把握刑民交叉的本质,处理好程序与实体问题》,《法律适用》2019年第16期。
[②] 于同志:《重构刑民交叉案件的办理机制》,《法律适用》2019年第16期。

逻辑？

关于刑法与民商法中的违法性判断,学界存在"违法一元论""违法多元论""相对从属性说"等不同观点。"违法一元论"认为,遵循法秩序的统一性,由宪法、刑法、民法等多个法领域构成的法秩序之间互不矛盾,这些个别的法领域之间不应作出相互矛盾、冲突的解释。① 这就要防止将前置法上不具有违法性的行为,在刑法上认定为犯罪——在民商法上合法的行为,不可能成为刑法上的犯罪。反过来说,唯有民商法所要反对的行为,才有可能成为犯罪行为。② "违法多元论"认为,刑法与前置法规制的角度是不同的,"刑民交叉"案件完全可能出现"不同步"的现象,由于评价对象的不同,"刑""民"宜各行其道,在承认其民事关系成立并产生相应的权利义务的同时,认定其行为成立犯罪。③ "相对从属性说"认为,应以刑法与民法两大法域规范保护目的的相同与否作为"相对性"的判断标准,在刑法与民法规范保护目的相同的场合,刑法绝对从属于民法,在刑法与民法规范保护目的相异的场合,刑法相对独立于民法。④

上述观点均有道理,可以分别适用于不同场合,其合理性是相对的、有限的。然而,由于社会生活高度复杂,每一类刑民交叉案件具体情况都不可能相同,要提出完全统一的适用规则是不大现实的。从刑法与民商法的关系来看,刑法规范具有独立性与从属性两个方面。一般来说,在民事领域,刑法与民法的规范保护目的往往不尽相同,犯罪行为与民事违约/侵权行为具有质的差异性,刑法的独立性更强;而在

---

① 刘卉:《以法秩序统一思维处理刑民交叉案件难题》,《检察日报》2019年8月19日第3版。
② 周光权:《"刑民交叉"案件的判断逻辑》,《中国刑事法杂志》2020年第3期。
③ 刘晓光、金华捷:《"深度链接"刑法规制中的刑民交叉问题》,《检察日报》2020年3月3日第3版。
④ 于改之:《法域冲突的排除:立场、规则与适用》,《中国法学》2018年第4期。

商事领域,刑法与商法(经济行政法)的规范保护目的基本是一致的,犯罪与商事领域行政违法行为具有量的差异性,刑法的从属性凸显,可将前者作为前置法进行刑事违法性判断的参考依据,但也不是绝对唯一的根据。司法实践中,处理实体类的刑民交叉案件须把握三个原则:罪刑法定原则、主观与客观相统一原则、形式和实质判断相结合原则。"法秩序的统一性"并不要求民商法与刑法具有绝对的一致性,也并不要求在所有场合下刑事违法性判断都要以民商法中的违法性为前提,而只是要求民商法与刑法之间相互协调,避免相互冲突,基于不同价值目标适用于同一案件,达到统一的法律效果。从这一点来说,民商法明确规定为合法的行为,不可能成为刑法中的犯罪行为;民商法没有明确规定为合法的行为,即灰色地带的乏范行为,则有可能被认定为犯罪,但刑法应秉持谦抑性精神,应尽量少介入,且介入的前提是刑法规范本身有明确规定;即使民商法明确规定属于违法的行为,也不一定意味着就一定构成犯罪,除了违法性的形式判断之外,更重要的是社会危害性的实质判断,从主观和客观综合予以考察,具有严重的社会危害性和刑事可罚性的行为,才能认定为犯罪。

(三)"先刑后民"与"先民后刑"的选择

关于"先刑后民"或"先民后刑"问题,学界观点认识不一。如龙宗智教授认为,对于事实比较清楚,但法律关系比较复杂或技术问题难以判断的案件,刑事程序的推动需以民事上的权利确认及法律关系判断为基础,不妨将民事诉讼作为前置程序,然后以民事诉讼的裁断作为刑事程序推进的依据。[①] 杨兴培教授认为,依据刑法属于第二次违法行

---

① 龙宗智:《刑民交叉案件中的事实认定与证据使用》,《法学研究》2018年第6期。

为规范形式的原理,对刑民交叉的疑难案件应运用以民(法)为先、以民(法)为主、先民后刑的评价方法进行分析认定。①

总体上看,采取"先刑后民"是一种司法实践形成的惯常做法,例如1985年"两高一部"《关于及时查处在经济纠纷案件中发现的经济犯罪的通知》、1985年最高人民法院《关于审理经济纠纷案件必须严肃执法的通知》、1987年"两高一部"《关于在审理经济纠纷案件中发现经济犯罪必须及时移送的通知》、1997年《最高人民法院关于审理存单纠纷案件的若干规定》第3条第2款、1998年《最高人民法院关于在审理经济纠纷案件中涉及经济犯罪嫌疑若干问题的规定》第10条等司法文件,均采取了"先刑后民"的立场。在其后的司法文件中,除个别认为"可视案件实际情况刑民并行"外,绝大多数也都是在强调"先刑后民"。

毋庸置疑,在刑事优先的情况下,可以借助国家公权力机关强大的事实调查能力,来弥补一些当事人自行诉讼时在举证能力方面的不足,从而更好地查清案件事实,推动案件客观公正的处理。但无论我国还是世界其他国家,不管在《刑事诉讼法》还是《民事诉讼法》中,皆无明确的"先刑后民"规定。虽然在《民事诉讼法》第153条第5项规定有"本案必须以另一案的审理结果为依据,而另一案尚未审结的"应中止诉讼的情形,但将"先刑后民"作为处理民刑交叉案件诉讼原则属于典型的刑事优越论,尚欠缺基本的法律依据。实践中,如果本诉对特定当事人或其他人行为的违法性判断将直接决定另一案中法律事实的认定,即为先决法律事实的典型存在。而如果刑事部分审理结果尤其是事实认定结果明显具有相对于民事纠纷的先决性法律地位,则应采取

---

① 杨兴培、田然:《刑法介入刑民交叉案件的条件——以犯罪的二次性违法理论为切入点》,《人民检察》2015年第15期。

"先刑后民"的审理方式。①

目前,在"先刑后民"机制之下对于民事案件的处理方式,有关司法文件的规定并不一致,有的采用的是"驳回起诉或者不予受理"或"中止审理"的方式;从司法实践看,个案的处理也很不一致。实际上看,"先刑后民"确实有其简便、易操作的优势,可以弥补一些当事人自行诉讼时在举证能力方面的不足。然而,对于"先刑后民"不能过于机械地、绝对地理解。事实上,"先刑后民"的程序便利性也并非绝对的,一些情况下,"先刑后民"也可能造成一种程序上的非便利和不公正。比如,在犯罪嫌疑人潜逃而长期无法归案时,"先刑后民"就可能造成受害人权利无法得到及时救济。此外,"先刑后民"还可能被恶意利用,成为寻求自身不法利益的"挡箭牌"或地方保护主义干预经济纠纷的重要借口。

因此,司法机关要树立整体性观念,在发生刑民交叉案件时,不宜搞"一刀切",要有在打击犯罪的同时及时维护民事相对人的合法权益的意识,"民刑并行"甚至"先民后刑"并不是完全不可行。具体来说,当刑民交叉案件引起的民事与刑事诉讼的处理不会产生矛盾,两者也不存在相互依赖关系的,可以"刑民并行",各自分别进行或者并案审理;当刑事诉讼需要以民事诉讼的结果为前提时,则应当"先民后刑";当刑民交叉案件引发的民事诉讼和刑事诉讼可能发生冲突,前者需要以后者的处理结果为前提时,应当"先刑后民"。申言之,刑事有其独立于民事的判断逻辑,采取"先民后刑"还是"先刑后民",可以分如下三种情况进行区别判断:一是以合法形式掩盖非法目的,这实际上是一种假性的刑民交叉,这种情况不存在"先刑后民"还是"先民后刑"问

---

① 赵龙:《民刑交叉诉讼中正当程序原则适用的规范性考察》,《华东政法大学学报》2021年第3期。

题,应当"先刑后民";二是针对真实发生刑民竞合的情况,还是以"先刑后民"为原则,以"先民后刑"为例外;三是单纯的刑民牵连型案件,由于并没有发生刑民竞合,应当"刑民并行",不存在谁先谁后的问题。

(四) 刑民交叉案件中先判决的既判力

首先,关于刑民交叉案件中刑事判决的既判力问题,即存在不同认识。有的观点认为,将刑事判决认定的事实作为一种免于证明的事实在一定程度上符合诉讼经济的要求,同时也有助于确保裁判的统一性,维护司法机关的权威。有的观点则认为,民刑交叉案件中,刑事审判与民事审判评价的事实范围不同,归责的根据各有所依,在附带民事审判中,要将被告人的侵权行为完整地纳入民事归责的评价中,而不能以刑事归责的眼光审视被告人的民事责任。① 笔者主张,在坚持刑事案件优先审理的同时,应适当维护民事审判的独立性与专业性。例如,被害人过错是民事诉讼中必须查明的核心事实,对于最终的判决结果至关重要,审理民事案件的法官需要对被害人的过错与损害的发生、损害的范围之间的因果关系作出比较精确的评估,从而确定加害人的责任程度与责任范围。对于刑事判决中的受害人过错,应当允许审理民事案件的法官在重新评估被害人的过错的基础上,确定侵权人的责任大小与范围,而不应当将刑事判决认定的事实当作一种免于证明的事实。

其次,关于刑民交叉案件中民事判决的既判力问题,龙宗智教授认为,民事生效裁判可以作为刑事案件书证被纳入证据体系,交由刑事法庭判断并说明采纳与否的理由。刑事法庭判断民事诉讼判定的同一事实,应慎用"穿透原则"否定其合法性及有效性。② 实务界有观点认为,

---

① 吴海涛:《民刑交叉案件中的民事侵权行为归责》,《人民司法》2011 年第 4 期。
② 龙宗智:《刑民交叉案件中的事实认定与证据使用》,《法学研究》2018 年第 6 期。

如果民事裁判在先,刑事裁判在后,刑事判决中对事实的认定,可以参考民事判决中对事实的认定,但不受民事裁决的约束。① 对此问题,笔者有以下几点认识:第一,刑事诉讼和民事诉讼的差异性是天然的,刑事判决和民事判决之间也不存在法律地位及效力孰高孰低的问题,我们应当充分尊重判决结果,不能轻易地以刑事否定民事或者以民事否定刑事。如果民事裁判在先,刑事裁判在后,刑事判决中对事实的认定,可以参考民事判决中对事实的认定,但不受民事裁决的约束。第二,应当坚持受害人权益优先保护原则。对于刑民交叉案件,无论是程序的选择还是既判力的认定等都应该优先考虑受害人的权益,因此,必须改变"先刑后民"的司法习惯。

根据以上分析,具体到涉个人信息保护的刑民交叉案件中,司法实务应当更加关注基于同一法律事实所引起的实体层面的刑民竞合问题。司法机关在判断出现刑民交叉的情况下,可以"先刑后民"为处理原则,但在具体个案层面不宜"一刀切",在依法办理案件的同时应综合考虑全案的社会效果,必要时也可以采取"先民后刑"。正如有学者指出,整体法秩序是依一定规则排列宪法、民法、行政法、刑法以及其他法律规范形成的秩序关系。如何合理地安排民法与刑法之间的逻辑顺位、发挥民法前置法作用、体现刑法保障法地位等,凡此种种民刑关系问题,均可从宏观整体法秩序中得以认识。② 个人信息法益保护应跳出碎片化的并行逻辑,从整体法秩序视角进行全面审视,注重私法益与公法益之间的协调、私法与公法之间的衔接,实现体系化保护的功能。

---

① 高波:《刑民交叉案件:生效民事裁判能否阻止刑事追诉》,《山东审判》2011年第6期。
② 夏伟:《新型权利入民法典对刑法犯罪评价的影响》,《法学评论》2021年第3期。

§

现代法律肩负"自治"与"管制"双重目标的兼顾之重任,为实现这一重任,公法与私法相互交错和融合已无法避免,二者的交错更不再只是个别现象,而是大量涌现,因而寄希望于通过立法个别化地确定公法与私法交错时的协调规则并不现实。① 不同的部门法具有各自的职能作用,所保护个人信息法益的目标和重心是不同的,民法主要是保障个人权利,兼顾不同主体的权益或利益;行政法重在保护不同主体的权利或利益,个人权益则在其次;刑法作为后盾法,需要综合保护个人权益、公共或国家利益,但在不同罪名中法益保护的重点是不同的。以《个人信息保护法》《网络安全法》《数据安全法》《民法典》等法律法规为参照系加以评价,其法益性质、内容和层次也是不同的,某种个人信息或信息处理行为,也可能涉及多种性质的法益,形成一定的法益结构,不同性质的法益居于不同主次地位,发挥不同的功能。在应对涉个人信息案件刑民交叉疑难问题上,应当注意刑事、民事不同法域的立法价值和司法逻辑的不同,慎重保持刑法的谦抑性,同时,立足于公正正义,在涉及个人信息的不同层次法益保护和价值利用中寻求利益平衡,实现法律效果与社会效果之统一。

---

① 黄忠:《民法如何面对公法:公、私法关系的观念更新与制度构建》,《浙江社会科学》2017年第9期。

第二章
个人信息保护的刑民一体化模式

如前章所述,我国个人信息保护立法过去一直存在碎片化问题:各部门法、司法解释及行业规范"政出多门",存在相互矛盾和不协调之处;个人信息及相关概念界定不一,调整对象范围存在差异,立法价值目标多元化,义务责任主体利益存在冲突,法律规范之间存在重叠和交叉竞合。立法碎片化带来体系化问题,个人信息保护立法是否需要体系化?体系化是什么?如何实现体系化?《个人信息保护法》的制定实施,在促进立法体系化方面具有怎样的功能?立足于现实立法,如何加强不同部门法之间、不同制度规范之间、不同罪名之间的衔接协调,实现司法层面的体系化保护?上述问题将是本章讨论的重点。

第一节 个人信息法益识别与分类分级保护

一、个人信息的法益识别及立法参照系

(一) 个人信息的法益识别

从社会治理角度看,风险识别是国家、政府和社会组织进行风险管

理的基础,通过规范化的法律手段,可以实现治理效果的有效提升,规制和防范公共安全风险。① 在大数据时代,"数据风险"成为新型的社会风险因素,具有高频度、可变性和不可预见性,呈现"法益侵害风险社会化"的趋向。② 从个人信息数据处理活动的动态过程上看,在信息数据收集、处理和使用的各个阶段均存在数据安全遭受侵害的风险,以已知或未知的形式在整个社会层面造成严重威胁和实际危害。从风险防控的角度看,只有经过风险识别,根据相关法律法规,才能确认某种信息数据所蕴含的法益性质;③而法益识别离不开一定的法律规范作为参照系。

个人信息数据法益识别,即明确某种个人信息的法益保护范围与程度,促进实现不同法益之间的平衡关系,主要有立法和司法两种途径:(1)立法层面,通过制定法律确认个人、企业、国家的信息数据利益,使其保护法益保持应有的独立属性。《数据安全法》第4章规定了数据安全保护义务,其中第32条规定:"任何组织、个人收集数据,必须采取合法、正当的方式,不得窃取或者以其他非法方式获取数据。"在个人信息数据法益识别中,应当充分发挥个人信息保护立法的基本法作用,防止与其他法律法规之间出现内容重复或产生冲突,避免孤立地考量个人信息数据法益作为新兴法益的特殊性,而否定传统法律保护手段在数据领域的适用。(2)司法层面,通过有关个人信息数据保护法律法规的司法适用,检验和甄别个人信息法益保护的合理性和妥适性。实践中,个人信息的法益识别及其法律适用是运用民法、行政法和刑法等不同法律法规完成的。一般来说,有关个人信息数据用户知情

---

① 季卫东:《数据、隐私以及人工智能时代的宪法创新》,《南大法学》2020年第1期。
② 敬力嘉:《信息网络犯罪中集体法益保护范围的扩张与限度》,《政治与法律》2019年第11期。
③ 季卫东:《数据、隐私以及人工智能时代的宪法创新》,《南大法学》2020年第1期。

同意等人格权利与信息数据财产权益保护,应当适用《民法典》《消费者权益保护法》等私法领域的法律规定;涉及个人信息数据处理者及数据管理机构的安全保护义务的,可适用有关行政法规,对于相关责任人员或单位的行政违法行为予以行政处罚。通过以上不同法律的适用,有利于充分发挥不同法律手段的规制和预防功能,各自体现不同的立法价值目标,共同实现等级化、层次化的保护,形成个人信息数据安全风险防控法律体系。①

(二) 法益识别的立法参照系

参照系又称参照物,属于物理学概念,即为确定研究对象的位置和描述其运动而选作标准的另一物体,从不同的参照系来看,同一物体的运动状态是不同的。同世界万物一样,任何法律规范都是普遍联系的,也是不断运动变化的,可以将参照系看作一种法学论证方法并加以运用。② 研究某一种法律,必须以其为出发点,选取另一种法律作为参照系,将它固定下来进行对照;或者选择不同的法律作为参照系,从不同角度进行对比。同时,还需要参照该法律在其产生发展的不同阶段的立法变化,从而更准确、更深刻地认识和理解作为质点的法律的本质内容。因此,对于个人信息的法益识别也有必要运用参照系的论证方法,以个人信息保护相关立法作为参照,对某种个人信息数据对象或信息数据处理行为所蕴含的法益性质及其对法益保护的重要程度进行认识判断。信息数据安全作为一种集体法益,相对于个人法益来说,其本身具有独立保护的价值;同时,信息数据安全也包含着个人法益内容,因

---

① 任颖:《数据立法转向:从数据权利入法到数据法益保护》,《政治与法律》2020年第6期。

② 杨添翼:《哈特法学理论中的参照系——〈法律的概念〉读后》,《重庆理工大学学报(社会科学版)》2009年第9期。

而又具有一定的从属性。信息数据安全法益虽有独立保护的必要,但对其中的个人法益进行识别也需要参照与个人信息权利保护有关的法律规范;更何况,信息数据安全的集体法益具有抽象性、模糊性,对它进行法益识别更离不开相关法规范为参照。

(三)不同立法参照系的功能区分

我国已颁布施行的《网络安全法》《数据安全法》《个人信息保护法》属于基础性法律,三者之间存在交叉重合关系,都可以将"数据""个人信息"或"网络数据"作为调整对象。数据安全往往也意味着信息安全、网络安全,可以受到上述法律法规以及《国家安全法》《国家秘密法》《密码法》等法律的保护。在不同的立法参照系下,法益保护的重点也不同,对于个人信息法益保护重要性的认识是存在差别的。如在《个人信息保护法》中,个人信息权益(如知情权、同意权)被当作重点保护的法益,而在《数据安全法》《网络安全法》中则居于次要的法益地位——后两者对个人信息权益虽有涉及,但重点保护的是信息数据自身安全和网络系统运行的安全性。因此,在对某种个人信息数据进行法益识别时,选择何种立法作为参照系显得十分关键。

在法益识别方面,《数据安全法》《个人信息保护法》与《网络安全法》作为立法参照系,既存在功能的差异性,同时也有一定的互补性。首先,如前所述,《数据安全法》中的数据安全与《网络安全法》中的网络安全虽然存在较大的内涵重合,但法律保护的"数据"对象范围较大,不仅包括线上的"网络数据",也涵盖了线下的电子数据(但不包括非电子数据)。这也决定了这两部法律保护的重心存在差异,作为参照系的法益识别功能也不同。为了避免两者不当交叉,并发挥互补效果,应对两者的调整对象范围予以界分。

其次,《个人信息保护法》保护的重点是个人信息安全,即在个人信息处理中如何避免受到非法收集、滥用和泄露等不法侵害;而《数据安全法》的出台,旨在重点保护信息载体即数据的处理活动,它与《个人信息保护法》的立法出发点和法益保护重点不同。同时,两者也不是截然分离的,因为两部法律所规制的对象——信息和数据,其实是一种事物的两个侧面,对《个人信息保护法》中个人信息法益的理解可援引《数据安全法》中的相关规定,反之亦然。

最后,在上述法律法规中,个人信息(数据)、网络数据(信息)是就不同层面而言的,所调整的对象具有重合性。这就决定了对数据安全法益识别,不可能只依赖其中一部法律作为参照系,或者说,个人信息法益识别并不排斥选择多种参照系。从法秩序统一性角度,在对某种信息数据处理活动所涉及的法益识别过程中,应当将不同的立法参照系都纳入视野范围,加以对比和衡量,根据法益保护内容的重要性程度,选择其中一部法律法规作为主要参照系,其他相关法律法规及行业规范则作为补充。不同的立法参照系之间也可以相互援引,通过体系解释,个人信息数据法益识别和判断的结论可以得到更好的印证。例如,对于侵犯公民个人信息罪中"违反国家有关规定"的界定,可以结合《网络安全法》第41条的规定予以理解和把握。根据该条款规定,"非法获取公民个人信息"的"非法性"除了违反法律法规之外也包括"违反双方约定"。实践中,如果网络平台经营者收集用户个人信息数据的行为违反了法律法规或双方约定,这两种行为都可认定为"非法获取"行为,从而符合侵犯公民个人信息罪的客观行为构成要件,这更有利于个人信息主体行使知情同意权和保障信息数据安全的法益。

二、个人信息数据分类分级的法律保护

个人信息法益的界定是个人信息保护立法的立足点,无论现有的信息网络安全立法,还是将来的数据安全立法,等级化保护都是一项基本制度。个人信息数据分类分级具有重要的法益识别和风险防范的功能。刑法对个人信息数据的法益保护,首先要对各种信息数据的法益性质予以识别,通过信息数据分类分级,认识和把握个人信息数据的类型、结构、组织、粒度、生命周期,以及由此形成不同层级的信息数据安全法益侵害风险和保护需求,在此基础上,确定法律保护的重心,并将其作为信息数据及网络犯罪的罪质和罪量的评价依据。在个人信息安全领域,国家市场监督管理总局、国家标准化管理委员会制定出台了一系列有关计算机系统安全保护等级的行业规范文件,对计算机信息系统安全等级化保护作出规范要求。[①]《数据安全法》第21条规定,国家"根据数据在经济社会发展中的重要程度,以及一旦遭到篡改、破坏、泄露或者非法获取、非法利用,对国家安全、公共利益或者公民、组织合法权益造成的危害程度,对数据实行数据分类分级保护"。以下即对个人信息数据分类与分级及其相互关系予以分析。

---

① 我国1994年颁布的《计算机信息系统安全保护条例》首次提出对计算机信息系统实行安全等级保护;2007年的《信息安全等级保护管理办法》开启了信息系统安全等级保护制度建设,相关行业规范文件包括:《信息系统安全等级保护体系框架》《信息系统安全等级保护基本配置》《信息系统安全等级保护基本模型》《信息系统安全等级保护基本要求》《信息系统安全保护等级划分准则》《信息系统安全等级保护定级指南》《信息系统安全等级保护实施指南》以及新近出台的《信息安全事件分类分级指南》。2019年,为适应《网络安全法》的实施,《信息系统安全等级保护定级指南》被改称为《网络安全等级保护定级指南》,其中3.1规定,等级保护对象由原来的信息系统调整为基础信息网络、信息系统(含采用移动互联技术的系统)、云计算平台/系统、大数据应用/平台/资源、物联网和工业控制系统等,原来各个级别的安全要求分为安全通用要求和安全扩展要求。

（一）个人信息数据分类与分级的内涵

首先，个人信息数据分类是指根据个人信息数据的属性进行区分和归类，通过明确个人信息数据的本质、属性、权属及其相关关系，了解各个信息数据是如何被使用的，确定信息数据属于何种类别。

在个人信息数据分类方面，美国对受控非密信息的管理制度可资借鉴。该制度主要按照行业将受控非密信息分为20大类，如隐私、专利、移民、金融、商业信息、税收、交通等。这些大类又被细分为许多子类，每个类别都有对应的子类别，比如，隐私类被细分为合同使用、死亡记录、一般隐私信息、遗传信息、健康信息等子类别。每个子类均有详细的定义、各自的强制分类标识、所对应的分级保护标准以及相应的法律责任。[1]

我国目前对于个人信息数据分类保护规制最多的行业主要是金融业，其基本的分类路径是按照影响对象、影响范围、影响程度对个人信息数据进行大类别划分，对个人信息数据进行细分。《网络安全法》第31条规定："国家对公共通信和信息服务、能源、交通、水利、金融、公共服务、电子政务等重要行业和领域，以及其他一旦遭到破坏、丧失功能或者信息数据泄露，可能严重危害国家安全、国计民生、公共利益的关键信息基础设施，在网络安全等级保护制度的基础上，实行重点保护。"参照以上规定，考虑到不同领域的信息数据有不同的鲜明特性，信息数据分类可以以按照信息数据领域的划分为主，将之区分为金融、交通、能源、医疗健康、电子政务等领域的信息数据。

其次，个人信息数据分级是指按照一定的分级原则对分类后的组织数据进行定级。通过对个人信息数据的分类分级，识别数据对组织

---

[1] 参见侯利阳、贺斯迈：《如何对数据进行分级分类保护》，《检察风云》2020年第19期。

的具体价值,确定以何种适当的策略保护信息数据的完整性、保密性和可用性。例如,基于数据主权观念,世界各国对数据流向一般都进行数据出口限制,许多国家提出数据存储本地化的要求。[①]

我国对公民个人信息的跨境流动也作了规范要求,敏感程度不同的信息数据在内部使用时受到的保护策略不同,对外共享开放的程度也有差异。对于涉密信息数据,则遵循国家相关法规标准进行分级和管理。其中,《数据安全法》第21条、第27条、第30条均涉及"重要数据"的规范,但没有对"重要数据"作出定义,也未能回应《网络安全法》第21条、第37条关于"重要数据"的安全等级保护与境内储存原则的规范。我国《个人信息和重要数据出境安全评估办法(征求意见稿)》和《信息安全技术 数据出境安全评估指南(草案)》将"重要数据"定义为"与国家安全、经济发展,以及社会公共利益密切相关的数据"。《计算机信息系统安全保护等级划分准则》第4条规定了计算机信息系统安全保护能力的五个等级:用户自主保护级、系统审计保护级、安全标记保护级、结构化保护级、访问验证保护级。《信息安全技术 信息系统安全等级保护基本要求》第4.2条规定了不同等级的信息系统应具备的基本安全保护能力。《信息安全事件分类分级指南》第6.1.1条规定,对信息安全事件的分级主要考虑三个要素:信息系统的重要程度、系统损失和社会影响,并由此将信息安全事件分为四个级别:特别重大事件、重大事件、较大事件和一般事件。参照上述规定,按照对国家安全和重大社会公共利益的危害程度,可以将不同领域的信息数据划分为三个层次,按重要性大小分别是"重要数据""受控数据"和"一般数据"。其中,"重要数据"是指直接关系国家安全的信息数据,"受

---

① 参见黄志雄主编:《网络主权论——法律、政策与实践》,社会科学文献出版社2017年版,第27页。

控数据"是指可能影响国家安全而应予限制传播的信息数据,两者应当是《数据安全法》规范和保护的重点。

(二) 个人信息数据分类与分级的关系

就个人信息数据分类与分级的关系来看,两者虽属于不同维度,但密不可分。逻辑顺序上,应当是先"分类"后"分级",两者结合起来完成对个人信息数据法益的识别和判断。《信息安全事件分类分级指南(征求意见稿)》附录 A 规定了个人信息数据安全事件分类与事件分级的关系,指出:"一个信息数据安全事件类别可能具有不同的严重级别,这不仅取决于业务,还取决于信息安全事件的性质,如故意性、目标性、时机、量级。"《信息安全技术 网络安全等级保护定级指南》第 4.2 条规定,等级保护对象的级别由两个定级要素决定:一是受侵害的客体,包括公民、法人和其他组织的合法权益,社会秩序、公共利益,以及国家安全;二是对客体的侵害程度,由客观方面的不同外在表现综合决定。对客体的侵害外在表现为对等级保护对象的破坏,通过危害方式、危害后果和危害程度加以描述。在此基础上,第 4.3 条则规定了定级要素与安全保护等级的关系,如下表:

表 2-1《网络安全等级保护定级指南》第 4.3 条所规定侵害级别示意表

受侵害的客体	对客体的侵害程度		
	一般损害	严重损害	特别严重损害
公民、法人和其他组织的合法权益	第一级	第二级	第三级
社会秩序、公共利益	第二级	第三级	第四级
国家安全	第三级	第四级	第五级

通过以上表格可以看出,受侵害的客体与对客体的侵害程度包含

着许多变量因素,同一类的受侵害客体,所遭受侵害程度不同,保护等级也会有不同情况;不同类的受侵害客体,虽然法益性质轻重有别,但由于所遭受侵害程度也有轻重差别,故也可能处于同一保护级别。同样的,同一种类的信息数据由于定级要素的变化,可能处于不同保护等级;反之,不同种类的信息数据,由于客体所遭受侵害程度相同,也可能得到相同级别的保护。参照上述规定,对信息数据安全的法律保护应当以信息数据安全为核心,在对不同领域的信息数据进行分类的基础上,综合考虑影响分级的各种定级要素,以确定信息数据安全保护的不同层级,并有针对性地选择不同法律、采取不同方式加以保护。

例如,对于反映个人网络行为轨迹信息的信息数据,诸如浏览器搜索关键词,用户操作记录(网站登录记录、软件使用记录、点击记录),通过互联网观看、收听、阅读视听内容的记录,支付软件的交易记录,软件翻译记录,位置踪迹,网购足迹,智能穿戴设备收集的身体体征信息,系统错误报告信息,用户改善计划等,不能将其笼统地纳入公民个人信息法律保护范围,而应结合个人行为轨迹信息的存在形态、样本数量、与其他信息数据的结合程度进行大致地分类,采用不同等级的保护标准。一是强等级保护,对于个人隐私信息数据应强调其"私密性",强化其防御性保护,非特定情形不得处理。二是次强等级保护,对于个人财产信息数据中的交易消费记录、虚拟财产信息,以及个人的行踪轨迹、网页浏览记录、住宿信息、精准定位信息,数据控制者收集该类数据必须获得数据主体明示同意,同时,数据控制者要遵循合法收集、目的限制、最小够用等原则,数据主体享有查询、更正、删除、撤回同意等权利。三是弱等级保护,对于智能穿戴设备收集的身体体征信息数据,系统错误报告,用户改善计划,用户接入网络的方式、类型和状态,网络质量数据,设备加速器等,数据控制者收集该类数据只需获得数据主体默示同意即可。四是最弱等级保护,对于匿名信息数据,可分为单一的行为轨迹信息和偶然的"标签化"行为轨迹信息两类,再根据其信息数据安全法益的重要程度进行选择不同的保护模式,兹不赘述。①

三、信息数据法益分类分级的定罪功能

对于信息数据和网络犯罪来说,法益的识别具有重要的犯罪构成要件"解释论机能"。② 不同种类的信息数据所蕴含的法益性质不同,对信息数据安全保护的重要性也有差别,所需要保护的安全层级亦不同。学界一般认为,我国《刑法》中"非法获取计算机系统数据罪"和"破坏计算机系统罪"的保护法益是一种秩序法益或抽象法益,即"计算机信息系统管理秩序或制度";两种罪名的定罪量刑标准一般都是"情节严重""严重后果"等综合性规定。然而,由于网络空间的虚拟性和技术性,刑法中管理秩序法益的抽象化,会使司法机关对相关罪名的定罪量刑产生困难。为了避免信息数据和网络犯罪出现司法适用的"口袋化"或"虚置化"倾向,有必要通过信息数据分类分级,以信息数据安全保护为核心,合理界定个人信息数据的法益属性和保护等级,使其在对信息数据犯罪的罪质界定与罪量评价方面发挥积极作用。

确定个人信息数据犯罪的入罪门槛、区分个人信息数据犯罪与相关罪名的关键,在于法益性质的界定。通过识别和判断作为某种犯罪对象的数据所反映的客体性质、客体所遭受的侵害程度,明确其对数据

---

① 韩新远:《个人网络行为轨迹信息的分类保护》,《检察日报》2020 年 11 月 14 日第 3 版。

② 张明楷:《法益初论》,中国政法大学出版社 2003 年版,第 216 页。

安全的重要程度和保护等级,对犯罪行为的罪质予以评价,决定是否适用、如何适用数据犯罪及其他相关罪名。

其一,是个人信息数据犯罪对象保护等级与入罪门槛的确定。如前所述,信息时代背景下,刑法应当以动态的、独立的、开放的信息数据概念逐步取代静态的、附属的、封闭的"计算机信息系统数据"的概念。如果没有针对不同技术对象予以区别保护,信息数据安全法益保护的独立性就会比较弱,与信息安全、网络安全法益保护混同,这是必须加以克服的。例如,《刑法》第285条规定的"非法获取计算机信息系统数据罪",该罪名将保护对象范围限定于"身份认证信息"。《个人信息刑案解释》第1条规定,"公民个人信息"包括姓名、身份证件号码、通信通讯联系方式、住址、账号密码、财产状况、行踪轨迹等;而"两高"《关于办理计算机信息系统安全刑事案件应用法律若干问题的解释》(以下简称《计算机安全刑案解释》)第11条规定,"身份认证信息"是指用于确认用户在计算机信息系统上操作权限的数据,包括账号、口令、密码、数字证书等。此处,"身份认证信息"与"侵犯公民个人信息罪"中的"公民个人信息"对象范围产生重合,为司法机关带来定罪上的困难。实践中,应当通过司法解释适度扩张该罪名适用的对象范围,将所有能够识别出用户身份、行为等信息的网络数据均纳入刑法保护范围。

再如,《数据安全法》第4章"数据安全保护义务"当中规定,对"重要数据"的处理者作出了更严格的要求,如设立数据安全负责人和管理机构、落实数据安全保护责任、定期开展风险评估等,并对重要数据跨境转移流动予以严格限制。如果相关个体或组织违反了上述规定义务,则可能面临不作为的刑事责任承担。司法机关可以通过数据分类分级,综合考虑主客观方面的各种定级要素,设定数据的篡改、假冒、泄露、窃取、拦截等不同数据处理行为的入罪门槛,在对处于最低保护等级的普通数据设定入罪标准的基础上,对处于较高、最高保护等级的信息数据就可以相应地设置更低的入罪门槛。当然,信息数据的定级要素诸如危害方式、危害后果和危害程度都是变量,对于涉及国家安全、社会秩序、公共利益与公民个体权益等不同法益性质的信息数据犯罪,其保护级别和入罪门槛也会产生交叉和重合。建议司法机关通过制定相关罪名的定罪量刑指导意见,列举不同罪名在分类分级的不同情况下具体的定罪标准,供办案人员参照适用;同时也保留适当的裁量空间,以便在个人信息数据的定级要素出现复杂变化情况时作出灵活应对。

其二,是信息数据犯罪与传统犯罪的法益界分及罪名适用。在信息数据犯罪中,信息数据是作为犯罪对象,行为人以侵犯信息数据安全法益为目的,而不是行为人实施其他犯罪的工具或手段,这是信息数据犯罪与侵犯人身、财产权益等传统犯罪相区别的关键所在。实践中,行为人单纯获取、删除、修改、增加信息数据的情形较少,多数是通过对个人信息数据法益的侵害来实现非法取财,获取个人信息、商业秘密等其他目的,应构成侵犯公民个人信息罪、侵犯商业秘密罪等相应的罪名。《刑法》第287条也作出规定:"利用计算机实施金融诈骗、盗窃、贪污、挪用公款、窃取国家秘密或者其他犯罪的,依照本法有关规定定罪处罚。"数据与信息具有互通性,涉及个人信息的数据犯罪,在定罪时可以参考《个人信息刑案解释》规定的数额、数量或情节标准,在此基础上,还要考虑行为对数据安全法益所造成的侵害或影响。需要指出,信息数据安全法益和人身、财产等传统法益之间是非此即彼关系,而非包容关系,这决定了信息数据犯罪与传统犯罪在法条关系上呈现中立关系,而非竞合关系。因为作为犯罪对象的个人信息数据具有单一性,只能将一个侵犯个人信息数据权益的行为评价为一罪。而不可能同时对个人信息数据进行多次法益评价,认定不同罪名进而适用法条竞合或想象竞合犯,应当按照从一重罪论处;处刑时,还须综合考虑信息数据的公开程度、技术保护措施严密程度来进行裁量。①

第二节　个人信息安全风险预防与利益衡量

一、个人信息安全风险防控的法律体系

根据风险管理的一般理论,风险的管理和预防可以从风险识别、风险预防、风险的控制和分担等方面展开。刑事立法和司法对信息风险的防控,也可以借鉴风险管理系统的一般理论,从这几方面展开。

(一) 个人信息安全风险识别:安全法益分级

风险识别是风险管理的基础,是对已经发生或潜在的风险加以判断、归类整理,并对风险的性质进行鉴别的过程,这与确定立法事实的过程十分契合。网络科技的发展使个人信息安全面临威胁,但是个人信息安全风险呈现出不同程度和不同类型,立法者需要根据刑事立法的目的对可能引发个人信息风险的事实进行筛选。通过调研、考察等实证分析的方法对制造个人信息风险的行为类型、主观状态、环境条件

---

① 王镭:《"拷问"数据财产权——以信息与数据的层面划分为视角》,《华中科技大学学报(社会科学版)》2019年第4期。

以及造成的实际后果和可能造成的潜在后果等归纳和分类,并对不同类型个人信息风险的大小程度进行客观分析,同时不能忽略对个人信息潜在风险的预测和评估。然后,需要考虑刑事政策、比例原则、刑法基本原则等的要求对客观事实进行价值判断,最终划定能够纳入刑事立法范围的客观事实,即只有符合严重社会危害性、严重的主观恶性以及具有法益保护的价值性的行为、结果,才能纳入刑事立法的范畴。

具体到刑事立法领域,个人信息风险的防范就是对个人信息法益的保护,这一阶段是要对个人信息法益进行量化评估。个人信息法益具有抽象性,容易落入扩大解释、主观解释的窠臼。因此,需要根据个人信息的法益类型和危害程度具体分析。个人信息法益是个人法益、公共法益的综合体,因此,需要对刑法的风险防控功能实施分级保护。具体而言,在法益保护层级上,个人法益低于公共法益;在法益的具体类型上,个人信息法益又存在人格权、财产权、社会和国家秩序安全法益的交叉。因此,在立法上,基于我国《刑法》是根据客体类型划分章节,应当根据不同的个人信息法益类型大致划定信息风险防控体系在《刑法》中可能涵盖的章节。由于单个刑法条文可能保护多重法益,还需要对可能交叉重叠的法益进行分析,为个人信息法益的分级保护体系打下基础。在司法上,主要需要解决的是引起危险的行为是否可以被解释到现有犯罪构成要件当中。刑法法益有一个重要的功能就是批判立法。[①] 因此,法益在立法上不仅可以指导立法,更可以批判立法。批判立法作用的发挥首先需要明确合理、正当、公平的具体法益内容。在个人信息刑法保护体系中,通过法益衡量可以看出个人信息在刑法中保护的法益不能仅仅局限在个人权利的保护,同时还应当为信息流

---

① 〔德〕克劳斯·罗克辛:《对批判立法之法益概念的检视》,陈璇译,《法学评论》2015年第1期。

动留足合法空间。因此,在明确了个人信息在刑法中应当保护的法益属性后,应发挥法益批判立法的作用,摆正侵犯公民个人信息罪在刑法中的位置,更加注重信息安全管理秩序的刑法保护。

(二) 个人信息安全风险预防:法益前置保护

风险识别阶段,个人信息的安全风险状况更加清晰地呈现出来,对于不同类型和等级的风险应当采用针对性的保护措施。刑法作为社会管理的强有力手段也需要发挥自身的作用。社会风险的不断升级累积,导致"风险"演变成"危险"再演变成"实害"的过程更易发生,造成的危害后果更加严重。因此,刑法选择对法益前置保护,提前介入危险,防范严重后果的发生。功能刑法下的积极立法观实现了风险预防的立法目标,对社会风险的提前介入和防范已经成为不争的事实,典型的是法定犯和危险犯的增多。但是,刑法的提前介入,应当具有一定的限度,才能合理兼顾自身对自由和安全价值的追求,平衡刑法谦抑性与功能性的冲突。如针对有危险性但侵害法益层级较低的行为,可采用实害犯的犯罪形态,并规定较高的法定刑幅度;针对某种危险性较大且侵犯的法益层级较高的行为,在用行政法规制无法有效预防的前提下,应当考虑采用具体危险犯的犯罪形态;如果仍无法达到预期效果,可考虑将刑法介入的时间点进一步提前,谨慎采用抽象危险犯模式。个人信息保护的刑事立法仍应当坚持刑法保障法的基本立场和相对消极的立法态度,应当多设置实害犯;而涉及公共安全和秩序法益时,刑法立法则需要能动和积极地设置危险犯,实现对社会风险防控的功能。在刑事司法上,对于采用危险犯等风险防控功能较强的个人信息犯罪立法模式解释时,应当坚持无罪推定的立场,从主观和客观两方面对"情节""兜底条款""罪量"等模糊性词语谨慎解释,对违法阻却事由加以细化和具体化,合理限制法定犯、危险犯的滥用。

(三) 个人信息安全风险分担:注意义务分配

传统个人信息犯罪正在向网络渗透发展,即时通讯取代了现实空间的接触,让公民个人信息犯罪变得简单、快捷。在高达37%的利用即时通讯侵犯公民个人信息的案例中,公民个人信息在即时通讯软件上被随意地明码标价交易,甚至形成产业链,从信息源头到末端历经多次加价转手。① 在这个犯罪链条中,多元主体参与其中,为了应对个人信息安全风险,风险责任的公平合理分配至关重要。应对风险的重要途径在于风险的分担,风险分担的目的在于参与风险项目的各个主体都需要根据自己的角色承担一定的风险,尽到合理的注意义务,实现整个项目和各个主体的互利共赢。为了防止个人信息的滥用,各个主体都应当承担相应的注意义务,这样才能将风险发生率降到最低。

与个人信息安全相关的主体主要涉及三类:一是信息主体本身,其产生了大量的个人信息。但信息主体作为网络使用者接受网络服务时,个人信息有可能会被他人获取和使用。二是互联网公司、大数据公司等网络服务提供者,为了更好地提供网络服务,实现精准营销,往往需要大量获取和使用个人信息。三是国家政府,一方面随着电子政务的普及,政府机构需要获取大量个人信息,同时政府作为社会管理者更需要加强自身信息系统安全以保护个人信息安全。个人信息的安全需要三者齐心协力共同维护,因此,三者需要根据自身的作用和特性承担不同的风险,尽到合理的义务。

---

① 陈小彪、刘利:《即时通讯中个人信息保护的风险分配与刑法归责》,《警学研究》2019年第1期。

须指出,目前我国相关法律法规更加注重网络服务提供者和政府机关的义务,却鲜少考虑信息主体的合理注意义务。信息主体作为个人信息的产生者和最终侵权行为的受害者,更应当谨慎对待自己的信息。如果信息主体本身对个人信息都"不以为意",那就应当承担个人信息被滥用的风险。因此,在前置法律中可以适当增加信息主体应尽的合理义务,例如应当了解网络服务提供者的服务范围和隐私政策。在刑法理论上,被害人同意(承诺)可能成为犯罪行为的出罪或刑事责任减免的事由。尽管信息主体遭受损害,但如果个人信息收集或使用行为是经过信息主体同意的,则犯罪行为人可能不构成侵犯公民个人信息罪。

(四) 个人信息安全风险控制:严密刑事法网

大数据作为战略资源的地位日益凸显,个人信息的价值更在于流通与共享。但是数据的无序流通与共享使得隐私、安全与共享利用之间的矛盾问题尤为突出,加之数据资产地位尚未确立、数据治理体系远未达成,导致了隐私保护和数据安全方面的重大风险。因此,现在急需针对互联网环境下的数据(包括个人信息)制定相应的法律法规。但与此同时,法律法规的增加意味着个人信息数据处理的合规性标准更加严格,势必会降低数据流通的速度和效率。如何兼顾发展和安全,在数据得到充分保护情况下不过分阻碍数据价值的挖掘,是数据立法需要重点关注的问题。

从法律制度角度来说,严密法网能够起到平衡作用。严密法网并不是行为范围的扩大,而是条文设置的细化。一方面,前置法应当细化权利义务的设置,将"法网"越织越密。例如,针对个人信息安全保护中的不同主体赋予合理的义务,义务设置的范围既不能过宽也不能过窄;对于不同义务要素的设置更加具体,以增加实行义务的可行性;违反相应义务的责任体系也应当更加完善。另一方面,刑法与前置法也应当协调衔接,将"法网"首尾相连。尽管刑法作为后置法应当保持传统的谦抑地位,但是基于其违法性判断的相对独立性和预防犯罪的功能,刑法可以根据行为的性质、危害的严重性等要素,经过客观的调研和严谨的程序论证,在立法上适当扩大入罪范围,进一步严密刑事法网。事实上,刑法典正在通过颁布刑法修正案的方式频繁增加罪名,扩大刑事打击范围。但同时需要注意刑法与前置法律,特别是行政法的关系。应当根据刑法基本原则和构成要件解释等基本理论划清行政违法行为与犯罪行为的界限,不能将行政违法行为作为犯罪行为入罪。例如,侵犯公民个人信息罪中"违反国家有关规定"的要件就将行政法规和刑法紧紧联系起来,需要司法机关根据案件事实,结合犯罪构成要件的解释,谨慎认定违法行为的性质。

大数据技术应用主要是通过对信息数据的挖掘整合,生成有价值的信息并加以利用,实现信息资源的效益。因此,大数据技术应用的核心不是数据的储存和传输,而是数据的挖掘和应用,只有通过使用行为才能发挥信息的巨大价值。也正是如此,对个人信息的滥用行为屡见不鲜,愈演愈烈。在相关的行政法律法规中,个人信息的使用行为需要在一定的合理范围内,如果网络服务提供者违反相关法律法规的规定收集和使用个人信息的,需要承担相应的行政责任。然而,在我国《刑法》中,侵犯公民个人信息罪的犯罪行为仅包括非法获取、非法提供和非法出售,并未包括个人信息的非法使用行为,仅有使用虚假身份证件、盗用身份证件罪与之相关。该罪仅保护依托身份证这一物质载体的个人信息,并且此罪的适用范围仅限于"依照国家规定应当提供身份证明的活动中"使用身份证件,因此具有严格的适用限制,无法全面规制非法使用个人信息的行为。非法使用行为的危害性不亚于甚至高于非法获取、提供和出售的行为,在都有相关前置规定的提前下,既然危害性相对较小的行为已都被纳入刑法规制,那么危害性相对较大的行为更应该作为一种犯罪行为。

二、个人信息公、私法益保护的利益衡量

个人信息法益是个人法益和公共法益的综合体。但是个人法益与社会、国家法益法律保护之间的关系十分复杂。一方面,公共法益的保护往往需要牺牲一定程度的个人法益保护,比如信息安全、社会安全的法律保障会牺牲个人信息的保护。但另一方面,公共法益的保护也是对个人法益的间接保护,因为失去了安全和有序的社会、国家,个人权益更得不到有效的保障。因此,如何平衡个人信息法益中的三重法益是一个难题。在立法上,每个部门法都有不同的立法取向和立法目的,其中刑法基于刑罚的严厉性和强制性,集中体现了强大的国家权力。因此,在刑事立法上,处处体现了刑法的人权保障机能和谦抑性的特点,但不可否认的是,刑法作为强有力的法律手段能够有效地维持社会安全和秩序。个人信息权益的过度保护并不是百利而无一害的,这会消减刑法的社会管理机能。具体到个人信息法益保护的刑事立法上,典型的利益冲突存在于个人信息保护和信息利用价值的发挥。

在刑事法领域,利益衡量原则和方法也有利于提供平衡冲突法益的思维方式和方法。首先,应当坚持的是罪刑法定原则,也就是制度利益是刑事司法中的最高级别的利益,司法者不能为了保护其他利益而牺牲制度利益。其次,应当运用利益衡量的原则和方法,对侵犯个人信息权益行为的社会危害性进行实质判断。根据利益衡量原则的理论,司法者主要通过利益层级对当事人的具体利益、社会公共利益等进行判定。社

会公共利益和具体利益之间互相制约,不能认为公共利益一定高于具体利益,也不能绝对肯定具体利益高于社会公共利益。如前所述,个人信息承载了包括人格和财产权益在内的个人法益以及包括社会公共利益和国家安全利益在内的公共法益。一般而言,个人法益、社会法益和国家法益的位阶应当是个人法益低于社会法益,社会法益低于国家法益。就个人信息权益而言,原则上人格权益优于财产权益;财产权益之间价值高者优先;社会公共利益、国家安全利益一般优先于个人的人格及财产利益;个人法益中人格权法益高于财产权法益。但是,基于刑法特殊的法律地位,这种排序并不是绝对的,也要考察利益数量和规模大小从而作出判断,不能仅仅将法益性质作为唯一根据。例如,判断个人信用信息法益性质及其程度,包括个人信用信息的识别性强弱、信息数量规模、侵权行为方式和用途去向、被害人的心理感受,对国家信息安全、社会公共利益的影响等因素,司法机关需要将这些因素综合起来加以考量。①

第三节 《个人信息保护法》的衔接协调功能

一、《个人信息保护法》的综合法律定位

《个人信息保护法》的定位问题,主要涉及该法与《民法典》的关

---

① 张勇:《个人信用信息法益及刑法保护:以互联网征信为视角》,《东方法学》2019年第1期。

系,对此学界存在不同认识。有学者认为,《民法典》作为基本法,无疑具有普通法的地位,其约束的义务主体"信息处理者"涵盖了所有的信息处理机构和个人,突破了《网络安全法》中所规制的义务主体即"网络运营者"的限制,具有一般性。而《个人信息保护法》作为全面规制个人信息处理的单行法,则具有特别法的属性,对《民法典》作出了大量的补充和例外性规定;《民法典》与单行法之间是普通法与特别法的关系,单行法可以对《民法典》作出补充或例外规定。在单行法有规定的情况下,单行法应得到优先适用;在单行法没有规定的时候,则应适用作为普通法的《民法典》。也有的学者认为,二者之间不是普通法与特别法的关系。原因在于,《民法典》仅能调整平等主体之间的个人信息处理活动;而《个人信息保护法》同时涉及私法关系(私法主体之间)与公法关系(国家机关处理个人信息);另外,《个人信息保护法》还规范不平等的私法主体(如用户与互联网平台)之间的关系。因此,《个人信息保护法》是所谓的"领域法",或者是调整事实上地位不平等的主体之间的"社会法",而非《民法典》的下位法,亦非其特别法。①

《民法典》在总则编和人格权编以多个条文对个人信息保护作出了重要规定,奠定了个人信息保护制度的规则框架。然而,其仅规定"自然人的个人信息受法律保护",没有将个人信息上升为一项民事权利,而是将其定位为一种受保护的人格权益予以规范。《个人信息保护法》则是一部全面、系统规定个人信息保护的单行法。其中第 4 章"个人在个人信息处理活动中的权利"将个人信息作为一种民事权益进行保护,和《民法典》保持了相对的统一。个人在个人信息处理活动中的权利不仅包括知情、决定、查阅、复制、要求对规则解释说明等加强

---

① 石佳友:《个人信息保护法与民法典如何衔接协调》,《人民论坛》2021 年第 2 期。

对信息内容了解的部分,也包括限制、拒绝、更正、补充、删除等精细化个人信息内容的权利。与《民法典》相比,《个人信息保护法》扩大了个人信息的外延,将"与自然人有关的各种信息"都囊括进个人信息的范畴,进而扩充了个人信息权益的范围。随着大数据技术的不断发展,个人信息与非个人信息的界限越来越模糊,且相互转化越来越容易,这种扩展回应了因技术进步而带来的个人信息权益保护的需要,有利于为个人信息权益提供更加充分的保护基础,同时也为未来可能出现的各种信息保持了开放性和包容性。随着个人信息范围的扩大,信息类型日益多样化,应用场景也日益丰富和细化,不同信息的正当价值和安全风险不同,分级分类成为个人信息保护的基本思路。《个人信息保护法》第2章第2节专门规范个人敏感信息的处理规则。个人敏感信息指一旦泄露或者非法使用则可能导致个人受到歧视或者人身、财产安全受到严重侵害的个人信息。对这类泄露或非法使用个人信息的行为,《个人信息保护法》施以更加严格的处理规则,要求信息处理者应取得个人的单独同意,告知处理的必要性和对个人的影响,且具有特定的目的和充分的必要性时,才可以处理此类信息。通过赋予信息主体数据权利,从"增量"和"减量"两个方面增强信息主体对个人信息的主动性,是本次个人信息保护立法的重点。

整体而言,《个人信息保护法》对个人信息保护内容的规定与欧盟《通用数据保护条例》有着很多相似之处,体现了我国个人信息保护立法的国际视野,构建起了中国版本的个人信息权利保护体系。[①] 同时,应当明确《个人信息保护法》是个人信息处理中个人权利的保护法,而不是个人信息的保护法,更不是个人信息权利法。个人信息处理决定

---

① 申卫星:《大数据时代个人信息保护的中国路径》,《探索与争鸣》2020年第10期。

着《个人信息保护法》适用的边界,预防个人信息处理可能引发的侵害个人的风险是《个人信息保护法》的宗旨和规范目标。《个人信息保护法》本质上是个人信息处理过程中的个人权利保护,但是个人权利保护需要与个人信息使用者利益、公共利益进行平衡,个人权利保护法也就演绎为个人信息处理行为规范,即个人信息处理过程中信息相关者和信息使用者的权利、义务关系。因此,个人信息保护法是个人信息处理行为规范法。[①] 在我国整个法律体系中,《民法典》属于基本法律,《个人信息保护法》属于一般法律,在法律地位和效力等级上低于《民法典》;而在个人信息保护的法律体系中,《个人信息保护法》则处于基本法的地位,具有引领主导和衔接协调的体系功能。

二、《个人信息保护法》与《民法典》的协调

作为全面系统规定个人信息处理制度的单行法,《个人信息保护法》可以对《民法典》作出补充和例外规定,对《民法典》的一般性规定进行变通和突破,尤其对行政监管、信息跨境流动等《民法典》没有规定或不适合规定的内容增设规定。但是,《个人信息保护法》不能违背《民法典》所确立的基本原则,例如,《民法典》中关于个人信息及个人信息处理的定义、合法正当必要等处理原则、免责事由、侵权责任等。[②] 具体来说,《个人信息保护法》与《民法典》之间的协调关系主要体现在以下方面:

(1) 个人信息的定义。《个人信息保护法》第 4 条表述为:"个人信息是以电子或者其他方式记录的与已识别或者可识别的自然人有关

[①] 高富平:《论个人信息处理中的个人权益保护——"个保法"立法定位》,《学术月刊》2021 年第 2 期。

[②] 石佳友:《个人信息保护法与民法典如何衔接协调》,《人民论坛》2021 年第 2 期。

的各种信息,不包括匿名化处理后的信息。"二者都是对宪法上个人信息受保护权范围给出的形成性定义。两相对比,《民法典》采用"识别"标准,《个人信息保护法》则采用"识别+关联"标准。前者是"从信息到个人",由信息本身的特殊性识别出特定自然人,凡有助于识别出特定个人的信息都是个人信息;后者则还要加上"从个人到信息",在识别出特定自然人后,该特定个人在其活动中产生的信息均为个人信息,故后者的范围大于前者。与《民法典》的"识别"标准相比,《个人信息保护法》的"识别+关联"标准虽更宽泛,但并未突破个人信息受保护权的内在限制。更重要的是,与被识别后的特定个人关联的信息,如个人位置信息、通话记录、浏览记录等,无疑会对个人尊严产生影响,也应纳入宪法基本权利的保护范围。因此,《个人信息保护法》对个人信息的定义更加符合宪法上个人信息受保护权的内涵。为避免法律冲突,对《民法典》第1034条2款的解释应参照该定义。这也再次说明民法规范不能作为我国个人信息保护法律体系的基本法。①

(2) 个人信息的类型划分。《民法典》区分了一般个人信息与私密信息,但《个人信息保护法》并未采纳这一区分,而是采纳了"敏感信息"这一比较法上通行的概念;二者有明显差异。相比较而言,"敏感信息"的概念内涵比较明确具体(如种族、政治与宗教信仰、生物识别信息、健康信息、性取向等);而"私密信息"在边界上则较为模糊,可涵盖所有未公开的个人信息,包括在特定范围内(如家庭成员、朋友间)分享的所有信息。从客体范围的确定性角度来看,《个人信息保护法》的做法似更可取。

(3) 个人信息处理原则。《民法典》第1035条规定了合法、正当、必要原则。《个人信息保护法》第5条规定:"处理个人信息应当遵循

---

① 王锡锌、彭錞:《个人信息保护法律体系的宪法基础》,《清华法学》2021年第3期。

合法、正当、必要和诚信原则,不得通过误导、欺诈、胁迫等方式处理个人信息";第6条规定:"处理个人信息应当具有明确、合理的目的,并应当与处理目的直接相关,采取对个人权益影响最小的方式。收集个人信息,应当限于实现处理目的的最小范围,不得过度收集个人信息。"这正是必要性原则的逻辑结果。同时,《民法典》第1036条第2款规定,合理处理该自然人自行公开的或者其他已经合法公开的信息,不承担民事责任,但是该自然人明确拒绝或者处理该信息侵害其重大利益的除外。这里,"处理该信息侵害其重大利益的除外",是指如果处理该信息可能侵害权利人的重大利益,对于这样的例外情形,即便权利人同意,处理者也不得进行处理。根据《个人信息保护法》第27条的规定:"个人信息处理者可以在合理的范围内处理个人自行公开或者其他已经合法公开的个人信息;个人明确拒绝的除外。个人信息处理者处理已公开的个人信息,对个人权益有重大影响的,应当依照本法规定取得个人同意。"

(4) 个人信息安全义务。《民法典》第1038条规定信息处理者应当采取技术措施和其他必要措施,确保其收集、存储的个人信息安全,防止信息泄露、篡改、丢失。根据《个人信息保护法》第51条的规定,个人信息处理者应当根据个人信息的处理目的、处理方式,个人信息的种类以及对个人权益的影响、可能存在的安全风险等,采取相应措施确保个人信息处理活动符合法律、行政法规的规定,并防止未经授权的访问以及个人信息泄露、篡改和丢失。

三、《个人信息保护法》与公法规范的衔接

从对抗国家权力的角度出发,个人信息隐私权的公法保护就是要

给予个人自治的空间,这种自治即为保护个人信息的自决权。基于公共利益的需要,政府可以通过合法途径获取和利用个人信息,但前提必须是个人能够控制自己的隐私。同时,为了保护个人信息隐私,公法要为政府设定相应的约束机制。因为公法的本质不是为了保障公权力,而是要控制公权力,因此,对个人信息的公法保护所强调的也是如何限制公权力。同时,"无救济即无权利",对公民个人信息的公法保护还要建立当个人信息隐私受到侵犯时的救济途径,否则公民个人隐私权的法律保护只会停留于形式,不具有可适用性。①

具体来说,《个人信息保护法》对公法规范的衔接作用主要体现在:

(1)设定国家机关及工作人员的个人信息保护义务和责任。例如《民法典》第1039条规定国家机关、承担行政职能的法定机构及其工作人员应对履职过程中知悉的个人信息保密;《刑法修正案(七)》对"国家机关或者金融、电信、交通、教育、医疗等单位工作人员,违反国家规定,将本单位在履行职责或者提供服务过程中获得的公民个人信息,出售或者非提供给他人"以及单位,犯此罪的,规定了刑事责任;《个人信息保护法》第68条规定"国家机关不履行本法规定的个人信息保护义务的,由其上级机关或者履行个人信息保护职责的部门责令改正;对直接负责的主管人员和其他直接责任人员依法给予处分"。在一些具体的行政管理领域,也有此类规范,例如《居民身份证法》第13条、《出口管制法》第29条、《网络安全法》第45条等。但现有立法未能有效落实宪法上个人信息受保护权的主观权利功能,因此有学者建议尽快制定一部针对公权信息处理者的专门立法,就信息处理原则、

---

① 王学辉、赵昕:《隐私权之公、私法整合保护探索——以"大数据时代"个人信息隐私为分析视点》,《河北法学》2015年第5期。

义务、信息主体的工具性权利、违法侵权责任等作出系统性规定,并畅通行政复议、诉讼和国家赔偿等监督救济渠道,弥补我国个人信息保护法律体系的重大缺失。①

(2) 以个人信息权益保护对抗公权侵害个人信息的风险。根据《民法典》第 1035 条第 1 款,处理个人信息应征得信息主体同意,除非法律、行政法规另有规定。但这一逻辑并不适用于公权主体:对私人信息处理者而言,信息主体的"知情-同意"是信息处理的基本原则,除非立法有例外规定。相反,对公权信息处理者来说,其个人信息处理活动是以法律授权而非信息主体的"知情-同意"为基本原则,即使信息主体同意,若无法律授权,公权主体也不能处理个人信息。这正是为什么《个人信息保护法》第 34 条规定:"国家机关为履行法定职责处理个人信息,应当依照法律、行政法规规定的权限、程序进行,不得超出履行法定职责所必需的范围和限度。"当然,第 35 条进一步规定,"国家机关为履行法定职责处理个人信息,应当依照本法规履行告知义务",但这只是在法定的基础上额外增加同意的要求,对公权主体处理个人信息科以高于私人处理者的标准。②

(3) 以个人信息权益保护对抗私人和域外个人信息侵害风险源。2012 年,全国人大常委会颁布的《关于加强网络信息保护的决定》第 1 条开宗明义地指出"国家保护能够识别公民个人身份和涉及公民个人隐私的电子信息"。随后,《刑法》《民法典》《网络安全法》《数据安全法》《个人信息保护法》都是在为个人信息受保护权提供制度性支持。如《个人信息保护法》第 11 条明确规定"国家建立健全个人信息保护制度",第 60 条确定由"国家网信部门负责统筹协调个人信息保护工

---

① 王锡锌、彭錞:《个人信息保护法律体系的宪法基础》,《清华法学》2021 年第 3 期。
② 王锡锌、彭錞:《个人信息保护法律体系的宪法基础》,《清华法学》2021 年第 3 期。

作和相关监督管理工作。国务院有关部门依照本法和有关法律、行政法规的规定,在各自职责范围内负责个人信息保护和管理工作"。这虽有多头监管之嫌,但本意是为了建立组织机构来保障个人信息受保护权。侵害防止功能下,个人信息保护领域已建立起的民法侵权、行政监管以及刑事处罚制度,都旨在保护个人信息免受他人侵害。《个人信息保护法》的规定域外效力、国家促进个人信息保护方面的国际交流与合作、个人信息跨境等方面,则是在落实国家保护境内信息主体免受域外侵害的义务。①

(4) 对于个人信息公法益进行不同的公法保护。个人信息分属不同领域,不同领域中的个人信息具有不同的重要性,刑法对不同领域中的个人信息采取不同的保护立场。对此,可以借鉴德国的"领域理论",该理论按照私密性程度的高低把个人活动划分为三个领域:最核心层的隐私领域、中间层的私人领域、最外层的社会领域。② 从最核心层的隐私领域到中间层的私人领域,再到最外层的社会领域,个人信息的私密性逐渐降低而社会性依次增加。领域理论的要义在于区别对待个人信息,协调个人信息的私人性与社会性、信息控制与信息共享之间的平衡关系。我国有学者提出个人信息保护"两头强化、三方平衡"的构想,即强化个人私密信息的保护,强化个人一般信息的利用,协调信息主体利益、信息处理者利益、社会公共利益三方的平衡。③ 该构想正是领域理论的具体体现。《个人信息刑案解释》根据个人信息的不同类型,分别规定了不同的立案标准:第一类信息是个人行踪轨迹信息、

---

① 欧阳本祺:《侵犯公民个人信息罪的法益重构:从私法权利回归公法权利》,《比较法研究》2021 年第 3 期。
② See E. J. Eberle, "Observations on the Development of Human Dignity and Personality in German Constitutional Law: An Overview", *Liverpool Law Review*, 33, 2012, p. 213.
③ 张新宝:《从隐私到个人信息:利益再衡量的理论与制度安排》,《中国法学》2015 年第 3 期。

通信内容、征信信息、财产信息,非法获取或者提供该类信息 50 条即可构成犯罪;第二类是个人住宿信息、通信记录、健康生理信息、交易信息等可能影响人身、财产安全的个人信息,非法获取或者提供该类信息 500 条构成犯罪;第三类是其他个人信息,非法获取或者提供 5000 条构成犯罪。很明显,这三类个人信息的私密性依次递减,社会性依次递增。可见,我国司法解释和司法实践采取的是公法法益观,不同领域的个人信息在侵犯公民个人信息罪构成要件符合性判断中具有不同的意义。

§

综上所述,个人信息法益包括个人法益、公共法益、国家法益三个层次,对某种具体的信息数据法益来说,从个人权利到社会秩序、公共利益乃至国家安全,往往具有不同层次的内涵,法律保护的重点也不同。对某种个人信息数据对象或处理行为进行法益识别,首先要选择其所对应的法律规范作为参照系,在此基础上,再确定法律所要重点保护的法益内容和层次,并对其进行分类分级的法律保护。《个人信息保护法》不是私法,但也不完全属于公法(行政法),而是兼具个人信息权益保护的私法内容,是为了保护个人信息权益、规范个人信息处理活动、促进个人信息合理利用的综合法。在不同的立法坐标系中,《个人信息保护法》的体系地位和功能是不同的,其作为基本法、一般法,是相对而言的,并不影响《个人信息保护法》在整个法律体系中的地位和效力层次。

第三章
个人信息去识别化的入罪与出罪

随着大数据技术和互联网经济快速发展,个人信息的商业价值和公共属性凸显,单纯的私权保护模式已明显不合时宜。近年来,信息数据企业及从业者重视采用个人信息的"去识别化"(De-identification)技术手段,对个人信息进行"脱敏"或"漂白",即进行去识别化或匿名化处理,使之成为普通的数据,用以大数据分析和商业促销推广活动,同时避免遭受侵犯个人隐私的刑事陷阱。国家标准化管理委员会等相关机构制定的《个人信息安全规范》于2018年5月1日开始实施,《信息安全技术 个人信息去标识化指南》(以下简称《去标识化指南》)也于2020年3月1日开始实施。然而,个人信息的"去识别化"也面临着"再识别化"或"重标识"的安全风险,即掌握去识别信息的主体仍可以采用数据关联、概率推理等技术手段,将去识别的个人信息重新关联到原始主体,这样也可能导致个人信息权益重新遭受不法侵害,从而有必要对再识别行为进行有效的法律规制和风险防控。从刑法角度来看,去识别化之后的个人信息数据是否还可以称之为"个人信息"?其所蕴含的权利性质以及法益内容是什么?能否纳入侵犯公民个人信息罪的法益保护范围?个人信息去识别及再识别行为主体应承担何种法律义务?个人信息去识别化是否具有出罪功能?如何在出罪与入罪之间寻求适当的平衡?本章将对上述问题加以研讨。

第一节　个人信息去识别化及其法益保护

所谓个人信息去识别化,即数据保有者采用技术手段对其所保有的数据信息进行集中的筛查,将其中能够识别特定个人身份的数据信息予以删改的过程。通过对具有可识别性的个人数据信息进行删改,在保留信息特定用途价值内容的同时,也降低了可能对信息主体的隐私造成威胁或损害的风险。个人信息去识别化之后,无论是去标识化还是匿名化,均属于个人信息法律保护的范畴。目前,学界对于个人信息权利及法益性质存在认识分歧,这关涉到个人信息去识别化的法益保护内容的确定,更影响到对去识别化行为的刑法规制问题。

一、个人信息去识别化内涵界定

个人信息去识别化通常被认为是去除相关数据中可识别信息的过程。从国外立法来看,日本的《个人信息保护法》修正案将个人信息分为直接识别性和间接识别性两种情况,对个人信息去识别化的界定也是在此认识基础之上。该修正案第 2 条第 9 项规定,去识别化个人信息是指采取特定措施对个人信息进行加工处理,使其达到无法识别特定当事人之程度所产生的相关个人信息,而且无法被恢复为原始状态;同时,该修正案第 2 条第 10 项还增设了"去识别化个人信息处理事业"行为主体的概念,在原来的《个人信息保护法》第 4 章"个人信息处理事业义务"下,增设了"去识别化个人信息处理事业义务"专节,明文规定"去识别化个人信息处理事业"所应符合的相关规范。日本对于"个人信息去识别化"所展现的明确立场,即除要求个人信息的去识别化必须达到无法事后还原的程度外,针对去识别化的具体操作亦直接纳入母法之中,值得借鉴。在我国,《个人信息保护法》第 73 条规定,"去标识化"是指个人信息经过处理,使其在不借助额外信息的情况下无法识别特定自然人的过程;"匿名化"是指个人信息经过处理无法识别特定自然人且不能复原的过程。此外,在《网络安全法》第 42 条、《个人信息刑案解释》第 3 条第 2 款中也做出了相应规定。在大数据时代,数据控制者对数据不断地收集、处理和利用,去识别化的过程就属于数据处理阶段。而数据处理的目的之一便是在分析的基础上去除个人可识别特征,以控制信息数据再利用的风险。有学者称之为"去身份化",并将其定义为"数据控制者将信息数据中可识别个人身份的数据进行删除和改变的过程"。① 如前所述,个人信息不可识别性的判断标准并不依赖于身份识别标准,将去识别个人信息等同于"去身份个人信息",是基于将个人信息的本质特征归于身份可识别性的狭义理解,这是不可取的。

根据《个人信息安全规范》第 3.1 条的规定,个人信息去识别化可分为以下两种情况:

(1) 去标识化。《个人信息安全规范》第 3.14 条将去标识化定义为"将个人信息进行技术处理,使在不借助其他信息的情况下,无法通过经处理的信息识别到原信息主体的过程"。这里的"去标识化"相当于前述学者提出的"去身份化",即建立在个体基础之上,保留了个体颗粒度,采用假名、加密、哈希函数等技术的手段替代对个人信息的标

---

① 金耀:《个人信息去身份的法理基础与规范重塑》,《法学评论》2017 年第 3 期。

识。根据《个人信息安全规范》第 6.2 条的规定,去标识化处理的过程为:收集个人信息后,个人信息控制者宜立即进行去标识化处理,并采取技术和管理方面的措施,将去标识化的数据与可用于恢复识别个人的信息分开存储,并确保在后续的个人信息处理中不重新识别个人。在对个人信息去识别化的过程中,对于直接标识符应予以删改,而对于间接标识符是否需要删改、删改幅度大小等问题则应进行谨慎把握。其一,由于仅对直接标识符进行删改还不足以完全避免信息保有者对所持有的个人信息进行识别或再识别的可能,因而在去识别化的过程中必须考虑是否应相应删改间接标识符。其二,如果对间接标识符的删改幅度过大将可能会影响数据信息的经济价值,因而应谨慎思考在多大程度上对间接标识符进行删改,才能实现数据信息的经济价值与数据信息的安全保护之间的平衡。

(2) 匿名化(anonymization)。《个人信息安全规范》第 3.13 条将匿名化定义为"通过技术处理,使得个人信息主体不仅无法被识别,并且不能被复原的过程"。可以看到,匿名化是比去标识化更为"彻底"的去识别化。无论去标识化还是匿名化,都属于个人信息去识别化的方式,区别的关键之处在于,个人信息匿名化之后不能复原,所得的信息也不属于个人信息;而个人信息去标识化之后仍可经技术手段再识别,因此仍属于个人信息的范畴。然而,也有学者提出,随着信息技术发展,匿名化信息变成了一个相对的概念,完全不能复原的匿名化信息是比较罕见的。而《个人信息安全规范》强调个人信息经匿名化处理后具有绝对不可识别性和复原性,显得有失偏颇。[①] 由于预料到匿名化在技术上的不可能,欧盟《通用数据保护条例》并没有强调个人信息

[①] Paul Ohm, "Broken Promises of Privacy: Responding to the Surprising Failure of Anonymization", *UCLA Law Review*, 57, 2010, p.1701.

经匿名化处理后具有绝对不可识别性和复原性。可以说,匿名化只是去识别化的一种暂时方式,个人信息匿名化之后仍可以通过再识别化技术加以复原,具有识别的可能性,具有个人信息可识别性特征。

二、去识别个人信息的权利属性

目前,学界对个人信息的权利属性问题存在不同观点,主要包括隐私权说、人格权说、财产权说、信息自决权说等。传统的"隐私权说"主张,个人信息应属于隐私权之范畴,因此在公民个人信息受到侵犯时应诉诸隐私权的保护路径。对于个人信息与隐私权的关系,有的学者认为,个人信息与隐私所指向的对象是一种交叉关系,个人信息如果涉及私人生活的敏感之处,便可纳入隐私范畴,但若公开程度较高,则不应当认为是隐私。① 另一些学者则认为,刑法不能对个人信息进行绝对化的保护,应仅限于个人信息所能体现的隐私权的那一部分,而与公共生活有关的部分应该排除出刑法规制范围。② "人格权说"主张个人信息权属于一种新型人格权;③侵犯公民个人信息罪的法益应当是人格尊严与个人自由,而隐私利益只是个人尊严保护的一项内容。④ 如前所述,个人信息去识别化之后,无论是去标识化还是匿名化,仍可以通过再识别化技术加以复原,都具有个人信息可识别性的本质特征,仍属

---

① 张新宝:《从隐私到个人信息:利益再衡量的理论与制度安排》,《中国法学》2015年第3期。
② 王昭武、肖凯:《侵犯公民个人信息犯罪认定中的若干问题》,《法学》2009年第12期。
③ 王利明:《论个人信息权在人格权法中的地位》,《苏州大学学报(哲学社会科学版)》2012年第6期。
④ 高富平、王文祥:《出售或提供公民个人信息入罪的边界——以侵犯公民个人信息罪所保护的法益为视角》,《政治与法律》2017年第2期。

于个人信息的范畴。在我国立法和司法解释中,个人信息涉及的权利范围整体而言超出了隐私权。如《个人信息刑案解释》将"公民个人信息"分为"识别特定自然人身份"或"反映特定自然人活动情况"两类信息,明显不限于隐私权的范畴。之所以会产生上述认识分歧,原因是"公民个人信息"与"隐私信息"的概念一直纠缠不清,导致刑法长期以来侧重于消极防御,偏重于对个人隐私的保护。因此,更多学者主张,个人信息不仅具备人格属性,还是一种包含财产内容的人格权,由于该种财产内容可以同信息主体相互分离,并被应用于商业领域,因而个人信息还具备财产属性。[1]

除了上述有关个人信息人格权和财产权属性的论争之外,有些学者主张,应借鉴德国和欧盟关于信息自决权的理论与实践,将个人信息权利看作一种信息自决权。所谓信息自决权,即信息主体出于自由意志,自我决定其自身信息能何时、何地、以何种方式被他人特别是政府收集、储存、处理以及利用。[2] 然而,批评者认为学理上的个人信息自决权是难以成立的。因为个人根本无法控制个人信息的产生与传播,倘若承认信息自决权,则犹如保护一种漫无边际的个人意志,使他人的行为没有预见可能性。[3] 个人信息法并不以权利主体的自愿或者同意为保护要件,甚至在某些情况下,它还会设置义务,限制信息主体的同意权。[4] 笔者同意此种否定观点。在上述理论中,信息自决权是核心

---

[1] 杨惟钦:《价值维度中的个人信息权属模式考察——以利益属性分析切入》,《法学评论》2016 年第 4 期。
[2] 赵宏:《从信息公开到信息保护:公法上信息权保护研究的风向流转与核心问题》,《比较法研究》2017 年第 2 期。
[3] 杨芳:《个人信息保护法保护客体之辨——兼论个人信息保护法和民法适用上之关系》,《比较法研究》2017 年第 5 期。
[4] 杨芳:《隐私权保护与个人信息保护法:对个人信息保护立法潮流的反思》,法律出版社 2016 年版,第 71—74 页。

概念,所有信息都是和人格尊严相关的,因此根本不存在所谓"不重要"的个人信息。即只要违反了当事人意志,无论信息收集、处理抑或是利用的行为,都将侵犯当事人的自决权。在信息时代,没有任何人能真正地拥有和控制全部个人信息,公民个人从对自身相关信息的拥有和使用,逐渐变成了信息网络中信息生成、变化和流转过程中的节点,而不再能够对个人信息予以完全的控制,并享有对个人信息的全部利益。

应当看到,在大数据时代,法律对于个人信息已经不再只是一味地强调对它单纯地进行保护,而是不断挖掘其中的潜在价值,促进其合理使用,从单一的"保护"转变为"保护"与"利用"并重。在对个人信息进行去识别化时需要注意实现数据信息经济价值与数据信息安全保护之间的平衡,在追求对数据信息安全保护的同时,也应在去识别化过程中保留数据信息的经济价值。个人信息兼具人格与财产双重属性,这就决定了需要通过对体现人格属性内容的标识符进行删改,从而防止在对数据信息利用时不当损害公民个人信息之合法权利。而对于已去除体现人格属性标识符的个人数据信息则应允许数据行业对其进行充分的开发利用,在法律允许的范围内实现个人数据信息经济效益的最大化利用。不难发现,在个人信息的保护与利用间存在着零和博弈关系:如果过于重视对个人数据信息安全的保护,则必然会影响对其在经济方面的利用;反之,如果过于重视对个人数据信息经济利益的开发,则又容易忽略对个人数据信息安全的保护。显然,通过对个人信息去识别化的方式将个人数据信息中所内含的人格属性与财产属性进行适当分离,并有针对性地就体现人格属性内容的标识符进行法律保护,而就体现财产属性内容的标识符进行经济开发,便能够有效实现个人数据信息保护与数据开发之间的平衡。

三、去识别个人信息的法益结构

个人信息保护和价值利用是一枚硬币的两面,去识别化技术能够防止用户敏感数据被泄露,同时又能保证发布数据的真实性。《去标识化指南》规定,去标识化目标包括:一是对直接标识符和准标识符进行删除或变换,避免攻击者识别出原始个人信息主体;二是控制重标识的风险,确保重标识风险不会增加;三是在控制重标识风险的前提下,确保去标识化后的数据集尽量满足其预期目的。个人信息的流动和商业利用使得个人信息的社会公共属性得以体现和凸显。在大数据环境下,对海量数据的搜集与分析,是其商业模式的基础。基于网络空间流动性的特质,个人信息一旦进入信息流动链条,公民个体再无施加影响的可能。就去识别个人信息社会公共法益的维护而言,公民个体、网络服务提供者和国家行政主体,不同主体在个人信息流动的链条中,都在某一环节具有处分个人信息的权利,刑法规范需要在法益保护的范围内,对不同主体处分个人信息的权利和应承担的保护义务进行适当分配;个人信息流动的起点是公民个体,而个人信息的流动又会涉及通信自由、科研自由、信息利用自由等牵涉多方主体的基本自由,法律需要在个人选择与行为自由、同各类基本自由之间进行衡量,明确所保护的具体范围。

个人信息去识别化不仅仅直接影响着公民个人信息权利,而且关系到社会公共秩序、信息主权甚至国家的安全。去识别个人信息的保护法益可分为两部分:一是传统法益,即传统的特定自然人的个人权利,即人格权及衍生的财产权;二是新型法益,经过个人身份"去识别化"得到凸显和增强的社会公共属性,主要体现在涉及个人法益的数量为不特定或者多数,涉及国家和社会的公共利益、安全或秩序。有学者主张,应当加大刑法的保护力度,将个人信息的法益内涵构建为不具备实质内涵的集体法益。① 因此,去识别个人信息的法益应被理解为具有一种人格权及其衍生的财产权属性;同时,个人信息的流动和商业利用使得个人信息的社会公共属性得以凸显。去识别化技术既能够防止个人隐私信息的泄露和滥用,又能保证信息数据的真实性和有效利用;去识别化之后的个人信息虽然不同程度地脱离了自然人身份的附属依赖性,但仍具有法益保护的必要性。具体来说,体现在以下两个方面:

一方面,去识别个人信息仍蕴含着人格利益及其衍生的财产权益。首先,刑法之所以将侵犯公民个人信息的行为犯罪化,就在于这种行为威胁或损害了个人隐私在内的人格尊严和个人信息自决的自由。与普通的个人信息一样,去识别化个人信息的法益主要指一种人格权,可将其作为侵犯公民个人信息罪的主要客体,实体上包括隐私权、肖像权、姓名权等,形式上则表现为个人信息自决权,即去识别信息的权利主体(包括数据企业和用户)是否同意他人收集利用该权利主体拥有的去识别个人信息。同时,应将去识别个人信息确认为一种具体人格权,并通过单行法的形式,明确信息权利主体的知情、同意、查询、更正、补充、删除、封锁等权利,以及他人在持有、收集、存储、加工、传输、开发、利用、公开去识别个人信息的过程中的具体权利义务规则。② 对于侵犯公民个人信息的行为,如果将其作为具体人格权:一方面,能够保证不会因为个人身份的差异而导致计算方式上有所区别,从而维护了人格

---

① 孙道萃:《网络刑法知识转型与立法回应》,《现代法学》2017 年第 1 期。
② 杨惟钦:《价值维度中的个人信息权属模式考察——以利益属性分析切入》,《法学评论》2016 年第 4 期。

平等这一宗旨;另一方面,还能依据《侵权责任法》第 22 条主张精神损害赔偿。其次,去识别个人信息的法益具有一定程度的财产权属性,其财产利益是现代社会精神性人格利益商业化的典型。"大数据时代,数据发展为一种新型资产,能创造巨大价值,越来越受商业重视"①,去识别个人信息的商业利用行为也能为社会伦理观念所接受。个人信息的商业化利用程度受到信息网络技术的制约,并且在个人信息商业化利用过程中更多使用的是已去除人格属性内容标识符的个人信息,更多地凸显出个人信息的财产属性。因而,刑法要遏制侵犯公民个人信息的行为,就必须加大其犯罪成本,最有效的做法就是承认去识别个人信息的财产属性,将其中的人格权与财产权分开,并追究侵权行为的刑事责任;在刑事附带民事诉讼中,去识别个人信息的权利主体既可以申请精神损害赔偿,也可以申请财产侵害赔偿。

另一方面,个人信息去识别化不仅仅直接影响着公民个人信息权利的行使,而且关系到社会公共秩序、信息主权甚至国家的安全。在大数据环境下,对海量数据的搜集与分析,是其商业模式的基础。基于网络空间流动性的特质,个人信息一旦进入信息流动链条,公民个体再无施加影响的可能。② 无论网络用户还是网络服务商都不具备对信息的绝对控制能力,传统意义上的隐私空间其实是不存在的。③ 就个人信息的范围而言,个人与数据企业以及社会之间围绕信息的提供、使用、挖掘、变现、跨境流动形成复杂的法律关系。在个人信息去识别化的流动链条中,公民个体、网络服务提供者和行政机关等皆在某一环节具有

---

① 龙卫球:《数据新型财产权构建及其体系研究》,《政法论坛》2017 年第 4 期。
② Vgl. Hans Peter Bull, Hat die informationelle Selbstbestimmung eine Zukunft? in: Stiftung Datenschutz (Hrsg.), Zukunft der informationelle Selbstbestimmung, Erich Schmidt Verlag, 2016, S. 18 ff.
③ 〔美〕劳伦斯·莱斯格:《代码 2.0:网络空间中的法律》,李旭、沈伟伟译,清华大学出版社 2009 年版,第 218—251 页。

处分个人信息的权利,故法律需要对不同主体的权利和义务进行合理分配。有学者指出,个人信息的法益保护也出现了公共化的趋势,逐渐向"超个人法益"的方向扩展。所谓"超个人法益",是指在法益概念中与个人法益相区别的,又具有某种关联性的那部分利益,强调自身是全部个人法益的集合。① 近些年来,我国倾向于将抽象危险犯等预防性刑法条款适用于具有"超个人法益"的犯罪领域,法益功能从出罪化转变为入罪化。② 基于个人信息的社会公共属性,侵犯公民个人信息所产生的危害结果兼具个体性与公共性,刑法保护公民的个人信息,并非保护信息本身,而是保护其关涉的主体的相关权利。此方面在相关刑事立法和司法解释中也得到反映:《个人信息刑案解释》第 5 条第 2 款规定,非法获取、出售、提供公民个人信息"造成重大经济损失或者恶劣社会影响的",应当认定为《刑法》第 253 条之一第 1 款规定的"情节特别严重",这在某种程度上体现了本罪的超个人法益属性。另外,《个人信息刑案解释》将诸如"出售或者提供行踪轨迹信息,被他人用于犯罪的""造成被害人死亡、重伤、精神失常或者被绑架等严重后果的""造成重大损失或者恶劣社会影响的"作为认定本罪"情节严重"的因素,而这些因素明显已经超出传统个人法益所能涵盖的范围。须指出,《刑法修正案(九)》虽然对侵犯公民个人信息罪的犯罪主体、行为类型都进行了大幅度扩张,但认识不到其社会公共利益属性,在具体解释适用时,必然面临尴尬境地。正确的刑事立法方向不是将本罪所保护的法益解释为个人法益,进而通过加强个人信息的个体关联性,限缩本罪的处罚范围,而是以个人信息的社会公共利益属性为前提,明晰本罪应当保护的法益,从而明确本罪适用的范围,达到限缩处罚范围的效果。

---

① 王永茜:《论集体法益的刑法保护》,《环球法律评论》2013 年第 4 期。
② 何荣功:《预防刑法的扩张及其限度》,《法学研究》2017 年第 4 期。

另外需要探讨的是,既然个人信息的可识别性具有程度强弱之分,那么去识别个人信息是否必须具备较强的识别性或法益关联性?应当看到,个人信息可识别性的强弱并不能决定其保护法益关联性大小。实践中,完全有可能出现虽然个人信息可识别性较弱,但对法益造成的威胁或损害反而更严重,或者虽具有较强可识别性,却无法对法益造成足够侵害的情况。因此,去识别个人信息只需要具备可识别性特征即可,不要求其具有较强可识别性和法益关联性——不是所有具有可识别性的个人信息都需要纳入刑法保护范围。[①] 除了个人信息可识别性的强弱程度以外,还包括行为人非法获取个人信息的数量规模、行为方式和用途去向,被害人个体心理感受,对国家信息安全、社会公共利益的影响等。[②] 诸如事关公共生活的个人信息、非专有个人信息、无效的个人信息等,除非能够识别特定用户的身份或个体特征的,一般不需要纳入刑法中公民个人信息范畴。

基于以上分析,对于去识别个人信息的法益性质,不应仅从微观层面加以认识,同时应将个人信息的法益内涵扩展至信息领域的社会公共利益和秩序,在必要的情况下转向国家信息安全。[③] 同时,也应当看到,个人信息的新型法益由于其内容过于抽象和模糊,在限制刑罚处罚方面的解释机能趋于弱化;而传统个人法益具有限制刑罚发动和处罚范围的机能;刑法对传统个人法益的保护仍是主要的,对新型法益中社会利益和公共安全的保护范围和力度应当受到限制,避免产生刑罚惩治不力或过度滥用的后果。

---

① 杨燮蛟、张怡静:《大数据时代个人信息刑法保护新探——以〈刑法修正案(九)〉为视角》,《浙江工业大学学报(社会科学版)》2016 年第 4 期。
② 胡胜:《侵犯公民个人信息罪的犯罪对象》,《人民司法》2015 年第 7 期。
③ 于志刚、李源粒:《大数据时代数据犯罪的类型化与制裁思路》,《政治与法律》2016 年第 9 期。

第二节　个人信息去识别化的入罪根据

个人信息去识别化是平衡个人信息数据保护与经济价值的技术手段,而只要是技术手段,理论上就存在可以破解该技术手段的相应的反向技术措施,即个人信息的"再识别化"或"重识别化"。在大数据时代,通过去识别化技术,结合再识别风险管理,是保护个人隐私的合理有效途径。① 然而,个人信息去识别化面临着再识别化技术的挑战,在个人信息利用与流通中,如何合理控制去识别信息的再识别化,也成为个人信息法律保护方面的重要课题。

一、个人信息去识别行为的法律义务

根据《网络安全法》的规定,网络服务经营者在运用去识别化技术收集个人信息时,应经过被收集者同意,遵循合法、正当、必要的原则;同时,不得收集与其提供的服务无关的个人信息,不得违反法律、行政法规的规定和双方的约定收集、使用个人信息,否则即属于《刑法》规定的"以其他方法非法获取公民个人信息"。然而,《网络安全法》的规定较为笼统,缺乏可操作性,相对来说,《个人信息安全规范》则更为细化,其对于收集个人信息行为提出了更为具体的合规标准。《个人信

---

① 卢建平、常秀娇:《我国侵犯公民个人信息犯罪的治理》,《法律适用》2013年第4期。

息安全规范》对去识别个人信息的收集行为提出了以下原则:第一,合法性原则,如个人信息控制者不得采用欺诈等手段强迫信息主体提供个人信息,不得经非法途径获取个人信息等。第二,必要性原则,即收集去识别个人信息应遵循比例原则,与实现产品或服务的业务功能有直接关联,限于能够满足业务与功能的最低频率与最少数量。第三,明示同意原则。除特殊情况外,收集去识别个人信息应当经过信息主体的明示同意,且应提供合格的明示同意方式,具体包括:清晰、准确且便于用户发现、阅读的隐私政策;保障用户充分了解收集信息的类型、数量、用途等措施;用户在充分理解被收集信息的类型与用途后,通过主动动作作出的清晰表达;等等。

然而,应当看到,《个人信息安全规范》在个人信息收集规则方面的规定或不够现实、保护不足,或过于严苛。根据《个人信息安全规范》第 5.4 条 a 款,个人信息控制者收集个人信息前应"获得个人信息主体的授权同意",同时根据第 3.6 条(明示同意)和第 5.5 条 b 款(收集个人敏感信息时的明示同意)的规定,原则上对个人信息的收集默示同意即为已足。据此,个人信息控制者仍然可以通过默示条款的方式,使得信息主体可能完全不知道自身的信息正在被收集。与之相较,欧盟《通用数据保护条例》则通过强调"同意"是指数据主体通过声明或明确肯定的行为(a clear affirmative action)作出的指示,排斥了默示同意的合法性效力。新加坡等国家法律考虑到通过对大量非敏感信息的收集和处理也是可以识别个人的敏感信息的,甚至取消了个人敏感信息和非敏感信息的差别保护要求,一致要求个人信息收集时的明确同意。与之相对,《个人信息安全规范》第 5.4 条 e 款规定,如果企业从第三方渠道间接收集个人信息,应当核实第三方收集、转让个人信息的合法性,这就要求企业必须对信息来源进行尽职调查。但在数据交易当中,尤其在跨境数据交易当中,第5.4条e款是否施以间接收集个人信息者过高的注意义务,该义务又应当如何具体运作,尚需实践检验。另外,《个人信息安全规范》第11条较完整地建立了企业的个人信息安全管理制度,要求企业明确责任主体,设定专门的管理机构、加强人员管理和培训、应急处置以及向信息主体的告知义务,使得信息数据处理每个环节都能够满足规范要求。一般来说,法律应重点规制信息的交易行为,因为只有个人身份信息的公开才会导致个人隐私的风险,而无论个人信息是否具有可识别性。

二、个人信息再识别行为的法律规制

去识别化的关键问题是对信息主体被再识别的风险控制与管理。所谓再识别,即通过技术手段把去识别化的数据重新关联到信息主体的过程。一般而言,为了做到对个人信息的充分保护,信息数据的保有者在发布相关数据前须对其进行全面审查,对其中直接标识符进行完全删改,对间接标识符进行适度删改,以消除通过其所发布数据信息直接进行信息主体个人身份识别化的可能。然而,只要是技术就总会存在相应的反向技术,掌控反向技术的人员能够通过对已被删改数据进行再识别化处理,以数据关联、概率推理等方法析出能够对信息主体进行特定化的身份信息,并在原本已去识别化的数据信息与原数据主体间重新建立起联系。此外,个人数据信息的非法获取者除通过反向措施进行数据的再识别化处理外,还可能通过侵入发布者的计算机信息系统,盗取能够体现信息主体人格属性的数据信息,如出生地址、出生日期等个人信息,然后再与已去识别化的数据信息间建立联系,以不正当地实现个人信息的再识别化。根据《去标识化指南》第4.3.2条的规定,重标识攻击行为主要包括:重标识一条记录属于一个特定个人信息主体;重标识一条特定记录的个人信息主体;尽可能多地将记录和其对应的个人信息主体关联;判定一个特定的个人信息主体在数据集中是否存在;推断和一组其他属性关联的敏感属性。

从国外立法来看,欧盟《统一数据保护条例》中明确了对身份再识别行为的规制,此外部分欧盟成员国的立法中也有相应规定。例如德国《联邦数据保护法》(BDSG)第3节第5项规定了"保持匿名状态"(Rendering Anonymous),它是指为保护信息安全,数据控制者在对外发布数据前,应通过删除直接标识符、适当处理准标识等手段切断数据与主体之前的关联关系,从而使得原数据主体无法从已公布的数据中被识别出来。然而如前所述,蓄意攻击者仍可通过概率推理、数据关联等技术手段将去标识化的数据重新关联到原数据主体;除了获取已经发布的数据外,攻击者还可以多维度获取信息以锁定原数据主体,如部分数据主体的生日、出生地址、邮编号码等,甚至能够使用破解去标识化的技术方法。在我国,《刑法修正案(九)》规定了非法出售和提供个人信息罪、非法获取个人信息罪;《个人信息刑案解释》第4条规定违反国家有关规定,通过购买、收受、交换等方式获取公民个人信息,或者在履行职责、提供服务过程中收集公民个人信息的,属于《刑法》规定的"以其他方法非法获取公民个人信息"。以上规定可将个人信息再识别行为纳入刑法规制适用范围。

从目前情况看,通过对去识别化技术的合理适用,并制定具有妥善性、可操作性的再识别风险防范规则,去识别化仍是个人信息保护的重要且有效的方法。① 其实,法律关心的并不是个人信息是否具有可识

---

① 卢建平、常秀娇:《我国侵犯公民个人信息犯罪的治理》,《法律适用》2013年第4期。

别性,而是这些具有可识别性的个人信息是否会未经信息主体授权而被擅自公开传播或运用于商业活动,并因此造成对个人合法权益的严重危害。一般来说,数据保有者在数据发布或使用前通过全面审查,将直接标识符予以完全删除、间接标识符予以适度删除,便能够实现个人数据信息保护的目的。因而在制定完善相应措施约束信息保有者与发布者的行为之后,另一亟待解决的问题是应设置何种风险防范规则,以合理控制滥用再识别化技术的行为。对此,首先,应注意处理好道德与法律的关系,对擅自实施信息再识别化行为的企业或个人纳入社会信用黑名单并进行网上公示,对其形成社会舆论压力;其次,通过民法、行政法及刑法等部分法律明确规定对个人信息进行再识别化的前提,在明确擅自进行个人信息再识别化法律责任主体的同时规定相应的惩处措施等。在私法领域,人们可通过签订数据使用、共享等协议,依据协议约定使用人不得从事去识别或再识别行为,否则将承担协议中的违约责任;在公法领域,应通过行政法规或刑事法律明确去识别化是个人信息再利用的前提,禁止未经去识别化的个人信息进入流通领域,否则相关责任主体应承担行政处罚或刑事责任。

三、《个人信息安全规范》与刑法的衔接

《个人信息安全规范》是贯彻《网络安全法》中个人信息安全要求的重要配套规范,其性质相当于标准文件,《个人信息安全规范》的颁布实施为准确认定"个人信息"提供了有益指引,一定程度上发挥了替代规制功能,为侵犯公民个人信息罪犯罪构成的认定提供参照标准。根据《刑法》及《个人信息刑案解释》的相关规定,侵犯公民个人信息罪涉及非法出售、提供、获取等环节以及窃取公民个人信息的行为,而

《个人信息安全规范》对个人信息从收集到销毁的生命周期的处理同样做了完整的规定,两者关联度和衔接性十分紧密。《个人信息安全规范》从管控风险的角度出发,将可识别特定自然人或者在一般情况下可以关联到自然人的信息纳入个人信息范畴;在附录中就将Cookies、IMEI、MAC地址等具体信息列入个人信息范畴。比较来说,《个人信息安全规范》从行业规则角度出发,对个人信息保护范围的认定更为广泛,对个人信息处理的行为要求更高,并不是个人信息合规的"最小安全基线"。而刑法从控制犯罪角度出发,在精准打击泄露和滥用个人信息的同时,须防止刑事打击面过度扩张。故《个人信息安全规范》对于个人信息的认定与处理要求,不宜直接作为认定刑事违法性的依据,否则将导致刑事打击范围过大的问题。

需要探讨的问题是,《个人信息安全规范》中规定的个人信息去识别和再识别行为的合规标准,能否作为刑法上判断其是否"违反国家有关规定"的依据。《刑法》第253条之一第1款和第2款都作出了"违反国家有关规定"的前置性规定。侵犯公民个人信息罪的"国家有关规定"属于弱意义的构成要件,主要是从泛义层面来理解的,一般需要法律作出具体规定;没有专门性明确规定、有一般性规定的也可以予以认定。《个人信息刑案解释》第4条规定:"违反国家有关规定,通过购买、收受、交换等方式获取公民个人信息,或者在履行职责、提供服务过程中收集公民个人信息的,属于《刑法》第253条之一第3款规定的'以其他方法非法获取公民个人信息'。"对于行为人通过再识别技术获取公民个人信息的"非法性"的理解,不应仅限于《个人信息刑案解释》本身的条文规定,而是应当结合《网络安全法》进行系统解释。《网络安全法》第41条规定,"非法获取公民个人信息"包括违反"法律、行政法规的规定"和违反"双方的约定"两种情况,前者具有行政违法性,后者则具有民事违法性。因此,《刑法》非法获取公民个人信息的"非法性",也应包括这两种情况,比"违反国家有关规定"范围更为宽泛。对于个人信息的再识别行为来说,如果通过再识别技术收集的个人信息违反法律法规或双方约定的,可认定为"非法获取";如果行为人采取"静默收集"的手段,则不宜认定为"非法获取"。这种理解能够实现《刑法》与《网络安全法》的衔接,也更符合体系解释的原理。

第三节　个人信息去识别化的出罪事由

如前所述,个人信息去识别化是信息数据企业或机构为了降低和避免侵犯个人信息权利的刑事法律风险、扩大个人信息商业价值利用的技术行为。因此,去识别化可以被视为一个数据利用过程中的除罪化行为,具有中立业务性质;经过原个人信息权利主体的授权同意,即使造成了个人权利的损害,理论上也可看作具有"被害人同意"的出罪事由。

一、去识别化行为的中立业务性质

应当注意到,在大数据时代,法律不再一味强调对个人信息进行单纯的保护,而是对其合理利用,进而不断挖掘其潜在价值。换言之,法律对于个人信息已从单一的"保护"关系转变为"保护"与"合理利用"并重。如果信息数据企业或机构并非追求针对特定信息主体"一对一"利用个人信息,例如将个人信息用于定向营销、数据库营销和商务智能分析，去除个人身份识别要素并不影响信息业者对消费者群体特征的分析，就可以在其收集、存储、处理和利用个人信息的过程中进行去识别化处理。个人信息经去识别化处理之后，虽然改变或去除了部分可识别到特定个体的标识符，但所保留的标识符仍具有资产价值。在防范泄露隐私风险、不侵害他人隐私利益的前提下，通过分离个人信息中隐私与资产二者的属性，去识别后个人信息的商业价值可为数据行业充分挖掘。实际上，在大数据环境中，对个人信息的利用并非建立于数据的可识别性之上，而是对去识别后的信息数据进行分析和处理，从而实现信息数据价值的增值。个人隐私保护与数据利用就像天平的两端，存在着博弈论上的零和博弈，去除个人信息识别的标识符，数据便可由数据主体根据数据许可使用协议为特定目的所共享，并实现了通过较少的控制为更多公众利用和共享的目的。就此而言，个人信息去识别化是一种旨在协调隐私保护和数据公开，平衡个人利益和社会利益的工具。张新宝教授提出，在新的利益衡量格局下，我国的《个人信息保护法》应以"两头强化，三方平衡"理论为基础，通过对个人敏感隐私信息强化保护，以及强化个人一般信息的商业利用和国家基于公共管理目的的利用，实现个人、信息业者和国家三方利益平衡。[①]

基于上述价值衡量的角度，个人信息去识别化本质上是一种中性业务的技术行为。在网络服务领域，从事互联网接入、服务器托管、网络存储、通讯传输、网络广告推广、互联网支付与结算等信息网络技术支持、帮助的行为，基本上都是由专业机构及其从业人员提供的有偿服务，除了专门为犯罪活动实施帮助的情形之外，大多是无差别地针对所有的互联网用户而并非特定化的犯罪实行者，具有典型的中立业务性

[①] 张新宝：《从隐私到个人信息：利益再衡量的理论与制度安排》，《中国法学》2015年第3期。

质。在刑法理论中,认定正当业务行为的关键是行为所制造的风险是法律所允许、所容忍的,若符合此标准,则应当认为具有正当业务性质,不应当予以犯罪化,只能归咎于实行犯罪的主体滥用社会经济生活中的技术与机制创新。相反,制造法律所不允许的风险是中性业务行为归责的客观基础。[①]《去标识化指南》第 4.1 条规定了去标识化的目标,主要包括:对直接标识符和准标识符进行删除或变换,避免攻击者识别出原始个人信息主体;控制重标识的风险,确保重标识风险不会增加;在控制重标识风险的前提下,确保去标识化后的数据集尽量满足其预期目的。对于个人信息去识别处理主体来说,如果明知他人实施犯罪活动,仍然为其提供个人信息去识别化的技术服务,该业务行为就与犯罪活动的实施产生了密切关联,失去了业务行为的独立性,制造了法律不允许的风险,具有可罚性。

刑法的目的除了控制利用信息网络犯罪,还应当避免成为去识别化技术和创新发展的阻碍,这就需要将相关行政法律法规作为刑法的前置性规范,制定个人信息去识别化的业务规范或者经营规则,为从事去识别化服务的个人和组织提供安全操作规范和法律风险底线。我国《个人信息保护法》及《个人信息安全规范》具有规制个人信息处置行为的前置法功能。实践中,个人信息去识别化也可能为他人信息网络犯罪活动提供技术支持帮助,扩大其社会危害的负面效应。对此,我国《刑法》第 287 条之二的"帮助信息网络犯罪活动罪"规定了提供信息网络技术支持、帮助行为的刑事责任体系,个人信息去识别化当然也存在触犯帮助信息网络犯罪活动罪的刑事风险。虽然正当业务行为抗辩尚不能成为阻却违法事由,但仍可以作为限制犯罪认定的依据在解释

[①] 刘宪权:《论信息网络技术滥用行为的刑事责任——〈刑法修正案(九)〉相关条款的理解与适用》,《政法论坛》2015 年第 6 期。

客观构成要件中得到运用,从而有助于实现信息网络犯罪规制与信息网络技术创新保护的均衡。

二、个人信息权利主体的授权同意

在现有法律框架下,个人信息的获取、使用受到严格限制,其中,授权同意原则便是最重要的限制性原则。《网络安全法》第41条规定,未经被收集者同意,网络运营者不得收集、使用和向他人提供被收集者个人信息。《个人信息安全规范》第4条规定了个人信息安全基本原则,个人信息控制者开展个人信息处理活动,应当遵循"选择同意"原则;同时,第5.4条规定了收集个人信息的授权同意的原则。《个人信息刑案解释》第3条第2款规定:"未经被收集者同意,将合法收集的公民个人信息向他人提供的,属于《刑法》第253条之一规定的'提供公民个人信息',但是经过处理无法识别特定个人且不能复原的除外。"在个人信息去识别化过程中,如果信息处理主体获得了个人信息主体的授权,则属于正当业务行为;反之,如果未经授权同意,对个人信息进行去识别化处理,即使降低了可识别的风险,但仍属于侵犯公民个人信息的行为。

刑法理论上可以将个人信息主体的授权同意解释为被害人同意(承诺)的出罪事由。学界对于被害人同意的正当化根据存在不同观点,主要有利益衡量说、法律行为说、利益放弃说、法律保护放弃说等。① 其中,利益衡量理论重视个人对法益的主观评价,它将"同意"看成被害人自己行使人格权的自由,表明被害人主观上认为行使人格自

---

① 方军:《被害人同意:根据、定位与界限》,《当代法学》2015年第5期。

由比放弃的法益更优;如果出于意思自由的放弃,那么就无所谓法益侵害。如前所述,根据《个人信息安全规范》第5.4条a款规定,个人信息控制者收集个人信息前应"获得个人信息主体的授权同意",然而除了规定收集个人敏感信息时应当取得信息主体的明示同意外,对于个人一般信息的授权同意方式并没有明确规定。因此,对于个人一般信息的授权同意只需要默示同意即可。例如,淘宝网在《淘宝平台服务协议》中的提示条款规定,客户在申请注册流程中点击同意本协议之前,应当"审慎阅读、充分理解各条款内容,特别是免除或者限制责任的条款、法律适用和争议解决条款"(以粗体下划线标识);当客户按照注册页面提示填写信息、阅读并同意本协议且完成全部注册程序后,即表示已充分阅读、理解并接受本协议的全部内容,并与淘宝达成一致,成为淘宝平台"用户"。同时,该协议书中有关签约主体的条款规定,如用户使用新增的淘宝平台服务的,视为用户同意新增的淘宝平台经营者与其共同履行本协议。上述协议书即规定了明示和默示两种授权同意方式。但问题是,个人信息控制者通过默示条款收集信息,而信息主体却可能完全不知情;平台机构往往列出冗长艰涩的隐私声明,给用户阅读带来沉重负担,使之难以做到"审慎阅读"全部提示条款。为使用产品或服务,用户往往除点击同意之外并无其他选择,实质上架空了用户的权利。有学者甚至认为,在大数据时代,用户面临对其个人信息全面失控的局面,传统的知情同意框架面临穷途末路。①

作为民法中的许可方式,默示许可能够弥补明示许可之不足,也能够更好地契合"共享+开放"的网络时代特征。但需要注意的是,将个人信息纳入默示许可的适用范围内,还存在一些问题需要解决,在实践

---

① 范为:《大数据时代个人信息保护的路径重构》,《环球法律评论》2016年第5期。

操作中需要谨慎把握默示许可的使用限度。由于网络世界中信息数量的爆炸式增长，各类网络信息收集者、使用者所能够接触到的个人信息数量也呈指数式增长，如果不能够通过法律途径妥善界定网络信息收集者、使用者等主体注意义务，将会使司法者在为网络信息收集者、使用者误用或滥用所掌握的个人信息追究其法律责任时，出现法律适用难等问题，必然难以对信息主体的合法权益进行全面保护。故网络信息收集者、使用者等主体运用默示许可进行个人信息收集时，须适用如下规则限制其使用限度：首先，在适用默示许可前，必须已有格式文本列明所收集个人信息范围、类型等，且该格式文本已向信息主体出示，在实际信息收集过程中也应严格约束收集行为，不能够超越格式文本所载明范围进行收集。当然，信息主体在默示同意前是否真正阅读过格式文本并不重要。其次，网络信息收集者、使用者在收集或使用个人信息时，须严格审查是否超越原格式文本载明的授权范围，若超越该授权范围则必须获取信息主体的明示授权，或者向该信息主体出示新的格式文本供其查阅，并取得其默示同意。否则，默示许可并不能成为相关主体误用、滥用信息主体个人信息行为的抗辩事由。再次，网络信息收集者、使用者提供的格式文本中所载明的授权事项必须符合法律法规规定，凡是违反法律规定之事项自动无效，也不得成为抗辩事由。最后，应将默示许可视为补充性制度予以使用，只有当其他制度并不存在，且默示授权内容、程序等完全合法时才能加以使用。

§

在大数据环境下，面对个人信息遭受非法收集和滥用的安全风险，立法和司法惯性地予以从严打击，对各种侵犯公民个人信息行为予以刑事惩治。然而，个人信息去识别化本质上是信息数据加工处理的过程,去识别个人信息依然具有可复制、可传播的性质,个人信息控制者在个人信息去识别化过程中对数据价值进行了挖掘和增值,应对此享有一定的财产利益。① 个人信息去识别化具有重要的出罪功能,但同时应注意:"法益论的解释论面向不能只强调法益的出罪功能,也需要重视法益的入罪功能,这就是法益论的双重面向,也往往是形式的法益概念难以完成的使命。"②因此,对于个人信息法益保护来说,出罪与入罪是对立统一的,不可偏废其一。为了应对大数据时代对个人信息的冲击、挖掘数据流通与利用中的商业价值,将来的个人信息保护立法应进行适当的价值转向,确立个人信息流通使用过程中去识别化的原则和规则,以去识别个人信息权利保护为导向,兼顾个人利益和公共利益的协调,保证数据权利主体、控制者、使用者之间的法律关系取得良性平衡。

---

① 金耀:《个人信息去身份的法理基础与规范重塑》,《法学评论》2017 年第 3 期。
② 姜涛:《新罪之保护法益的证成规则——以侵犯公民个人信息罪的保护法益论证为例》,《中国刑事法杂志》2021 年第 3 期。

第四章
信息数据与网络犯罪的刑法规制

随着互联网技术的发展和应用,个人信息已突破表征人格权益的基本功能,具备了某种经济或财产价值,甚至被赋予了公共利益、社会秩序、国家安全的法益内涵,非法收集和处理个人信息的行为,不仅触犯了《刑法》中的侵犯公民个人信息罪,还涉及数据安全、网络安全的相关罪名。如前所述,《刑法》与《民法典》《个人信息保护法》《网络安全法》等部门法之间应当是相互衔接协调的,共同构筑侵犯个人信息权益的法律责任和制裁体系。认定和处理侵犯个人信息法益犯罪的刑事案件,需要运用体系解释方法,对侵犯公民个人信息罪以及其他相关的数据犯罪、网络犯罪进行系统理解和整体把握。

第一节 侵犯公民个人信息罪及其认定

一、侵犯公民个人信息罪的罪质要素

2015年出台的《刑法修正案(九)》将"出售、非法提供公民个人信息罪"和"非法获取公民个人信息罪"整合为"侵犯公民个人信息罪",

扩大了犯罪主体和侵犯个人信息行为的范围。现行《刑法》第 253 条之一规定:"违反国家有关规定,向他人出售或者提供公民个人信息,情节严重的,处三年以下有期徒刑或者拘役,并处或者单处罚金;情节特别严重的,处三年以上七年以下有期徒刑,并处罚金。"根据该条款规定,侵犯公民个人信息罪属于情节犯,公民个人信息的数量多少往往涉及对罪与非罪、罪重与罪轻的判定。为了提升打击侵犯公民个人信息犯罪的质效,2017 年《个人信息刑案解释》第 5 条第 1 款进一步就公民个人信息数量的定罪量刑标准和认定规则做了相应的规定。然而,面对繁复的司法现实,这些司法解释的规定仍存在诸多疑问和解释空间。

(一) 侵犯公民个人信息罪是否包括"使用"行为?

《个人信息刑案解释》的出台在一定程度上实现了《刑法》与《网络安全法》对个人信息保护的衔接,但两者也有不一致之处。例如,《网络安全法》第 44 条规定任何个人和组织"不得非法出售或者非法向他人提供个人信息";《个人信息刑案解释》第 3 条第 2 款规定:"未经被收集者同意,将合法收集的公民个人信息向他人提供的,属于《刑法》第 253 条之一规定的'提供公民个人信息',但是经过处理无法识别特定个人且不能复原的除外。"这与《网络安全法》42 条第 1 款是相互衔接的。然而,《网络安全法》第 41 条规定,信息收集者必须按照信息提供者同意的方式与范围使用,不得超出收集个人信息的原始目的使用,《刑法》以及《个人信息刑案解释》都没有对"使用"行为作出规定,与《网络安全法》的上述规定是相脱节的。从应然角度,侵犯公民个人信息罪的法益是个人信息自决权以及超个人法益,应当将超出信息提供者同意范围的行为包括进来。然而,很多数据在收集的时候并无意用作其他用途,但最终产生了很多具有创新性的用途,原始信息提供者无法对这种尚未可知的用途表示是否同意。因此,要求任何包含个人信息的数据分析都需要征得个人同意,实际上是难以操作的,故对非法使用公民个人信息行为不纳入刑法规制范围也是一种现实选择。

(二) 如何理解非法获取公民个人信息的"非法性"?

《刑法》第 253 条之一第 1 款和第 2 款都作出了"违反国家有关规定"的前置性规定。有学者指出,在《刑法》分则侵犯公民人身、财产犯罪当中,"违反国家规定"只是"弱意义"的构成要件,对于侵犯公民个人信息罪来说,加上了"有关"两个字的"国家有关规定"主要是从泛义层面来理解的,一般需要法律法规的专门明确而具体规定,如果没有专门性明确规定,有一般性规定的也可以予以认定。① 但在实践中,司法机关仍需对全国人大及其常委会和国务院两级颁布的规范性文件尽到查明的义务,以认定是否违反了相关行政法律法规。值得关注的是,如何判断获取公民个人信息行为的非法性?对于获取公民个人信息,《刑法》第 253 条之一第 3 款将罪状直接表述为"非法获取"。同时,《个人信息刑案解释》第 4 条明确规定:"违反国家有关规定,通过购买、收受、交换等方式获取公民个人信息,或者在履行职责、提供服务过程中收集公民个人信息的,属于《刑法》第 253 条之一第 3 款规定的'以其他方法非法获取公民个人信息'。"有的学者认为,基于体系解释的原理,此处的"非法"应当与《个人信息刑案解释》第 4 条保持一致,以是否违反国家有关规定作为判断标准。② 然而,体系解释并不意味

---

① 曲新久:《论侵犯公民个人信息犯罪的超个人法益属性》,《人民检察》2015 年第 11 期。
② 吴允锋:《侵犯公民个人信息罪的司法适用——以〈网络安全法〉为视角》,《河南警察学院学报》2017 年第 2 期。

着对不同条款中的相同概念进行同一解释,而是应当将被解释的法律条文放在整部法律中乃至这个法律体系中,联系此法条与其他法条的相互关系进行系统解释。对于非法获取公民个人信息的"非法性"的理解,不应仅限于《个人信息刑案解释》的条文规定,而是应当结合《网络安全法》的规定进行系统解释,对此问题前文已有所论述(见第三章第二节),此处不赘。

(三)侵犯公民个人信息关联罪名竞合的处理

在司法适用中,如何处理侵犯公民个人信息罪与关联罪名之间的关系,是公民个人信息刑法保护体系化的重要问题。实际上,侵犯公民个人信息罪及其关联罪可以看作一种罪名集合,有学者称之为"罪群"。侵犯公民个人信息罪在这个"罪群"中处于核心位置,对于衔接和协调其他罪名的罪刑关系发挥着重要的纽带作用。司法机关应当运用体系解释方法,将涉及侵犯公民个人信息犯罪的刑法条款放置在整个刑法规范体系之中加以考量。[①] 不同罪名的构成要件之间应避免相互重叠,更不能相互冲突和矛盾;同时,应准确处理相关罪名与法条竞合关系,保持刑法规范适用的统一性和协调性。

具体到侵犯公民个人信息罪与关联罪名:首先,根据《个人信息刑案解释》第8条规定,设立用于实施非法获取、出售或者提供公民个人信息违法犯罪活动的网站、通讯群组,情节严重的,应当依照《刑法》第287条之一的规定,以非法利用信息网络罪定罪处罚;同时构成侵犯公民个人信息罪的,依照侵犯公民个人信息罪定罪处罚。根据上述条款的规定,供他人实施非法获取、出售或者提供公民个人信息违法犯罪活

---

① 李翔:《论刑法修订的体系化》,《学术月刊》2016年第2期。

动的网站、通讯群组,应认定为"用于实施违法犯罪活动的网站、通讯群组"。其次,《个人信息刑案解释》第9条规定了网络服务提供者的公民个人信息保护的义务及刑事责任,对于网络服务提供者未切实落实个人信息保护措施,符合《刑法》第286条之一规定的,可能构成拒不履行信息网络安全管理义务罪。最后,非法获取公民个人电子信息的行为有时会同时触犯侵犯公民个人信息罪与非法获取计算机信息系统数据罪,属于刑法中的想象竞合犯,应当从一重罪处断。相关司法解释规定的非法获取计算机信息系统数据罪的入罪标准明显低于侵犯公民个人信息罪,一般情况下应以侵犯公民个人信息罪定罪处罚。

二、侵犯公民个人信息罪的罪量要素

根据现行《刑法》规定,侵犯公民个人信息罪属于情节犯,公民个人信息的数量多少往往涉及对罪与非罪、罪重与罪轻的判定。根据《刑法》第253条之一的规定,出售、非法提供公民个人信息,窃取或者非法获取公民个人信息,均以"情节严重""情节特别严重"为定罪量刑标准。《个人信息刑案解释》第5条列举了10种非法获取、出售或者提供公民个人信息"情节严重""情节特别严重"的情形。对于这一概括性的定罪量刑标准,应当综合考虑信息数量、信息种类、信息份数、侵权次数、交易金额、牟利数额、信息用途、给被害人造成的损失、对社会的影响等因素加以评判其行为是否构成"情节严重"。

(一) 罪量要素的犯罪构成要件地位

与德国、日本等国外刑事立法"定性不定量"立法模式不同,我国刑法实行对犯罪"定性又定量"的立法模式,犯罪行为所涉及的数量与数额都属于比较常见的罪量要素,它们与其他主客观要件一起,均对某一种犯罪尤其是经济犯罪起着定型化、规范化的作用。《个人信息刑案解释》第 5 条第 1 款第(三)(四)(五)项规定的情节因素直接表征了侵犯公民个人信息罪的社会危害性及其程度,应属于"整体性规范评价要素",行为人需要对获取、出售或者提供的个人信息内容具有社会一般人的认识,无须认识到法律上对个人信息内容的分类。如果行为人能够证明其确实对非法获取、提供、出售的个人信息数量没有认识到或者产生认识错误,如实际出售了 600 条个人交易信息,但是行为人误认为只有 400 条,那么如果行为人自身可以证明这个基础事实,则行为人的认识错误阻却故意。行为人不必对自己出售的个人信息数量是否属于"情节严重"的法定标准具有明确而精确的认识,而只要认识到自己出售的个人信息"数量较大"就可以了。在肯定信息数量为本罪构成要件的基础上,接下来的问题是:信息数量要素是属于主观方面的要件,客观方面的要件,还是主客观方面的性质兼而有之?基于刑法"主客观相统一"的原则立场,罪量要素既能反映行为人主观恶性大小,也能反映客观行为危害程度,兼具主客观两方面的性质。对侵犯公民个人信息罪来说,信息数量存在主观性,同时也具备客观性,只不过在不同状态下表现出不同性质。

(二)个人信息类型与用途因素的认定

其一,信息类型的认定。《个人信息刑案解释》第 5 条将公民个人信息具体分为行踪轨迹信息、通信内容、征信信息、财产信息、住宿信息、通信记录、健康生理信息、交易信息等各种类型,归列为高度敏感信息、一般敏感信息和普通个人信息,并分别设置了 50 条以上、500 条以上、5000 条以上的入罪标准。实际上,仅从信息类型进行形式判断,很难认定其是否属于敏感信息以及敏感程度,进而作出是否有必要进行刑法保护的判断。《个人信息刑案解释》以信息敏感性及其程度为界分公民个人信息类型的实质要素,其保护的重心在于隐私权,但也不限于此,也可能涉及其他人格权及财产权。公民个人敏感信息涉及人身安全和财产安全,如果遭受到非法获取、出售或者提供给他人,极易引发绑架、诈骗、敲诈勒索等关联犯罪,具有更大的社会危害性。司法机关应当在区分公民个人信息类型的基础上,从对其所蕴含的隐私权、人格权、财产权等权利属性进行实质判断,考虑是否有必要将其纳入刑法保护范围。上述类型中同一种信息,其法益的关联性和刑法保护的重要性并不完全相同,有的情况属于高度敏感信息,有的情况可能属于一般敏感信息或普通个人信息。单纯仅从信息类型上区分无法作出实质判断,需要综合加以判定。司法机关可采取"从一重处理"的处理原则,即如果能够认定"行踪轨迹信息"属于高度敏感信息,即适用《个人信息刑案解释》第 5 条规定的 50 条以上的入罪标准;否则须采取 500 条以上或 5000 以上的入罪标准。

其二,是信息用途的认定。可以说,非法获取、出售或者提供公民个人信息绝不仅是为了占有,而是有其特定用途,往往与电信网络诈骗、绑架、敲诈勒索等犯罪活动相结合。如果涉案的公民个人信息被用于实施其他犯罪活动,使权利人的人身、财产安全陷入高风险状态或者造成实质危害的,对此应当直接认定为"情节严重"或者"情节特别严重";而如果涉案公民个人信息未被用于犯罪活动,则社会危害性相对较小,不宜直接以此作为刑事规制的依据。值得注意的是,《个人信息刑案解释》第 5 条第 1 款第(二)项将"知道或者应当知道他人利用公民个人信息实施犯罪,向其出售或者提供的"规定为"情节严重";而该款第(一)项直接将"非法获取、出售或者提供行踪轨迹信息,被他人用于犯罪的"规定为"情节严重"。有人认为,在此情况下无须再具体判断主观上是否知道或者应当知道涉案信息被用于犯罪。然而,仅凭信息类型难以认定其是否属于高度敏感信息且应受刑事规制,还需要结合信息用途、数量等因素综合加以认定。如果仅仅因为行为人非法获取、出售或者提供的是"行踪轨迹信息"就不要求其主观上对"被他人用于犯罪"的信息用途有认识,这与其他信息类型的定罪量刑标准不统一,也不符合主客观相一致原则,故不足取。

(三)个人信息数量认定标准与规则

其一,公民个人信息条数的基本认定标准。《个人信息刑案解释》虽然明确规定侵犯公民个人信息罪的基本入罪或者刑罚升格标准,但是如何对公民个人信息条数进行计算和认定仍存在不同的看法。在司法实践中,行为人经常按照分条编辑的方式,将被害人的个人信息数据化。基于不同的编辑习惯,行为人编辑的一条数据可能包含被害人人身信息、财产信息等诸多信息,亦可能只是简单地包含一种信息,对此,应以何种标准认定公民个人信息的条数,这里主要涉及"主观说"和"客观说"的争议。"主观说"认为,应按照行为人主观意欲出售或者提供的方式来认定公民个人信息的条数。换言之,如果行为人将诸多公民个人信息编辑于一条数据,其目的即是以一条数据进行出售或者提供,对此,在数量上可认定为是一条。"客观说"认为,应按照涉案公民个人信息客观可能侵害的法益进行认定。易言之,行为人虽然将被害人的人身信息、财产信息等诸多信息编辑成一条数据,但是这条数据客观上指向被害人的多项法益,因此在数量上应认定为是数条。从司法实践来看,多数倾向"主观说",即在对查获的涉案公民个人信息进行查重以后,一般予以直接认定。司法现状较为复杂,一概采纳"主观说"或"客观说"事实上均不合适。在计算公民个人信息条数时,应兼顾"主观说"和"客观说"的适用。

其二,个人信息数量的累计计算规则。在非法获取并出售、提供同一公民个人信息的情况下,"自用目的"以及合法性问题是计算信息条数的重要参考因素。一方面,根据刑法理论,即使客观上存在前后关系的数个行为,但如果这些行为指向同一法益,规范上仍以一罪处断。[①] 如果行为人在实施侵犯公民个人信息行为过程中,具有同一目的的支配下的数个前后行为,在计算涉案公民个人信息时,择一计算即可,无须累计计算。另一方面,"在刑法中增设保护公民个人信息权利的相关犯罪,其目的不应仅止步于对公民隐私权的保护,更在于对公民个人信息自由与安全的保护。而对后者的保护,实质上是对公民个人自由的人格法益和财产法益的保护"[②]。任何犯罪行为的评价以及犯罪数量的认定都离不开对法益侵害情况的考察,对此,侵犯公民个人信息行为有无独立评价的必要,关键要看行为人在非法获取公民个人信息过程中是否存在使用目的,即意欲将其非法获得的公民个人信息用于诈骗、敲诈勒索等次生犯罪的主观意图。

其三,个人信息数量的比例计算规则。考虑到公民个人信息类型的多样性及因侵犯公民不同类型的个人信息所造成的社会危害性的不同,《个人信息刑案解释》第 5 条分别就不同类型的公民个人信息设置了 50 条、500 条、5000 条的入罪标准,以体现罪责刑相适应。《个人信息刑案解释》将三类信息分别按照 50 条、500 条、5000 条进行平行罗列,毫无疑问是从社会危害性的角度将三类信息的入罪标准做等价衡

---

① 张明楷:《刑法学》,法律出版社 2016 年版,第 481 页。
② 叶良芳、应家赟:《非法获取公民个人信息罪之"公民个人信息"的教义学阐释——以〈刑事审判参考〉第 1009 号案例为样本》,《浙江社会科学》2016 年第 4 期。

量,即从立法的角度将不同信息的社会危害性程度通过信息的数量进行具体衡量和比较:50 条重大敏感信息包含的社会危害性等同于 500 条敏感信息包含的社会危害性,亦同时等同于 5000 条一般信息包含的社会危害性。因此,直接将第 5 条第 1 款第(六)项中的"按相应比例合计"按照该三类信息 1∶10∶100 的比例进行换算不会违反立法的本意。在三类信息的数量各自无法达到《个人信息刑案解释》第 5 条第一款第(三)至(五)项中规定的标准时,在一般情况下司法机关可依据三类信息按 1∶10∶100 的比例进行换算,但在采纳该计算方式有碍公正评价时,可结合信息量等因素对三类信息进行进一步细化和划分,由司法者根据个案事实裁量的不同比例进行合计。

其四,公民个人信息数量的批量认定规则。首先,"批量信息"的判断标准应理解为涉案信息条数具备一定量级,并且不影响犯罪的基本认定。其次,根据《个人信息刑案解释》对"批量认定规则"的规定,司法人员对"批量信息"内容真实性和数量有效性可予以"直接认定"。最后,本条没有确立举证责任倒置的规则,但如果被告人对涉案信息存在质疑,相关线索应由其提供。对"批量认定规则"的理解应严格遵循"批量信息"标准——直接认定对象——排除性条件的逻辑顺序,在涉案信息数量达一定规模,且不影响犯罪的基本认定的情况下,司法机关可直接认定涉案信息的内容和数量,但该直接认定是相对推定,在辩方提供明确、有效的线索或证据说明司法机关认定的信息中存在不真实或者重复时,由控方进一步有针对性的核查,查证确属如此的,应依法予以排除。

第二节　危害数据安全的犯罪及其认定

互联网的发展经历了从计算机信息系统、信息网络到网络数据的核心转变,与之相对应,数据安全领域的犯罪也呈现出"犯罪对象""犯罪工具""犯罪空间"三方面的变化。与传统犯罪不同,数据犯罪是以数据为载体,表征传统的人身或财产法益,是传统犯罪的数字化和"网络异化"。互联网背景下,日益增生泛滥的信息数据犯罪给刑事立法提出新的挑战。面临网络空间中产生的新型数据安全法益,需要刑事立法积极介入并予以有力保护。

一、数据安全法益内涵及刑事立法

(一) 数据安全的内涵与法益属性

根据《数据安全法》第3条规定,"数据安全"是指有效保护和合法利用数据并使之持续处于安全状态。这里,有必要探讨一下数据安全与信息安全、网络安全的关系。首先,由于数据与个人信息之间形式和内容的关系,数据安全与(个人)信息安全存在重叠关系,如《个人信息保护法》第10条有关个人信息处理活动的禁止性规定,纳入了公共安全和国家安全的考量因素,而同样,作为一种非传统安全,数据安全的内涵除了个人数据权益的安全保障之外,还应包含着有关数据活动的社会利益、公共安全和国家安全。其次,根据《网络安全法》第76条的规定,"网络安全"的概念除了包含保障网络稳定可靠的运行状态之外,也包含保障网络数据的完整性、保密性和可用性。可见,上述条款中的"网络安全"与"数据安全"也存在交叉重合之处。然而,这里的"数据安全"只是狭义上的概念:有学者将数据安全概括为"自身安全""自主可控"和"宏观安全"三个层面,其中,"数据自身安全"即通过身份认证、访问控制、数据防泄漏、业务数据风险管理等技术和制度,确保数据的保密性、完整性、可用性。① 从广义角度,"数据安全"是一个内涵层次丰富的概念,在不同立法中具有不同的法益属性;同一种数据行为所涉及的数据安全往往不是单一层次的,而是多层次的;数据安全的法益保护也具有多元性,由此决定了数据安全法益识别判断的复杂性。②

在大数据时代,随着数据技术迭代引发的数据规模爆炸式增长,数据安全的脆弱性与易受攻击性越发凸显。在此背景下,安全和秩序的价值必然成为数据安全的法律治理所着重考量的要素,也成为数据法益保护的重要内容。须指出,从法理角度,法益与权利的含义是不同的,法益泛指所有受法律保护的利益,但不一定以权利的形式固定下来,法定权利包含在法益之内;因此,数据法益与数据权利的内涵也是有区别的,即除了数据权利之外,也存在尚未被法律所认可的各种与数据有关、不同主体所拥有的数据利益。比较来说,数据法益侧重于保护社会秩序和公共利益,从正面给予某种数据利益法律保护;数据权利则侧重于保护个人权利自由,从反面强调权利行使必须排除他人非法干预。当然,立法在强调数据安全和秩序价值的同时,也要顾及数据主体的权利自由的价值,反之亦然。例如,有学者认为,如果对个人数据只

---

① 许可:《数据安全法:定位、立场与制度构造》,《经贸法律评论》2019 年第 3 期。
② 许可:《数据安全法:定位、立场与制度构造》,《经贸法律评论》2019 年第 3 期。

给予财产权的法律保护,大型数字平台就有可能在与个人用户的服务协议中,增加数据财产权的转让条款,禁止第三方对数据的读取,这样就不利于数据合理利用和自由流动,可能造成数据行业的垄断局面,阻碍数字行业创新。① 还有学者指出,在大数据时代,为了平衡个人数据生产激励与个体隐私权保护的紧张关系,应当区别敏感个人数据和普通个人数据,前者的权属配置给数据主体,后者的权属配置给数据业者和数据主体共同共有。② 基于数据安全利益主体的多元性,法律应通过制度设计实现不同价值目标和利益平衡,而不是任由一方压制另一方,有违数据公平正义的原则。

(二) 数据安全法益的多元层次

1. 数据安全法益的多元性

基于数据法益所蕴含的多元价值,数据法益可分为集体法益和个人法益,前者包括社会秩序、公共利益和国家安全,法益保护的重心在于安全;后者包括公民个人和社会组织的权利自由,法益保护的重心在于自由。然而,安全与自由这一对价值范畴并不是截然对立的,安全是自由的底线保障,而自由是安全的终极目标,两者是既对立又统一的。在数据安全领域,如何认识和处理好集体法益和个人法益的关系,涉及数据安全法益的价值和功能定位。关于集体法益相对于个人法益是否具有独立保护的价值,学界存在"一元论""二元论"和"缓和的一元论"等不同主张。"一元论"对所谓集体法益的独立属性持否定态度,强调公民个人权利自由的保障。而"二元论"持肯定立场,认为集体法益并

---

① 申军:《法国及欧盟视角下个人数据的法律性质》,2021年2月28日,https://mp.weixin.qq.com/s/V64X99PBWBBuF4N7yT8PMg,最后访问日期:2022年9月30日。
② 黄锫:《大数据时代个人数据权属的配置规则》,《法学杂志》2021年第1期。

不隶属于个人法益,自身是一个整体上不可分的客体,可以被每一个人平等、完整地享有,但是无法被分配或归属于个人。① 对于数据法益的不同内容应当进行识别,以此作为认定侵犯数据法益的行为是否定罪的根据。"缓和的一元论"则持折中观点,目前,多数学者更倾向于"缓和一元论",这种学说承认"集体法益"的概念及其意义,同时认为它不仅包括个人利益,也包括可还原为个人利益的国家利益与社会利益。②

笔者赞同集体法益"二元论"的主张,认为这种学说更契合信息时代数据安全法益保护的现实需求。首先,"缓和的一元论"虽然强调个人权利自由,但过分拉伸了"个人"的概念,将数据法益仅仅理解为公民个人权益,将其作为数据安全刑法保护的对象,就难以界分数据安全个人法益和社会法益、国家法益的不同层次和属性,使得相关罪名的法益失去了犯罪定型的机能。③ 其次,"缓和的一元论"认为,集体法益只有能还原为个人法益才具有保护的正当性,④对此观点,笔者并不赞同:不可否认,数据安全属于抽象性的集体法益,具有脆弱性、易受攻击性和不可控制性,存在司法认定上的困难,确实需要通过客观、具体的个人法益予以衡量,从相关罪名定罪标准的司法解释规定来看,也是以某种数据行为对个人权益造成的实际损害作为定罪量刑的主要依据。在很多情况下,数据安全作为一种"集体法益"可以被还原为个体的人格或财产权益,因而也是可感知、可评价、可衡量的。从罪刑法定原则

---

① 杨萌:《德国刑法学中法益概念的内涵及其评价》,《暨南学报(哲学社会科学版)》2012年第6期。
② 马春晓:《现代刑法的法益观:法益二元论的提倡》,《环球法律评论》2019年第6期。
③ 欧阳本祺:《网络空间的法益识别与刑法保护》,《检察日报》2018年2月14日第3版。
④ 房慧颖:《预防刑法的天然偏差与公共法益还原考察的化解方式》,《政治与法律》2020年第9期。

和个人权利保护的角度,对数据安全的法益保护不能放弃相对明确性的要求;①诸如个人的安全感、危惧感、信赖感等抽象要素,显然不能归属于数据安全法益保护范围。但问题是,作为集体法益的数据安全是否必须能够还原为个人法益才具有可评价、可衡量性,才能够受到法律保护?笔者认为,数据安全法益不可避免地带有抽象性,但承认集体法益的抽象性、概括性并不意味着否定其客观性和独立保护的必要性,评价和衡量数据安全集体法益并非一定要采取这种"法益还原"的方式;换言之,即使数据安全法益不能还原为数据所蕴含的个人权利或权益,也不能因此否定其受法律保护的必要性。况且,仅着眼于个人法益实际受侵害的程度,也难以对数据安全法益作出完整的评价,因而需要留出一定的裁量空间,积极发挥司法者的主观能动性,基于社会一般人的评价标准,对涉及公共安全和国家安全、抽象概括的法益内容进行具体判断。国家司法机关不一定要制定出有关罪名适用的定量化、规范化定罪量刑标准,通过发布指导性案例的方式提供具体参照,应当说也是切实可行的。

2. 数据安全法益的层次性

一般来说,刑法对某种法益的保护是以法益实际受到的侵害或者存在被侵害的危险为前提的。就数据安全法益来说,刑法首要保护的是数据利益主体对数据的排他性复制、使用与处分权益。数据安全法益主要是指数据与主体关系的稳定性,包括主体对数据控制状态、占有状态、利用状态的稳定以及数据不被其他主体窃取、篡改、使用、破坏状态的稳定。然而,在数据的流动和使用过程中,初始权利主体逐渐不再拥有对个人数据的完全控制,数据利益主体呈现多元化趋势,从数据权

---

① 孙国祥:《集体法益的刑法保护及其边界》,《法学研究》2018年第6期。

利主体扩展至数据的收集者、使用者及处理者。数据安全法益越来越多地呈现出社会公共性,数据安全的利益谱系也具有个人安全、公共安全和国家安全不同层面。① 对数据的非法获取、破坏和滥用行为不但会对个体权益造成严重侵害,还会对公共利益、社会秩序和国家安全造成实际侵害或危险。公民个人虽可以利用信息网络技术手段实施违法犯罪,但却无力对数据安全进行维护、承担信息网络安全保护义务,只有依赖社会集体的共同协作才能得以实现。因此,数据的公共安全、社会秩序和国家安全必然成为公法保护首要考量的价值目标,而个人数据权利或权益则更多地在私法领域加以保护。②

从刑法角度来看,不是所有的数据法益都是值得保护的,这是刑法作为后盾法、保障法的体系地位所决定的。某种数据只有经过以数据安全为核心的法益识别和利益衡量之后,才能被视为刑法所必须保护的法益。首先,刑法对数据风险的识别,是将数据安全法益规范化、明确化的过程,其意义在于,通过对某种数据处理行为对数据安全所造成的实质侵害或危险的评价,确定是否有必要追究刑事责任以及刑事责任大小。刑法中数据安全的法益识别包括两层含义:一是判断某种数据所承载的利益能否上升为刑法法益;二是确认数据行为所侵犯的权利或利益是何种法益。其次,刑法作为制裁措施最为严厉的部门法,不可能将所有危害社会的行为均纳入刑法规制,也不会将所有利益因素均纳入保护范围,而是在法益识别和筛选方面更加严格,经过利益衡量后确定值得刑法保护的法益类型。对相关罪名的认定,需要以最重要的数据法益保护内容为核心,对其构成要件进行解释,在罪刑法定的框

---

① 黄道丽、胡文华:《中国数据安全立法形势、困境与对策——兼评〈数据安全法(草案)〉》,《政治与法律》2020 年第 6 期。
② 支振锋:《贡献数据安全立法的中国方案》,《信息安全与通信保密》2020 年第 8 期。

架下加以利益衡量。① 从总体国家安全观的角度来看,数据的公共安全、国家安全无疑更为重要,具有优先的法益地位。然而,在涉及数据法益的个人、社会和国家安全之间发生利益冲突的时候,也不能因为过于强调国家和社会公共法益而轻视甚至舍弃个人安全法益的保护,应当兼顾各方之间的平衡。

(三) 数据安全犯罪及其刑法规制

1. 数据安全犯罪及刑事立法比较

从狭义角度,"数据犯罪"是指所有与数据有关的犯罪,即以数据为对象、以数据为载体、以数据为工具的犯罪,其中包括了信息安全、网络安全领域的相关罪名。本章中的"数据犯罪"是从狭义层面来理解的,即直接以数据为对象、侵害数据安全法益的犯罪。具体来说,包括《刑法》第285条的非法获取计算机信息系统数据罪、第286条第2款破坏计算机信息系统罪中"对计算机信息系统中存储、处理或者传输的数据和应用程序进行删除、修改、增加"的规定。但同时,也将其放入数据安全保护的罪名体系中加以认识和把握,因为,与数据安全法益保护相关的罪名明显不限于狭义的数据犯罪。其中,既有传统的扰乱社会秩序的犯罪在网络空间中的"异化"情形,也有以网络终端、网络运行、网络数据等为犯罪对象的情形。因此,广义上的数据犯罪包括所有以数据为对象、载体或工具,侵犯公民个人权益、社会秩序或公共利益、国家安全的犯罪。有的罪名是将数据作为信息加以保护,有的罪名

---

① 崔志伟:《法益识别与"情节"评定:利益衡量作用于构罪判断之另种路径》,《中国刑事法杂志》2020年第5期。

则是将数据作为计算机信息系统的内在组成部分加以保护。① 不同罪名的法益性质不同,保护重心不同,相互之间也存在重合和交织。这些罪名均具有"公共安全"法益的共同属性,在数据安全法益的界域内,以数据为对象的犯罪为主要罪名,以信息安全、网络安全为保护法益的犯罪为紧密关联罪名,共同构成数据安全法益保护的罪名体系。

近年来,世界各国频繁修改甚至重新制定刑法典,刑事立法出现活跃化趋势,犯罪化、处罚的早期化、重刑化是其主要表现。② 欧盟的许多国家从20世纪80年代开始不断修改涉及计算机信息网络领域的犯罪,至2001年,欧洲理事会制定的《网络犯罪公约》成为欧洲及世界其他地区多个国家相关刑事立法范本。该《公约》第1条、第4条、第5条分别规定了"非法存取""数据干扰""数据窃探"等直接以数据为对象的犯罪行为。《法国刑法典》设专章规定了"侵犯资料自动处理系统罪",分别对侵害计算机信息系统、侵害计算机存储数据等行为及其处罚作出了规定。《德国刑法典》围绕数据资料设立了资料伪造罪、变更资料罪,尤其是对企业信息数据安全予以特殊保护,对侵犯数据安全、干扰数据正常运行的行为予以刑事制裁,这与我国现行《刑法》以保护计算机信息系统为中心的立法模式不同。③ 值得关注的是,《德国刑法》中的数据犯罪涵盖了数据流通过程中的诸多环节,囊括了非法探知、截留、预备探知或截留、窝藏、变更数据等犯罪行为,通过对预备行

---

① 王倩云:《人工智能背景下数据安全犯罪的刑法规制思路》,《法学论坛》2019年第2期。
② 陈家林:《外国刑法理论的思潮与流变》,中国人民公安大学出版社、群众出版社2017年版,第1—5页。
③ 于冲主编:《域外网络法律译丛·刑事法卷》,中国法制出版社2015年版,第3—4页。

为的实行化、处罚未遂犯等方式加大对数据犯罪的打击力度。① 上述立法经验值得我国借鉴。

2. 我国数据安全刑法规制及其不足

应当看到,大数据时代围绕数据动态处理模式的革新,作为对象的数据的范围发生了巨大变化,数据犯罪的行为手段日趋技术化、多样化,如拖库撞库、数据拦截、木马植入、网络爬虫等。《信息安全事件分类分级指南》将"信息安全事件"分为有害程序、网络攻击、信息破坏、信息内容安全、设备设施故障、灾害性事件和其他信息安全事件等7个基本分类。其中,网络攻击事件包括拒绝服务攻击、后门攻击、漏洞攻击、网络扫描窃听、网络钓鱼、干扰事件和其他网络攻击事件等。这种技术范式的转变必然要求法律规范层面进行相应的转变。然而,现行《刑法》对数据安全的保护是静态的、偏重于对计算机信息系统安全的保护,司法解释也是以"计算机信息系统安全"为中心,通过扩大解释其涵摄范围,强化对数据犯罪的刑法规制。从数据安全保护角度来看,这种刑法保护模式在观念和规范层面均存在不足。

首先,探讨《刑法》第285条、第286条规定的非法侵入计算机信息系统罪和破坏计算机信息系统罪。其中,非法侵入计算机信息系统罪的适用范围限定在对数据进行处理的计算机信息系统之内,且计算机信息系统的范围仅限于"国家事务、国防建设、尖端科学技术领域",没有直接以"数据安全"作为保护对象。同样的,破坏计算机信息系统罪也忽视了计算机信息系统中存储、传输或者处理的数据的独立价值,导致了数据犯罪与其他计算机信息网络犯罪的罪名适用争议。

其次,《刑法修正案(七)》在第285条增设非法获取计算机信息系

---

① 汪东升:《个人信息的刑法保护》,法律出版社2019年版,第72页。

统数据罪、非法控制计算机信息系统罪,提供侵入、非法控制计算机信息系统程序、工具罪。在上述罪名中,被侵害的并非技术层面的网络安全,而是作为信息载体的数据安全。信息时代,"计算机信息系统安全"也成为一个多维概念,包括作为信息载体的数据安全、承担信息技术处理的计算机信息系统功能运行安全,以及负责计算机信息传输的通信网络安全。但《刑法修正案(七)》对上述罪名依然沿用了"计算机信息系统数据"的概念,固守数据的封闭性、静态性和从属性,涵摄内容范围较为狭窄,无法适应网络数据内容、类型多样化的特点和要求。

再次,"两高"《关于办理危害计算机信息系统安全刑事案件应用法律若干问题的解释》(以下简称《计算机安全刑案解释》)虽然第1条对《刑法》第285条第2款的"情节严重"作了进一步解释,但其中对于数据的类型规定比较单一,仅限于身份认证信息,将犯罪对象严格限缩为与身份认证信息有关的"数据",并没有将"数据"从"信息系统"中分离出来加以独立保护。此种数据类型过于附着于信息系统功能,法律没有关注数据自身内容属性上的价值与保护必要,而且类型单一、范围狭窄,局限于以验证为内容的数据。而在实践中,已经发生大规模窃取具有身份认证信息之外系统数据的违法犯罪活动,部分行为已被认定为属于非法获取计算机信息系统数据罪中的"数据",如窃取网络账户的密码、行踪信息,"数据"的范围实际上得以扩充。该司法解释首次使用了"计算机系统"的术语,将几乎所有与计算机相关联的网络终端设备都扩张解释为计算机信息系统。《计算机安全刑案解释》第11条规定,本解释所称"计算机信息系统和计算机系统"是指具备自动处理数据功能的系统,包括计算机、网络设备、通信设备、自动化控制设备等。然而,该解释始终未区分数据的对象功能和媒介、工具功能,未能结合独立的数据安全法益来加以说明,而是将所有以数据为载体的法益侵害行为都涵盖进来,"数据犯罪"最终为传统的计算机安全犯罪所遮蔽,这显然是不合理的,实践中也会导致数据犯罪罪名的滥用。有学者就指出,非法获取计算机信息系统数据罪和破坏计算机信息系统罪都有成为"口袋罪"的趋势,主张对该罪名中的"数据"对象范围进行限缩解释。[1]

最后,《刑法修正案(九)》加大了对信息安全的保护力度,将侵害个人信息的两个专属罪名合并为侵犯公民个人信息罪,取消了主体身份限制、通过加档提升法定刑加重了处罚力度。《个人信息刑案解释》进一步明确界定了"公民个人信息"的范围、细化了入罪标准。但《刑法修正案(九)》颁布时正处于互联网由以信息网络为主导向以网络数据为主导的代际过渡阶段,缺乏一定的前瞻性,仍未对数据概念进行扩容、对法律地位独立化,而是将其杂糅进计算机信息系统数据以及公民个人信息等概念中予以模糊化处理,导致司法实践中因法益性质界定不清,罪名适用产生偏差。例如,侵犯公民个人信息罪关于侵害"个人信息"的行为方式,只包括了非法获取、出售和提供,对于非法修改、删除个人重要信息的行为无法适用侵犯公民个人信息罪处理,最后只能认定为破坏型数据犯罪。由于数据安全犯罪与信息安全犯罪、网络安全犯罪存在刑法错位,如果以"计算机信息系统安全"为该罪法益指导破坏型数据犯罪适用,将计算机信息系统功能是否受到破坏以及破坏程度作为入罪标准,将难以区分破坏型数据犯罪与非法控制计算机信息系统罪,也难以合理限定数据犯罪的处罚范围。

---

[1] 杨志琼:《非法获取计算机信息系统数据罪"口袋化"的实证分析及其处理路径》,《法学评论》2018 年第 6 期。

二、数据安全犯罪及关联罪名认定

(一) 数据安全犯罪的罪质与罪量要素

确定数据犯罪的入罪门槛,关键在于对法益性质的界定。以相关前置法规范为参照系进行法益识别,判断数据犯罪对象所反映的客体性质、客体所遭受的侵害程度,明确其对数据安全的重要程度,对犯罪行为的罪质和罪量予以评价,决定是否适用数据犯罪的罪名。

1. 数据安全犯罪的罪质要素

在现有刑法规定的基础上,对数据犯罪中数据本身的性质和内容、数据使用价值的大小、数据安全权益可能遭受的侵害风险及刑法保护的必要性进行规范评价,从而更合理地解释数据犯罪的构成要件,是十分重要的。以下对狭义上数据犯罪两个具体罪名的罪质认定加以研讨。

首先是对非法获取计算机信息系统数据罪的罪质界定。关于此罪的法益性质,学界存在不同认识。持"单一法益说"的学者认为,此罪名的保护法益或者说犯罪客体是单个的,具体表述不尽一致,如"计算机信息系统安全""计算机信息系统运行安全""信息安全""数据传输的私密性"等。持"复合法益说"的学者认为,此罪名的保护法益是复合性的,有的将其表述为"数据安全与系统功能法益"[1],有的表述为计算机信息系统的管理秩序、运行秩序及系统内存储、处理或传输的数据

---

[1] 皮勇、葛金芬:《网络游戏虚拟物数据本质之回归——兼论非法获取网络游戏虚拟物的行为认定》,《科技与法律》2019年第2期。

的安全等。① 认定此罪的关键是要正确把握刑法所保护的数据安全法益,即数据收集和使用过程中的保密性、完整性和可用性。数据安全立法所保护的重心不是计算机信息系统,而是数据安全,计算机信息系统的作用仅在于对数据的类型进行限缩,不应该用计算机信息系统安全这一泛化的概念遮盖数据安全法益的保护价值。

实践中,本罪的行为表现形式多样,如非法获取游戏账号密码后销售、转让账户内游戏币;非法获取游戏账号或者个人 QQ、邮箱等登录账号密码等。司法机关应当依据《数据安全法》以及《网络安全法》等法律法规、行业规范中有关保护数据的保密性、完整性和可用性的规定,结合具体案件事实选择适用该罪名的前置法,并从数据安全法益角度进行罪质界定和罪量评价,判断某种数据处理行为是否构成此罪。例如,全国首例"'爬虫'入刑案"②,被告人晟品网络科技公司不当使用网络爬虫技术的行为,被认定为侵害了数据的保密性。本案的裁判理由认为,被告单位采用"爬虫"技术获取"公开视频信息",作为载体的视频数据本身仍然具有保密性,也有刑法规制的必要。③ 在本案的罪质认定中,明确区分了作为形式载体的数据和作为数据内容的个人信息,将数据载体的保密性作为刑法保护的重点。上述案件刑事裁决对数据犯罪的刑法法益予以独立评价和重点保护,改变了以往将其附属于计算机信息系统安全或混同于个人信息安全的传统认识和处理模

---

① 喻海松:《网络犯罪二十讲》,法律出版社 2018 年版,第 30 页。
② 全国首例"'爬虫'入刑案"即上海晟品网络科技有限公司非法获取计算机信息系统数据案,又称"今日头条案",参见北京市海淀区人民法院(2017)京 0108 刑初 2384 号刑事判决书。
③ 游涛、计莉卉:《使用网络爬虫获取数据行为的刑事责任认定——以"晟品公司"非法获取计算机信息系统数据罪为视角》,《法律适用》2019 年第 10 期。

式,是值得充分肯定的。①

须讨论的问题是,作为本罪的保护对象,"数据"是否仅指不具有可识别性的信息?在我国信息网络领域立法中,"可识别性"被认为是个人信息的本质特征,也是判断个人信息保护法益的基本标准。根据《网络安全法》第76条的规定,个人信息是指"以电子或者其他方式记录的能够单独或者与其他信息结合识别自然人个人身份的各种信息"。《个人信息保护法》第4条对个人信息的界定采取了"已识别"与"可识别"相结合的模式,个人信息的可识别性同样被立法所确认。有学者认为,个人信息与普通的"数据"的最大区别就在于其具有"可识别性",能够识别特定主体的身份,只有可识别的个人信息才具有隐私性和自决性,才能作为个人信息保护法的调整对象,不可识别的信息则应作为普通的"数据",由数据安全法、网络安全法予以保护。② 根据此种观点,非法获取计算机信息系统数据罪的对象就应当排除具有可识别性的个人数据信息,由此将该罪名与侵犯公民个人信息罪加以界分。如果不当地加以限缩解释,使该罪的适用范围小于侵犯公民个人信息罪的对象范围,由于两罪的定罪量刑标准也存在差别,就可能造成两种罪名适用上的漏洞或冲突。

其次是对破坏计算机信息系统罪中"删除、修改、增加数据"的罪质界定。关于本罪的法益性质,有的学者将其表述为"计算机信息系统的功能安全和数据安全管理秩序"③;有的学者则表述为"数据的安

---

① 苏桑妮:《从数据载体到数据信息:数据安全法益本位之回归》,《西南政法大学学报》2020年第6期。
② 黄翰义:《自直接识别性及公共利益之观点论个人资料保护法之缺失》,《裁判时报》2015年第31期。
③ 屈学武主编:《刑法各论》,社会科学文献出版社2004年版,第73页。

全性与应用程序的完整性"①,不一而足。"就破坏计算机信息系统罪的规范目的而言,理解为同时包含计算机系统的安全与数据的安全,是更为合理的选择。"②就删除、修改、增加数据的行为而言,如果未侵害数据信息的可用性和完整性,就不能构成此罪。例如,最高人民法院于2020年12月29日发布的145号指导性案例,即"张某某等非法控制计算机信息系统案"中,法院裁判认为,被告人张某某等为了赚取赌博网站广告费,提高搜索引擎命中率,通过植入木马程序的方式,非法获取存在防护漏洞的网站服务器的控制权限,进而通过修改、增加计算机信息系统数据,上传网页链接代码,但这种行为未造成网络系统功能实质性破坏或者不能正常运行的,不应当认定为破坏计算机信息系统罪,应当认定为非法控制计算机信息系统罪。可见,判断行为所侵害的法益是数据安全还是计算机信息系统安全,是区分两罪的关键;而对法益性质和保护程度的识别判断,则有赖于对作为参照系的前置法的确定和把握。如果根据数据安全法的相关规定来判断,删除、修改、增加数据的行为没有危及数据的持续安全状态,就不宜认定为破坏计算机信息系统罪。否则可能导致该罪名的"口袋化",与其他计算机犯罪的罪名发生适用上的冲突;同时,由于不同罪名的定罪处刑标准存在差别,如上述案件所涉及的破坏计算机信息系统罪的基本法定刑是五年,非法控制计算机信息系统罪的基本法定刑的上限是三年,如果将被告人的行为认定为前罪,则会导致量刑偏重,从根本上说是因对其行为的罪质认识不当所致。

2. 数据安全犯罪的罪量要素

我国《刑法》中数据犯罪的构成要件采取"定性+定量"的立法模

---

① 刘广三:《计算机犯罪论》,中国人民大学出版社1999年版,第181页。
② 劳东燕:《功能主义刑法解释的体系性控制》,《清华法学》2020年第2期。

式,"情节严重"是常见的罪状表述方式。根据《刑法》第 285 条第 2 款和第 286 条的规定,非法获取计算机信息系统数据罪、破坏计算机信息系统罪的罪量构成要件分别是"情节严重"和"后果严重",这种综合性的定罪标准带有概括性和模糊性,需要司法机关作出具体判断。随着互联网和大数据的广泛运用,数据安全法益内容的日益技术化和抽象化,会使司法机关对相关罪名的定罪量刑产生困难。数据犯罪的定罪标准从"数额为主,情节为辅"转向"数额与情节并重"或"以情节为主"的模式,以合理评价数据犯罪的法益侵害程度。在此情况下,应当立足于数据犯罪相关罪名的前置法规定,根据数据安全法益保护的必要性及重要程度,明确数据犯罪的数额或数量标准和综合性情节的罪量评价要素。

跟普通的经济犯罪一样,数据犯罪也是采用违法所得、经济损失等定罪数额、数量标准。例如,《计算机安全刑案解释》第 1 条对非法获取计算机信息系统数据罪的"情节严重"定罪标准进行了列举,其中包括经济损失、违法所得、计算机台数、身份认证信息组数等。上述标准虽在一定程度上反映了该罪对具体个人法益所造成的危害,但未能充分评价其对数据安全集体法益的侵害程度,特别是对公共安全、国家安全所形成的危险程度。同时,该司法解释第 4 条对破坏计算机信息系统罪的定罪标准"后果严重"规定了数据赖以储存的计算机台数、违法所得或经济损失数额以及造成一定数量计算机或用户服务的计算机信息系统不能正常运行的小时数等。然而,对数据犯罪的罪量不能仅仅以行为对公民个人所造成的实际侵害或损失加以评价,而是应当更多地考虑行为对社会秩序、公共利益乃至国家安全的侵害或影响。刑法规范本身就是明确性与模糊性的统一,允许一定的抽象、概括的罪量因素存在,作为具体、定量化标准的补充,更能完整地反映数据犯罪的本质属性和罪量特征。将来的刑事立法或司法解释,应在原有数据安全定级要素基础上增加新的内容,采用新的罪量评价标准,诸如数据流量、安全漏洞数、注册会员数、点击浏览或下载数量、系统正常运行时长、网络中断时长及影响用户数、网络故障导致的事故损害后果等。非法获取、删除、修改、增加数据对社会秩序、公共利益或国家安全的侵害和影响越大,新型罪量因素的定罪量刑作用就显得越重要。

另须指出,上述罪量因素中有的具有明显定量特征,如果经过司法实践检验进行"数量化"是切实可行的,可以通过司法解释明确规定其为定罪量刑的具体数量标准;有的罪量因素是比较模糊和抽象的,则不一定被明确规定为具体数量标准,但可以放入"情节严重"或"后果严重"中综合加以考量。数据安全法益本身是抽象的,在制定司法解释明确数据犯罪的定罪标准时,应当设置一定的柔性规范或兜底规定,允许法官在个案审理中保留一定自由裁量空间,这样更有助于实现定罪量刑的实质公正。

(二) 数据安全犯罪关联罪名认定

在数据犯罪中,数据是犯罪行为所指向的对象,而不是行为人实施其他犯罪的工具或手段,这是数据犯罪与侵犯人身、财产权益等传统犯罪相区别的关键所在。对此,司法机关需要以相关立法为参照系,根据信息数据类型的不同,判断其所反映的法益本质,综合考虑数据处理行为对数据安全法益所造成的侵害或影响,作为区分狭义上的数据犯罪与其他关联罪名的实质根据。

首先,以数据犯罪的前置法规范为参照确定行为所侵犯的法益性质。将某种数据处理行为所涉及的法益性质界定为个人法益、公共法益还是国家法益,将直接决定或影响刑法中数据犯罪及关联罪名的认定。我国《民法典》《个人信息保护法》《反不正当竞争法》《保守国家秘密法》《国家情报法》《中国人民解放军保密条例》等现行法律法规分别对个人信息、商业秘密、内幕信息、国家秘密、国家情报、军事秘密等予以保护，与数据安全法益保护的对象存在交叉重合，相关罪名也存在竞合关系。对刑法中相关罪名的构成要件设置和司法认定，需要依托前置性行政法律规范及行业标准，针对不同安全等级的数据处理行为，设定数据安全法益保护的命令性义务、禁止性规范及刑事责任，设置刑事风险防范的法律底线。这侧重体现对于数据安全保护的特殊要求。司法机关在认定数据犯罪及其关联罪名的时候，就可以将前置性法律规范作为进行刑事违法性判断的参考依据。

同时，也应当注意不同前置法规范之间的衔接协调问题。例如，《个人信息刑案解释》对行踪轨迹信息等四类敏感个人信息的定罪情节作了比一般个人信息更严格的标准要求，但没有包括更为敏感的个人生物数据信息；《个人信息保护法》则规定个人生物特征信息保护的规则，这就需要在这些法律规范及司法解释之间进行体系性思考并予以衔接适用。另外，信息安全、数据安全领域存在诸多行业规范，对相关单位或个人依法合规地开展数据处理活动具有很强的指导作用，但它们并不具有法律效力，相对于《数据安全法》等法律法规来说，对数据利益主体的安全保护义务要求更高，而刑法所规制的入罪门槛必须是数据安全保护的"最低安全基线"，与行业规范设置的安全标准存在差异不能等同。为了避免刑事打击范围过大，应将行业规范作为前置性法规范中的参考依据，但不宜直接将其作为判断刑事违法性、认定犯罪的法律根据。

其次，根据行为所侵害法益性质选择适用数据犯罪及关联性罪名。根据我国现行《刑法》的规定，对于非法获取信息数据的行为可能触犯侵犯公民个人信息罪、侵犯商业秘密罪、非法获取国家秘密、情报罪以及非法获取军事秘密罪等多个罪名，这些罪名对承载着对包括公民个人权利、市场经济秩序、国家安全、国防利益等在内的重要数据信息的不同程度的类型化保护，形成了一套以数据信息法益保护为核心的罪名体系。若某种数据不在上述罪名保护的对象范围之内，则可考虑是否认定为数据犯罪。在网络系统空间，信息和数据是不能截然分开的，两者如同一枚硬币的两面。如果行为人非法获取计算机信息系统中的数据，其行为触犯了非法获取计算机信息系统数据罪或侵犯公民个人信息罪，属于法条竞合，应按照"特别法优于普通法"的原则处理。但究竟何种罪名属于"特别法"的规定、选择适用何种罪名，则离不开相关前置法的参照系作用。司法认定中，应当以个人信息保护法或数据安全法、网络安全法为参照系，识别和判断该行为所侵犯的重点法益的性质及危害程度。如果以《个人信息保护法》为参照，从个人信息权益保护角度，非法获取计算机信息系统数据罪属于"特别法"规定的罪名；如果以《网络安全法》《数据安全法》为参照，从计算机信息系统安全保护的角度，侵犯公民个人信息罪则为"特别法"规定的罪名。

最后，从系统论角度，以数据安全为核心，相关民法、刑法、行政法及行业规范共同形成了数据安全法益保护的法律规范体系，其内外部应当是衔接协调的。数据安全法益识别需要运用多种立法参照系，加以对比，从而选择适用合适的法律规范予以保护，尽量避免法律规范之间的重复和冲突。从法秩序统一性角度，数据安全法益保护需要依靠各种法律手段共同发挥作用，司法机关应将某种违法犯罪行为放置在整个法律保护体系之中加以考量，进行违法性的层次性判断，形成刑民关系、刑行关系的衔接协调。

第三节　危害网络安全的犯罪及其认定

2015年国家立法机关通过的《刑法修正案(九)》将网络犯罪帮助行为纳入《刑法》第287条之二,设定为独立的"帮助信息网络犯罪活动罪"。同时,增设第287条之一"非法利用信息网络罪"。为依法惩治拒不履行信息网络安全管理义务、非法利用信息网络、帮助信息网络犯罪活动等犯罪,维护正常网络秩序,2019年"两高"制定颁布了《关于办理非法利用信息网络、帮助信息网络犯罪活动等刑事案件适用法律若干问题的解释》(以下简称《信息网络刑案解释》)。以下对帮助信息网络犯罪活动罪和非法利用信息网络罪的认定问题加以研讨。

一、帮助信息网络犯罪活动罪的认定

我国《刑法》中帮助信息网络犯罪活动罪的帮助行为,即为他人实施犯罪活动提供互联网接入、服务器托管、网络存储、通讯传输、网络广告推广、互联网支付与结算等信息网络技术支持和帮助的行为。全国人大常委会通过的《刑法修正案(九)》对网络帮助行为加以犯罪化,在《刑法》287条之二增设了"帮助信息网络犯罪活动罪"。"将特定的涉恐预备、帮助行为'实行行为'化,更好地保护立法者认为需要重点考虑的重大法益。"[①]在

---

① 赵秉志、杜邈:《刑法修正案(九):法益保护前置织密反恐法网》,《检察日报》2015年9月28日第3版。

此基础上,合理把握网络帮助行为刑法规制的范围和限度,对于有效防控网络技术服务的违法犯罪风险、保障网络安全和保护网络技术创新就显得十分重要了。那么,对于帮助网络犯罪活动的涉罪行为,在何种情况下应予以犯罪化,何种情况下予以非犯罪化? 如何平衡和协调两方面的关系?

(一) 网络帮助行为犯罪化的根据

《刑法修正案(九)》将网络犯罪帮助行为纳入《刑法》第287条之二,设定为独立的"帮助信息网络犯罪活动罪",使帮助行为摆脱了对被帮助者所实施犯罪的依附。"这个规定,比各种司法解释更进了一步,将本来还存在理论争议的中立帮助行为,一下子提升为正犯处罚了。"①这与近年来立法上一贯的法益保护前置的立法思路与趋势是契合的。这里需要讨论的问题是,《刑法》第287条之二设立"帮助信息网络犯罪活动罪",是否意味着"共犯的正犯化"?《刑法》第287条之二第3款"有前两款行为,同时构成其他犯罪的,依照处罚较重的规定定罪处罚"的规定,是否意味着"以刑定罪"? 由此,是否意味网络犯罪帮助行为的刑事处罚范围有所扩大,刑事处罚力度更加严厉?

正犯与共犯的区分是德日刑法学者依据其本国刑法的规范分析所形成的学说。在我国,"共犯"一词的自然含义更为接近"共同犯罪人",包括所有犯罪参与者;"相反地,用'共犯'一词专指教唆犯与帮助犯,而把共同正犯排除于'共犯'一词的意思范围之外,在语意上反而难以理解"②。我国《刑法》将共同犯罪人分为主犯、从犯、胁从犯与教

---

① 车浩:《刑事立法的法教义学反思——基于〈刑法修正案(九)〉的分析》,《法学》2015年第10期。
② 黄荣坚:《基础刑法学》(下),中国人民大学出版社2009年版,第491页。

唆犯,在处断上并非如同德日刑法一样"一准于正犯",而是对教唆犯按照其在共同犯罪中的作用处罚,对从犯判断其"在共同犯罪中起次要或者辅助作用"后予以从宽处罚。因此,我国《刑法》的共犯体系与共犯理论缺乏"区分共犯制"下"共犯正犯化"的法定基础,相反更接近于"单一正犯制",即只要是参与犯罪实现的人,不论其行为在程度上或性质上所存在的差异,如果都对犯罪构成要件的实现具有因果上实质的贡献,应一律都视为犯罪人,不应也不必再区分为正犯或狭义的共犯。从实质上看,将某种犯罪样态或者某种犯罪参与形式规定为犯罪,无论看作是独立的实行行为还是共同犯罪的参与行为,都是因为该行为的社会危害性已突破了刑法能够容忍的底线而应当受到刑罚处罚。《刑法修正案(九)》之所以设立帮助信息网络犯罪活动罪,乃是正视涉网络犯罪活动中,网络帮助行为的社会危害趋重增生,犯罪帮助行为由次要或辅助的从犯地位向主犯靠近。因此基于"单一正犯"的立场,帮助信息网络犯罪活动罪的设立,与其说是"共犯正犯化",不如说是"从犯主犯化"。"从犯主犯化"意味着原属从犯的帮助行为在共同犯罪中的作用受到刑法更为严重的否定评价和处罚,由共同犯罪中的"从犯"上升为"主犯"。网络帮助行为者的罪责如在三年有期徒刑之下的,因其主犯化不再适用"应当从轻、减轻或者免除处罚"的规定。

值得注意的是张明楷教授提出的"量刑规则"论。他认为,我国《刑法》第287条之二所规定的"帮助信息网络犯罪活动罪",并不是帮助犯的正犯化,是帮助犯的量刑规则。"帮助犯没有被提升为正犯,帮助犯仍然是帮助犯,只是因为分则条文对其规定了独立的法定刑,而不再适用刑法总则关于帮助犯(从犯)的处罚规定的情形。"[①]笔者不赞同

---

① 张明楷:《论帮助信息网络犯罪活动罪》,《政治与法律》2016年第2期。

这种观点：帮助信息网络犯罪活动罪属于独立罪名，罪状和法定刑规定明确，结合法条的内容与《最高人民法院、最高人民检察院关于执行〈中华人民共和国刑法〉确定罪名的补充规定（六）》（法释〔2015〕20号）中对帮助信息网络犯罪活动罪罪名的认可态度，没有理由认为本条所规定的只是纯粹的量刑规则。如果将本罪视为信息网络共同犯罪的量刑规则，俨然架空了两高关于本罪罪名的宣示和本罪保护的法益。虽然本罪保护的法益需要根据具体的"共同犯罪"确定，这并不影响《刑法》第287条之二本身包括需要保护的法益，且本罪是"从犯主犯化"的表现，罪名本身昭示着帮助行为否定评价的加剧，但是量刑规则一则无法体现法益，二则无法体现罪名的价值评价，只是一种纯粹的技术工具。将主犯等同于重罪而将从犯与轻罪画等号，这样的认识本身就值得检讨。刑法中对于主犯按照集团所犯罪行或者按其所参与或者组织、指挥的全部犯罪处罚，对从犯而言，应当以其在共同犯罪中发挥的作用为基准，进而考虑责任降低对之从轻、减轻或者免除处罚。主从犯的区别并非在于刑罚而在于作用，大者称主小者谓从，刑罚轻重不过是对主从犯地位确认的旁证。帮助信息网络犯罪活动罪的罪名独立价值很低，表现为对网络犯罪帮助行为类型的总结，并以一定幅度、种类的刑罚发挥罪名威慑的作用。必须明确的是，该条款的核心并非罪名的形式存在，而是其规制的帮助信息网络犯罪活动且情节严重的行为本体。"刑罚功能是有很大局限性的，它既能给社会带来积极效果，也能给社会带来消极影响，我们不能盲目地崇拜刑罚，不能过分地期待刑罚的作用。"①刑法依照行为对法益侵害的程度设置刑罚的梯度，没有刑罚即无所谓犯罪。帮助信息网络犯罪活动罪实质上是信息网络空间

---

① 张绍谦：《试论刑罚功能的局限性》，《社会科学》2005年第1期。

共同犯罪的内部调整,处罚的是既有共犯层面的罪行。既然本罪是共同犯罪内部从犯行为主犯化的调整,就无所谓处罚范围扩大,更毋论共犯行为正犯化后能够独立适用成为"口袋罪"的尴尬。

(二) 网络帮助行为非犯罪化的路径选择

网络平台提供者、网络内容提供者等网络服务提供者带有中立性质的正当业务行为,完全可能参与到他人利用信息网络实施的犯罪之中。"所谓中立行为的帮助,是指从外表看通常属于无害的、与犯罪无关的、不追求非法目的的行为,客观上却又对他人的犯罪行为起到了促进作用的情形。"[①]帮助信息网络犯罪活动罪作为"从犯主犯化"的表现,本应理解为对原本属于自己的犯罪责任的强调,其所圈定的犯罪群也并非意图针对中立的帮助行为。即便刑法对中立的行为进行规制,也必须是源于其在犯罪情境下丧失了中立。因此,网络帮助行为的非犯罪化对于界分帮助信息网络犯罪活动罪与非罪,以及纠正"从犯主犯化"可能带来的过度犯罪化问题,显得尤为重要。

首先应关注网络帮助行为的"二次违法性"。当我们检视二次违法性理论,作为其经典表述的"出乎礼而入于刑"能够提示二次违法性的方法论:如果犯罪与刑罚是出乎非刑事法律而入于刑法的结果,前置的非刑事法律与后置的刑罚之间的捭阖情势就可能为帮助行为提供些许切断可罚性的根据——前置的非刑事法律已无从为帮助行为提供正当根据之际方能进行刑事处罚。当我们谈论犯罪之时,侧重点虽在该当不法的行为与行为人的责任,但无可否认的是,犯罪行为无法切断其与非罪行为(或者说不值得处罚的行为)的关联,具备刑事违法性的犯

---

① 陈洪兵:《中立行为的帮助》,法律出版社2010年版,第2页。

罪行为实际上为大量生活行为、日常行为所围绕。犯罪的二次违法性理论认为,具备社会危害性的行为应当首先进行前置法的检索。"针对这些经过前置法的过滤后仍无法分解的行为,刑法应根据犯罪构成模型,不断对违法行为进行比对和衡量,然后决定是否要认定犯罪,是否需要科以刑罚。"①如果个罪的犯罪构成将"情节严重"作为构成要件要素、如果不能怀着最大的善意积极判断"情节严重",无异于将作为事后法、保障法的刑法当作了"事先法"。为杜绝先刑的观念成为脱缰的野马,刑法的二次性特征强调制裁性规则内部的衔接,考察前规则的存在与效果判断是否应当进行刑罚的发动。

就帮助信息网络犯罪活动罪而言,"二次违法性"所带来的直接理论功效即为,综合能够规制行为的各种规范环境以及行为本身的性质,判断受到评价的信息网络帮助行为是否该当"情节严重"。正如刘宪权教授所说:"虽然犯罪化会在社会生活的局部呈现一定的价值空间,但这种偕同'风险无处不在'因而'刑法也无处不在'的观念和做法,才是当今'风险社会'最大的风险。"②为某种行为寻找非罪化路径是刑法谦抑性的表现,是在实质意义上降低社会行为可能招致的无意义的风险。在网络犯罪领域,应当坚持二次性违法理论,考虑网络社会的独特性并设置作为行为指引的前置法,以起到坚信将适法行为的遵守作为违法减轻乃至于违法阻却的事由的信条,取得非罪化的效果。

其次是网络帮助行为与"共犯的脱离"。探究信息网络帮助行为非罪化的路径,首先应坚持以下两点:其一,在发生犯罪结果之际,行为

---

① 杨兴培、田然:《刑法介入刑民交叉案件的条件——以犯罪的二次性违法理论为切入点》,《人民检察》2015 年第 15 期。
② 刘宪权:《刑事立法应力戒情绪——以〈刑法修正案(九)〉为视角》,《法学评论》2016 年第 1 期。

人在完全遵守适法规范的前提下虽然无法剥离对犯罪事实上的加工,但需谨慎评价行为在犯罪中的地位和意义,如果帮助行为的社会意义已经在适法行为的事实上一次用尽,那么应当承认此时信息网络帮助行为的中立。其二,对形式上遵守适法规范的信息网络帮助行为的入罪需严格按照犯罪构成进行判断,需以充分理由并实质性地阐释帮助行为人为何失去中立。实践中,共同犯罪责任的广泛追究使得信息网络中立行为难有存在的空间,因为一旦确证了行为人与被帮助者犯行的"明知",就难以阻碍刑事追诉程序的开展。为了避免过度犯罪化情况的出现,我们可以首先借鉴区分共犯制中经常被讨论的间接正犯的模型。区分共犯制下的间接正犯制包括了被利用者成为利用者工具的情形。换言之,如果将网络犯罪帮助者看作是"被利用的工具",尽管帮助者客观上对犯罪进程起到促进作用,但在人们看来或多或少具备着规范环境下弱者的地位,因而其并非刑罚主要打击的对象。因此,凭借帮助行为被利用、帮助者并不具备犯意联络的事实,可以进行责任上的阻却。

那么,在帮助人对被帮助行为具有认识的情况下,又该如何寻找脱罪的路径? 在此,可以借鉴和运用"共同犯罪的脱离"理论实现网络帮助行为非犯罪化的效果。"共同犯罪的脱离"由日本刑法学界率先提出,其实际意义在于,"在现有法律规定以及基本理论体系的框架之内,确定犯罪结果的归属主体,解决退出者的归责范围(是否对脱离之后的行为及其结果承担罪责)与归责程度(成立何种犯罪形态)"[1]。中立的帮助行为与犯罪的脱离在法律效果层面目标的一致性,能够为二者的整合奠定契机。从犯的脱离根据实质上是共犯处罚根据的否定,

---

[1] 王昭武:《共谋射程理论与共犯关系脱离的认定——兼与刘艳红教授商榷》,《法律科学(西北政法大学学报)》2016年第1期。

"脱离共犯关系不仅需要脱离者实施脱离共犯关系的行为,还需要其余共犯认识或者察觉到脱离者的脱离"①。"共犯脱离"客观上表现为对他人共同行为责任的切断,其实质上意味着对行为应当只进行一次评价——禁止重复评价的对象不仅为自然的行为本身,且包括其社会意义。日常行为的日常性已经用尽了行为的社会意义,故即便该行为有意或无意参与到犯罪之中,也不能作为犯罪行为对待。"社会意义用尽"的论点能够将与犯罪存在事实牵连的行为除罪化,将事实阻断转化为法律上的隔离,如果行为在规范的意义上能够被评价为切断因果关系,就应视为因果关系的切断。② 因此,对参与到信息网络犯罪活动的帮助行为的社会意义进行考察,其违法性能否为前置性规范所减轻或免除。美国《通讯规范法》第 230 条的豁免规则适用前提是网络服务提供者仅为可能发表的材料提供场所,行为止于场所的提供不能够满足对行为不法的判断。③ 网络服务提供者并非互联网内容的提供者,"考虑到这种地位,很清楚在这种理论下,当网络服务提供者允许其用户散播用户上传的儿童色情图像时,网络服务提供者本身不知情,那么网络服务提供者应当被保护免于刑事责任"④。因此,网络服务提供者的可罚性来源于其纯粹中立行为的越界,行为既然越界,就意味社会意义并非用尽于业务行为。帮助信息网络犯罪活动之所以丧失中立性的法条基础,在于《刑法》第 287 条之二罪状中包含"情节严重"。由

---

① 付晓雅、高铭暄:《论共犯关系脱离的具体认定与法律责任》,《法律科学(西北政法大学学报)》2016 年第 1 期。
② 刘艳红:《共犯脱离判断基准:规范的因果关系遮断说》,《中外法学》2013 年第 4 期。
③ 〔美〕Lawrence G. Walters:《美国网络服务提供者的刑事责任理论研究——基于网上色情信息的视角》,杨新绿、涂龙科译,《刑法论丛》2015 年第 4 期。
④ 〔美〕Lawrence G. Walters:《美国网络服务提供者的刑事责任理论研究——基于网上色情信息的视角》,杨新绿、涂龙科译,《刑法论丛》2015 年第 4 期。

于"情节严重"的规定,帮助行为脱罪的实际路径其实有两条,其一是依托"情节严重"进行违法性削弱乃至于阻却,其二是行为违法性轻微而自始与犯罪无涉。既然有"情节严重"的规定,就意味着并非只要明知他人利用信息网络实施犯罪且客观上为其提供了技术支持或者帮助的行为,都当然地被当作丧失中立性的帮助行为来对待。总之,运用"情节严重"要素予以非罪化,应当重视前置规范可能改变行为社会意义的一面。如果行为人的行为符合某项前置法,其能够援引前置法的善意确信对具备不法外观的行为注入有价值的社会意义,客观上就具有非犯罪化的合理空间。另外,要注意作为前置规范的非刑事法律之间存在的交叉和冲突问题。如《侵权责任法》中的网络侵权责任规则过于重视受害人权益保护而忽视了网络服务提供者;而著作权法领域的"避风港规则"使得网络服务提供者的刑事责任存在认定障碍,这都需要通过刑民关系、刑行关系的衔接协调来加以系统解决。

二、非法利用信息网络罪的认定

《刑法修正案(九)》增设第 287 条之一"非法利用信息网络罪"。该罪的设立,一方面加大了对预备阶段的网络犯罪行为的处罚力度,填补了处罚漏洞;另一方面,减轻了控方的举证责任,使得预备行为的认定无须依赖实行行为的危害性大小,便于及时遏制网络犯罪活动。从本罪的罪状表述来看,"违法犯罪"是本罪三项行为类型的共同要件,其既是客观要件也是一种主观要件。因此,"违法犯罪"的外延是否包括一般的行政违法,即"违法犯罪"应作限制解释还是扩张解释,成为本罪构成要件研究中的核心问题。

在学界,部分学者持限制解释的立场,认为"违法犯罪"仅指犯罪,而不包括一般的行政违法行为。① 另一部分学者则持扩张解释的立场,主张"违法犯罪"不仅包括犯罪,也包括一般的行政违法。② 扩张解释也是我国司法解释所持的立场,根据司法解释,"违法犯罪"包括犯罪行为和属于《刑法》分则规定的行为类型但尚未构成犯罪的违法行为。笔者认为,采取限制解释的路径将"违法犯罪"解释为仅包括犯罪,过度限缩了本罪的适用,并且以本罪为预备行为实行化为由否认"违法犯罪"涵盖违法,理由并不充足。

首先,限制解释是对处罚范围的缩小,是否有必要限制解释以及解释的边界是由多种因素综合决定的,包括国民自由保障、法益保护目的、法律体系的衔接协调。③ 一方面,如前文所述,本罪保护法益为信息网络安全管理秩序,一般性的违法行为同样会对该秩序造成严重破坏,如果出于法益保护目的角度对该条款作限制解释缺乏合理依据。另一方面,本罪刑法条文已明确规定了为实施违法活动利用网络的行为应当受到刑法制裁,而且一般的违法行为在任何法律体系下也是禁止的,所以民众只要知道自己不是在合法地利用信息网络,就应当认识到自己应当承担法律责任。因此,即便不进行限制解释也能保障国民的预测可能性以及行为自由。

其次,本罪为实质预备犯,属于独立罪名而非量刑规则的单独立法。所谓的独立罪名,即强调该罪的独立性优先于其对传统犯罪的附属性。本罪具有独特的罪状和独立的法定刑设置,在定罪标准上也不再依附于实行行为,即便对应的实行行为未达到犯罪程度,也可以对预备行为单独定罪处罚。此外,本罪还具有轻罪、兜底性罪名的特点。一

---

① 喻海松:《网络犯罪的立法扩张与司法适用》,《法律适用》2016 年第 9 期。
② 车浩:《刑事立法的法教义学反思——基于〈刑法修正案(九)〉的分析》,《法学》2015 年第 10 期。
③ 张明楷:《刑法学》,法律出版社 2016 年版,第 40 页。

方面，本罪法定刑最高为三年，决定了本罪为轻罪，适用于罪行较为轻微的犯罪行为；另一方面，本罪保护的法益为一般性的信息网络管理秩序，决定了本罪为网络犯罪中的兜底罪名。这样看来，以较轻的法定刑规制部分会对信息网络管理秩序造成侵害的违法行为，并不会违反罪责刑相适应的原则。

最后，从设立本罪的立法目的来看，之所以将网络犯罪预备行为作为实行犯进行处罚，原因在于此类行为会对社会造成较大危害，单独处罚可以起到显著的事前危险控制的预防早期化效果。倘若认为只有实施刑法规定的犯罪的预备行为才构成本罪，则难以完全发挥本罪对危险的事先控制和预防早期化的效果。原因在于，网络上实施的违法预备行为可能产生的风险并不比线下实施的违法行为对社会管理秩序产生的危害性小。例如，行为人在网上同时为多人发布一般违法的诈骗信息，虽然以上信息只是违法信息，但是上述信息借助网络可能传播于千万人的电脑、手机中，极有可能使大量的受害人被骗。

笔者认为，限制解释与扩张解释本质上都是从实质解释的立场对"违法犯罪"进行的解释。如果采取形式解释的立场，可以毫不费力地将违法纳入"违法犯罪"范围之中。而作为实质解释的核心，采取目的解释的方法可以对非法利用信息网络罪中的"违法犯罪"进行适度的扩张解释。刑法的任务与目的就是保护法益，进行目的解释时既要考虑刑法的整体目的，也要考虑刑法条文的具体目的，明确该条文保护的具体法益。本罪直接目的为保护信息网络安全管理秩序，间接目的为保护传统犯罪的相关法益。对于在信息网络上发布违法信息的行为，当该行为是为了实施犯罪时，一般会对信息网络安全管理秩序产生直接侵害，并对传统犯罪法益产生可能的间接侵害，将该行为认定为非法利用信息网络罪自不待言。多数人质疑的是，对于为了实施违法行为而在互联网上发布信息或者设立通讯群组、网站等行为,处罚的正当化依据何在。在网络背景下,行为人的线上违法预备行为,并不一定比线下违法实行行为的危害性小。从本罪直接保护的法益看,线上违法预备行为,如发布诈骗、制作销售毒品、销售管制品的信息,完全可能扰乱健康、绿色的网络空间秩序。因为上述信息的发布动辄成千上万条,都带有实施违法活动的目的,同时其信息内容本身亦可能违法。如果任由此类信息在网络中弥漫散布,将无任何信息网络安全管理秩序可言。从本罪间接保护的法益看,与传统的预备行为不同,在线上进行违法预备行为容易形成一帮多的局面,即行为人可同时为成百上千个违法行为人提供帮助,虽然单个行为危害性不大,但是所有行为累积起来的危害性便不可小觑。而且,由于网络的隐蔽性和交流的便捷,违法预备行为极其容易升级为犯罪预备行为,很多行为人在实施预备行为之初也没有明确自己从事的是违法还是犯罪活动,此类预备行为完全可能对重大法益造成抽象危险。

虽然《刑法》第287条之一设置了"其他""等"兜底条款,但"违法犯罪"并非涵盖所有的一般行政违法和刑事犯罪行为,对其进行扩张解释时应当把握一定的限度,这个限度的确定需要结合目的解释和同类解释的方法。一方面,对于"犯罪"的限定来说,应当采取同类解释的方法,在参照该条文明示的具体犯罪类型的内容、性质的基础之上进行。因此,只能将危害性与法条明确列举的诈骗、传授诈骗犯罪方法、制作或者销售违禁物品等犯罪行为相当的犯罪纳入本罪涵盖范围之中。危害性大小的判断,首先要考量对信息网络安全管理秩序的侵害程度,其次才是考量对传统犯罪法益的侵害程度。司法实践中常见的罪名有侵犯公民个人信息罪,伪造、变造、买卖国家机关公文、证件、印章罪,组织、领导传销活动罪等。此外,还须兼顾本罪的轻罪本质,若行为的危害性超出了三年有期徒刑的承载范围,则应当适用更重的罪名。

另一方面,对"违法"应当采取目的解释的方法防止其被过度扩张解释。根据司法解释的规定,"违法犯罪"包括犯罪行为和属于《刑法》分则规定的行为类型但尚未构成犯罪的违法行为。《信息网络刑案解释》第7条规定:"《刑法》第287条之一规定的'违法犯罪',包括犯罪行为和属于《刑法》分则规定的行为类型但尚未构成犯罪的违法行为。"对于该规定应当从以下两个方面理解:首先,违法行为的类型必须已被《刑法》分则规定为犯罪。之所以如此规定,是因为未被《刑法》分则规定为犯罪类型的预备行为,不会侵犯本罪保护的间接法益。例如,卖淫嫖娼行为未被《刑法》分则规定为犯罪,发布卖淫嫖娼信息不会侵犯传统罪名保护的法益,不构成本罪;其次,该行为尚未构成犯罪,行为人的行为只要符合犯罪行为类型而不必具备刑事违法性和有责性,例如数额未达到定罪标准的诈骗行为。但是,并非所有符合《刑法》分则规定的行为类型的违法行为都可构成本罪,相应的违法预备行为或在网络发布的违法信息必须具有很大的社会危害性,从而与法条明确列举的犯罪预备行为危害性相当,并且直接侵害信息网络安全管理秩序法益。司法实践中常见的行为类型有侵犯公民个人信息,组织、领导传销活动。例如,行为人在微信群中发布宗教活动信息的行为,扰乱的是宗教管理秩序。虽然也会对信息网络安全管理秩序造成一定的负面影响,但其仅是在错误的地点和空间发布上述信息,非法传教行为并未被《刑法》分则规定为犯罪。此外,行为人传播的信息内容本身并不违反法律,对社会的危害性显然不及发布诈骗信息,销售管制物品、违禁物品等行为,以非法利用信息网络罪论处有过度扩张解释之嫌。

三、拒不履行信息网络安全管理义务罪的认定

《刑法修正案(九)》针对网络服务提供者的不作为行为新设了拒不履行信息网络安全管理义务罪。"作为义务反映了不作为犯的基本犯罪事实和构成要素,是决定不作为犯罪能否成立,以及属于何种性质的犯罪的主要依据。"① 拒不履行网络安全管理义务罪虽然从刑法层面规定了网络服务提供者应当承担的管理义务和法律责任,但是"法律、行政法规规定"的范围广泛,界定网络服务提供者管理义务成为认定该罪的重要问题。

(一) 网络服务提供者安全管理义务的范围

《刑法》第286条之一规定网络服务提供者违反的是"法律、行政法规规定的"管理义务,但是如前文所述,刑法或相关司法解释并未对管理义务的具体内容予以释明。笔者认为此处的"法律"不应局限于刑法明文规定的义务,而应当是包括刑法应允的前置性行政法规。规定网络服务提供者管理义务的相关法律、行政法规不胜枚举,但大多为民事上和行政上的义务,且比较国外相关立法不难发现,法律法规都禁止在互联网上制作、发布和传播违法犯罪信息,网络服务提供者对这些违法的信息有监管义务,一旦发现就必须采取技术措施加以处理。虽然具体哪些违法内容应当被禁止,各国的规定不尽相同,网络服务提供者的管理义务也因此而异,但皆在知识产权、淫秽色情、暴力恐怖、个人信息保护等领域更集中地得到体现。此外,在管理义务的履行形式上,

---

① 李学同:《论不作为犯罪的特定义务》,《法学评论》1991年第4期。

法律法规都要求其履行删除、屏蔽、断开连接等管理义务,以防止网民的继续访问和违法信息进一步散播。在此基础上,我国法律还另行规定了网络服务提供者采取必要的技术措施后,还有保存相关记录、向有关机关报告的义务。

笔者认为,网络服务提供者的管理义务可以根据违法信息出现前后的时间节点分为两类:第一类是对网络信息的预先审查义务和实时监管义务;第二类是违法信息出现后的删除、保存以及报告义务。

(1)审查、监管义务。对于网络服务提供者是否要承担审查监管义务,无论是国内还是国外都众说纷纭、争论不休。持肯定意见的人认为,违法、侵权信息是网络服务发展到一定阶段的必然产物,企业有责任和义务将这些不良产出纳入到生产成本中,这就迫使网络服务商在提供网络服务的同时,必须将不良产出控制在最小的范围内,以降低成本,实现利益的最大化。同时,网络服务提供者对储存、传输违法信息的装备有绝对的控制权,使其有足够的技术能力去审查和监管网络中出现的各类信息。否定论的理由则更加充裕,一是网络服务提供者和网络用户是独立的个体,前者的服务并不必然引起违法犯罪行为,即使出现违法行为也无义务为后者的行为承担责任;二是审查监管制度与宪法追求的"言论自由"精神背道而驰;三是大量的人力物力被用于审查和监管散布在网络上海量的文字、图片、视频等信息,无形中增加了互联网公司的负担。笔者认为,在大数据和人工智能发展时代,数据多、增长快、人工审核速度慢、成本高是不争的事实,但在网络的灰色空间里,审查和监管不可或缺。在维持公民言论自由、被害人权利、互联网稳定发展三者平衡关系的基础上,网络服务提供者应当在其能力范围内承担审查和监管义务。当然,此类义务只是一种前提性义务,只审查出现在其管理、控制的网络领域内的信息,在查明网络信息的性质后再做下一步处理。随着网络科技进步,通过网络程序自动过滤违法信息也不再是难题。譬如阿里巴巴集团安全部着力推出"绿网",针对阿里云用户,提供信息内容安全管控及内容安全检测服务,内容安全通过深度学习算法,自动化智能识别违规内容,大幅度降低人工成本,提高审核效率,有效监管和打击网络违法行为。①

(2)删除、保存以及报告义务。网络服务提供者的删除义务是指其经权利人或经监管部门告知或依职权履行删除、屏蔽、断开违法信息链接的义务,以防止违法信息的传播范围进一步扩大。保存义务则是基于网络服务提供者在数据储存、传输和下载上的技术条件和技术优势而产生的义务。电子数据作为我国法定证据种类之一,因其无形性、多样性、易破坏性且专业性强,保存具有一定难度,而网络服务提供者管控其网络领域内的电子数据,对数据的保存有天然的优势。《网络安全法》第 21 条还特别规定了网络服务提供者应当采取监测、记录网络运行状态、网络安全事件的技术措施,并按照规定留存相关的网络日志不少于 6 个月。有学者质疑删除义务和保存义务互相矛盾,网络服务提供者要防止违法信息大量传播,最有效的途径就是删除相关信息,但删除就意味着保存义务无法履行,这会令网络企业无所适从,陷入"旋转门"困境中。② 笔者以为这种担忧是多余的,甚至是"业余"的,每个网络运营商都有网络安全日志,但凡在网上出现过的信息都会在日志上留下记录,删除违法信息并不会影响网络日志的保存,这也是为何《网络安全法》要求保存相关网络日志不少于 6 个月的原因。报告义务则是网络服务提供者在履行删除义务、保存义务后向有关部门报告

---

① 《内容安全》,阿里云,https://www.aliyun.com/product/lvwang/,(访问日期:2018 年 3 月 25 日)。

② 周光权:《网络服务商的刑事责任范围》,《中国法律评论》2015 年第 2 期。

存在违法信息的义务,一般多见于公共安全领域,如《反恐怖主义法》第 19 条第 1 款规定了向公安机关和有关部门报告含有恐怖主义、极端主义内容信息的义务等。当网络服务提供者在审查违法信息和刑事案件证据的过程中,对于部分信息是否属于违法信息或者刑事案件证据存在疑问时,也应当向监管部门报告。①

(二) 不同网络服务提供者的安全管理义务

《信息网络刑案解释》第 1 条规定提供下列服务的单位和个人,应当认定为《刑法》第 286 条之一第 1 款规定的"网络服务提供者":(1) 网络接入、域名注册解析等信息网络接入、计算、存储、传输服务;(2) 信息发布、搜索引擎、即时通讯、网络支付、网络预约、网络购物、网络游戏、网络直播、网站建设、安全防护、广告推广、应用商店等信息网络应用服务;(3) 利用信息网络提供的电子政务、通信、能源、交通、水利、金融、教育、医疗等公共服务。根据此规定,网络服务提供者分为三类:一是网络连接服务提供者,一般提供路由、光缆、主网络等各种技术措施和网络接入设备等基础性服务,中国电信、中国移动等提供的宽带服务、数字电视服务即属于此类;二是网络平台服务提供者,指为用户提供搜索引擎服务,网络存储、分享服务,电子商务服务平台、社交网络服务平台等平台服务的提供者,通过平台服务使用户取得咨询或者进行网上信息交换;三是网络内容服务提供者,指通过互联网将自己原创或搜集加工后的信息向公众传播的主体。不同网络服务提供者的安全管理义务具体如下:

其一,网络连接服务提供者的义务。网络连接服务提供者因不直

---

① 李永升、袁汉兴:《正确把握刑法中的信息网络管理义务》,《人民法院报》2017 年 4 月 26 日第 6 版。

接提供内容发布和平台管理等服务，其是否需要履行管理义务一直备受争议。乌尔里希·齐白（Ulrich Sieber）教授认为，从技术角度考量，要求实时控制网上海量的传输信息和加密的数据显然是强人所难，而且在政策上也是不可取的——网上传送的信息，有一部分是公共性的，可供网民任意读取、转发，更有一大部分是以不同形式存在的、未知的甚至是私密的信息，部分信息还关系到国家的机密，要监控这些信息都必须采取极端的控制机制，不仅是对公众隐私的冒犯，更是对宪法自由精神的公然亵渎。① 这一观点得到很多学者的认同，许多国家的法律也排除了网络连接服务提供者的审查监管义务。但我国的法律法规并未将网络连接服务提供者的刑事责任排除，在司法解释中仍能找到网络连接服务提供者作为义务的来源，如 2010 年最高人民法院、最高人民检察院出台的《关于办理利用互联网、移动通讯终端、声讯台制作、复制、出版、贩卖、传播淫秽电子信息刑事案件具体应用法律若干问题的解释（二）》第 6 条规定，电信业务经营者、互联网信息服务提供者明知是淫秽网站，为其提供互联网接入，并收取服务费的，视为传播淫秽物品牟利行为。此处不仅存在共犯正犯化的法理问题，而且因网络连接服务提供者提供的是"一对多"形式的服务，断开连接必然是牵一发而动全身，影响网络正常运行和用户的上网体验。因此，笔者认为，除法律明文规定网络连接服务提供者应当承担刑事责任的情形外，在多数情况下，其并无管理义务，只对确认为违法信息或监管部门要求处理的信息采取技术措施，且技术措施的使用局限在处理危害国家和公共安全领域的紧急情况内。

其二，网络内容服务提供者的义务。网络内容服务提供者能够自

---

① 〔德〕乌尔里希·齐白：《比较法视野下网络服务提供者的责任》，王华伟、吴舟译，《刑事法评论》2015 年第 2 期。

主地搜集、筛选、编辑各色信息,再发布到网上,对于此类信息,内容服务提供者可以实现事先审核、事中监控以及事后删除的全面把控,如同传统出版商那样校正、修改所要发行的文稿。也因此,网络内容服务提供者在欧美国家被类比为现实中的"出版商",对其自行加工处理后发布的信息有管理义务。但是,随着网络服务形式的不断丰富,网络用户的需求也不再局限于浏览网页、观看视频等,越来越多的用户倾向于在网络上分享资讯、发表意见,抖音、快手等热门分享软件应运而生,"网红"也成为一群在网络世界受到追捧的人的代名词。那么,若"网红"上传违法内容,内容服务提供者未及时采取措施导致该类信息大量传播,两者的法律责任该如何分配?如在短视频社交软件抖音上,即存在大量造假售假的视频,从彩妆到鞋包一应俱全。从表面上看,抖音是一个内容服务提供者,提供短视频服务是其主业,但有别于自己上传视频供大众娱乐,抖音的性质更接近于平台服务提供者——集分享、社交、娱乐等多种功能于一体的网络平台,适宜将上述情况在下一点中予以讨论。

其三,网络平台服务提供者的义务。网络平台是活跃在网络上的新型主体,也是裹挟着大量法律风险的主体。平台服务提供者提供用户信息交互的网络平台,它不似网络连接服务提供者只提供"传输渠道",而是可以对用户上传的内容进行二次加工,有能力自根源上肃清违法信息。但现实的情况是,信息数据瞬息万变,即使网络平台服务提供者有心审核随时更新的信息,也无法保证没有漏网之鱼。但当下网络平台乱象丛生,司法制裁疲软,公权力只能将整治乱象、防控风险的义务转嫁给更有技术优势的平台服务提供者。笔者认为,对于网络平台服务提供者,应充分考虑其参与管理的积极性和防控风险的能力,结合不同平台的运营模式和服务内容上的区别,设置具体的管理义务,形成一套严密的管理义务体系。以前述抖音短视频软件为例:第一,平台有审查年龄的义务,用户在注册时必须年满 18 周岁,且需要与本人样貌特征相符的身份证件佐证,再次登录时的人像特征与首次注册时预留的人像特征一致;第二,主播实名认证审查义务,所有直播房间内添加水印,直播的内容留存 15 日以上,建立主播黑名单制度,审核人员对直播内容进行 24 小时实时监管;第三,主播所属单位资质审查义务,要求演艺公司对本公司旗下主播的网络表演承担主体责任,及时叫停涉黄、涉暴、涉毒、内容低俗的直播;第四,各主体删除违法视频、保存直播记录、配合相关部门调查等普遍性义务。

其四,"为实施违法犯罪活动"的司法解释。①(1)应关注自己预备与他人预备的理论争锋。针对该问题的争议在于,行为人为了他人实施违法犯罪活动,非法利用信息网络的,能否构成本罪。该争议的根源在于,为了他人实行犯罪,实施预备行为,可否成立犯罪预备。对于此问题,理论上存在"肯定说""否定说"与"二分说"。"肯定说"认为,为他人实行犯罪实施预备行为成立犯罪预备。如张明楷教授认为,《刑法》分则中的"为了",都不限于为了自己,也包括为了他人,但是他人预备罪成立的前提是,被帮助者也至少实施了犯罪预备行为。② "否定说"则持相反的观点,主张为他人实施犯罪作准备的行为不应当受刑罚处罚,因为在预备行为自身的社会危害性需要审慎判断的情况下,他人预备的社会危害性便更小,不具备可罚性。例如,野村稔教授认为,预备犯是修正的构成要件,犯罪目的是主观的超过要素,该目的需

---

① 根据《信息网络刑案解释》的规定,本罪第一项行为类型为"设立用于实施违法犯罪活动的网站、通讯群组",第二项行为类型为"为实施违法犯罪活动发布信息",笔者为表述方便将以上两项行为类型的犯罪目的统一表述为"为实施违法犯罪活动"。

② 张明楷:《论〈刑法修正案(九)〉关于恐怖犯罪的规定》,《现代法学》2016 年第 1 期。

要预备犯本人去实现,不能由他人去实现,因此为他人实施犯罪预备的情形不构成犯罪。① 大塚仁教授持相同观点,认为预备犯必须是为自己的实行行为作准备,他人预备罪是对预备犯概念的不当扩张。② "二分说"的观点是,如果《刑法》分则的法条将为他人实施的预备行为纳入罪状之中,则该行为可以成立犯罪预备,没有规定的则不成立。③

（2）他人预备的解释路径。倘若将本罪理解为自己预备罪,本罪的设置将失去意义。司法实践中,大量的案件都是行为人为了他人实施违法犯罪,而在互联网上发布信息,或者设立网站、通讯群组。立法者也正是考虑到,网络空间中一对多、一帮多的犯罪形态相较于传统的预备行为而言具有更大的社会危害性,才设立本罪预先防范该行为。若以上行为无法适用非法利用信息网络罪,那么只能从帮助犯的角度对其予以规制。然而,传统的共犯理论要求具有双方的意思联络,并且受共犯从属性影响,只有实行犯的行为构成犯罪,帮助犯才构成犯罪。在网络犯罪中,实行行为的危害性程度往往难以一一查证,或者单个实行行为并不构成犯罪,这时难以追究帮助者的责任。例如,行为人为他人实施诈骗发布信息,被帮助者可能遍及全国各地,受害人也成千上万,如果要查清每个实行行为的诈骗数额,将耗费巨大的司法资源,显然是不现实的。诈骗行为的金额无法查证,就无法认定发布信息行为是否构成诈骗罪的帮助犯。虽然《刑法修正案（九）》增设了帮助信息网络犯罪活动罪,但该罪列举的帮助行为类型有限,不能涵盖"设立网站、通讯群组""发布信息"等行为类型。综上,自己预备罪的观点不仅

---

① 〔日〕野村稔:《日本刑法总论》,全理其等译,法律出版社2001年版,第371—373页。
② 〔日〕大塚仁:《刑法概说（总论）》,冯军译,中国人民大学出版社2003年版,第216页。
③ 张明楷:《未遂犯论》,中国法律出版社、日本国成文堂1997年联合出版,第451页。

与本罪设置的初衷相悖,而且容易产生处罚漏洞。实践中还经常产生争议的是如何认定本罪的第一项行为类型中的"用于"。有学者认为,此处的"用于",是"已经用于"的含义,因为被实行化的预备行为必须具备高度的危险性,"准备用于"不符合实质危害的特征。[①] 此观点实则将"用于"理解为一种客观构成要件要素。笔者认为,"用于"所表示的仍然是行为人的主观目的。在相关网站、通讯群组已经用于实施犯罪的情况下,相应犯罪已经进入实行阶段,大部分行为可以直接以相应犯罪的实行犯认定,再以本罪处罚为时已晚。因此,"用于"的认定可以从网站、群组的设立目的与设立后主要从事的活动两个方面进行判断。换言之,在设立的网站还未用于实施犯罪时,有相应证据可以证明犯罪的目的,或者通过设立后的用途可以证明相应犯罪目的,都可以认定为"用于"。

§

互联网时代,数据安全面临着前所未有的被侵害风险,无论是与数据有关的公民个人权益、公共利益、社会秩序还是国家安全,刑法所保护的数据法益已无法依附于"计算机信息系统安全"的技术范畴,数据安全应作为独立法益加以保护,从"技术性"回归"本体性"。[②] 目前,我国刑事立法在数据安全保护方面仍存在观念落后、立法滞后、司法保护不足的缺陷和问题。由于数据安全法益属性和保护层次界定不明,仅有的以数据为规制对象的非法获取计算机信息系统数据和破坏计算机信息系统罪,与信息安全犯罪、网络安全犯罪以及其他传统犯罪之间的

---

① 喻海松:《网络犯罪的立法扩张与司法适用》,《法律适用》2016 年第 9 期。
② 杨志琼:《我国数据犯罪的司法困境与出路:以数据安全法益为中心》,《环球法律评论》2019 年第 6 期。

界限难以厘清。在此情况下,就特别需要围绕数据安全的法益保护,对不同种类的数据进行法益识别,确定刑法保护的重点以及所应适用的罪名,在此方面,数据的分类分级具有重要的法益识别功能,但目前数据安全立法并没有作出系统全面和细致的规定,需要在以往信息安全、网络安全等级保护制度的基础上做进一步完善。将来的刑事立法应着力改变现有的以保护计算机信息系统安全为核心的模式,确立以"数据安全"为核心,完善数据犯罪的相关罪名,为数据安全提供多层次、体系化的刑法保障;司法层面,通过数据分类分级,明确不同种类的数据在数据安全保护方面的不同层级需求,准确适用数据犯罪及其关联罪名,实现数据安全法益的体系化刑法保护。

第五章
敏感个人信息的刑民一体化保护

在信息网络社会背景下,个人信息的表现形式多种多样,有必要根据不同的区分标准予以分类,在此基础上进行分类管理。2021年8月20日全国人大常委会通过的《个人信息保护法》设专章规定了敏感个人信息的处理原则,予以强化保护。此外,工信部、全国信息安全标准化技术委员会等相关部门和机构也颁布实施了诸多国家行业标准,对于个人信息的收集和使用提出了合规标准。那么,相对于非敏感个人信息,敏感个人信息需要在哪些方面予以强化保护?私法保护和公法保护之间如何衔接协调?①《人脸识别民案规定》的颁布实施将对涉及人脸信息侵权犯罪的定性产生怎样的影响?司法实务中如何认定侵犯公民个人信息罪及其他关联罪名?本章拟对上述问题加以专题研讨。

---

① 张勇:《数据安全法益的参照系与刑法保护模式》,《河南社会科学》2021年第5期。

第一节 敏感个人信息的界定及其法益性质

一、敏感个人信息的界定及分类属性

理论上,可以将个人信息分为直接个人信息与间接个人信息、隐私个人信息与非隐私个人信息、敏感个人信息与非敏感个人信息、普通主体个人信息与特殊主体个人信息等不同类型,但在概念表述上也存在不同程度的差异。① 从域外立法来看,许多国家均规定了"敏感个人信息"的定义,并采取列举方式限定个人信息的范围。例如,2012 年欧盟公布的《通用数据保护条例》第 4 条规定,所谓"个人数据"是指与识别或可识别的自然人有关的任何信息。该条款以"识别或可识别"对个人信息予以界定,与我国《个人信息保护法》中个人信息内涵性质的界定相同;2016 年的《通用数据保护条例》进一步扩展了敏感个人信息的类型范围,将生物特征数据也纳入其中。② 2015 年美国公布的《消费者隐私权利法案(草案)》(CPBR),将"场景理论"和"风险管理"的理念贯彻其中,该草案第 4 条(a)款以动态的"关联性"方式,将"消费者个人敏感信息"定义为"被经营者所控制的信息,且通过该信息结合具体情景可以关联到特定的消费者或者特定消费者常用的设备"。比较来

---

① 韩旭至:《个人信息类型化研究》,《重庆邮电大学学报(社会科学版)》2017 年第 4 期。
② 参见《欧盟〈通用数据保护条例〉(GDPR)实务指引(全文版)》第四条,四川省大数据中心,2021 年 11 月 8 日,http://scdsjzx.cn/scdsjzx/guowaifagui/2021/11/8/af17834d90b746bba3df6b1ad530c1cf.shtml,最后访问日期:2022 年 9 月 30 日。

看,美国的隐私保护立法草案和欧盟的数据保护条例,二者差别不大,均包含"生物识别数据"。

2021年,美国统一法律委员会通过了《统一个人数据保护法》(UPDPA),该法案规定,"敏感数据"包括:种族或民族血统、宗教信仰、性别、性取向、公民身份或移民身份;足以远程访问账户的凭据;信用卡或借记卡号码或金融账号;社会安全号码、税务识别号码、驾驶执照号码、军人识别号码或政府颁发的身份证件上的识别号码;实时地理定位;犯罪记录;收入;疾病或健康状况的诊断或治疗;基因测序信息;控制者知道或有理由知道的未满13岁的数据主体的信息。该法案在对"敏感数据"作出界定的基础上,规定"假名数据"即"没有直接标识符的个人数据",与可识别的个人数据相比,受到的限制更少,例如《统一个人数据保护法》中规定的消费者权利(访问和更正)不适用于假名数据,但可适用于"敏感"假名数据,只要它可检索并以进行个性化沟通为目的。这一点显然比欧盟要宽泛得多。

在我国,《个人信息安全规范》与《个人信息保护法》对"敏感个人信息"均作了相似的界定和列举。《个人信息安全规范》第3.2条规定,"个人敏感信息"是指一旦泄露、非法提供或滥用可能危害人身和财产安全,极易导致个人名誉、身心健康受到损害或歧视性待遇等的个人信息。同时,附录B对个人敏感信息作出了例示规定,包括:身份证件号码、个人生物识别信息、银行账户、通信记录和内容、财产信息、征信信息、行踪轨迹、住宿信息、健康生理信息、交易信息、14岁以下(含)儿童的个人信息等。《个人信息保护法》第28条规定,"敏感个人信息"是指"一旦泄露或者非法使用,容易导致自然人的人格尊严受到侵害或者人身、财产安全受到危害的个人信息,包括生物识别、宗教信仰、特定身份、医疗健康、金融账户、行踪轨迹等信息,以及不满14周岁未成年人的个人信息"。《个人信息保护法》特别强调低龄未成年人的个人信息也属于敏感个人信息,第31条规定,处理此类个人信息,应当取得未成年人的父母或其他监护人的同意,并制定专门的处理规则。《个人信息刑案解释》则将刑法中的"公民个人信息"区分为个人敏感信息与一般个人信息,两者的不同之处在于,前者人格权属性较强,一般是不可交易和被他人收集利用的;后者人格权属性较弱,具有一定的财产性,是可以交易并由他人收集利用的,但需经过权利主体知情同意。需要说明的是,《个人信息保护法》对于敏感个人信息类型范围的列举,以及与《个人信息刑案解释》对刑法中敏感个人信息的界定也存在差异。例如,《个人信息保护法》将个人生物特征明确规定为敏感个人信息。但在《个人信息刑案解释》中并无生物识别信息的相关规定。又如,《个人信息刑案解释》将账号密码、财产状况明确列举为高度敏感信息,《个人信息保护法》则规定"金融账户"是敏感个人信息,但《民法典》第1034条第2款并未明确列举账号密码、财产状况。有学者指出,这样的差异基本上是无关紧要的。比如,对于《个人信息保护法》虽有明确规定但《个人信息刑案解释》未明确列举的信息类型如个人健康信息、生物识别信息、账号密码、财产状况等,并不等于刑法上对这些个人信息类型一概不处罚。[①] 如果行为人非法获取上述个人信息后,进一步侵犯公民个人的财产权甚至人身权,达到严重的社会危害程度,也应当追究其刑事责任。

个人信息作为一种权利客体或行为对象,所涉权益内容广泛,从隐私权、名誉权逐渐发展成为一个权利系统,包括知情权、同意权、访问权、可携带权、收益权、更正权、处理权、删除权等一系列子权利。同时,

---

[①] 周光权:《侵犯公民个人信息罪的行为对象》,《清华法学》2021年第3期。

在公民个人信息的收集和使用的过程中,初始权利主体逐渐不再拥有对个人信息完全的控制,信息权利主体也呈现多元化,从初始权利主体扩展至收集者、使用者及管理者。而不同的部门法所调整的对象范围和价值目标自然也是不同的:民法的重心是保障个人权利自由;行政法的重心在于维护社会秩序;刑法的重心在于惩治犯罪,实现保障和保护的双面机能。而作为信息安全技术规范,《个人信息安全规范》的规制重点是从管理、控制风险的角度出发,对个人信息处理者的义务要求相对比较高。刑法基于特定规范目的考虑,据此作出不同于行政法、民法及行业规范的分类本无可厚非,因而没有必要过于追求不同立法中敏感个人信息的含义完全一致,这与法秩序统一性并不矛盾,只要各个部门法发挥好职能作用,做到衔接协调,共同完成权利保障和行为规范的目标即可。司法机关应当从控制犯罪角度出发,防止打击面过度扩张,对不同类型个人信息的认定更加严谨,予以区别对待,将没有必要予以刑法调整的个人信息类型排除在相关罪名的对象范围之外。

二、敏感个人信息的敏感性及其程度

较一般个人信息而言,敏感个人信息受法律保护更为强化,受保护程度也更高。有学者主张"两头强化"理论,即在区分个人敏感隐私信息与个人一般信息的基础之上,分别强化对前者的保护和对后者的利用,从而协调个人信息保护与利用之间的利益冲突。[1] 司法实践中,判

---

[1] 张新宝:《从隐私到个人信息:利益再衡量的理论与制度安排》,《中国法学》2015年第3期。

断某种个人信息的敏感性及其程度,应注意把握以下两方面:

(1) 形式与实质相统一。从形式角度,以某种信息与特定自然人的关联度、多数人对该信息的敏感度作为客观标准。由于"敏感性"的主观性较强,敏感度完全可能因不同的主体而完全不同,但并非完全无法认识和把握,可以"社会一般人"的认识标准加以判定,减少和消除其不确定性因素。同时,从实质角度而言,敏感个人信息是一旦泄露或非法使用后将使信息主体的人格权或财产权益遭受实际损害的重要个人信息,应当受到强化保护,对于一般个人信息则可以采取相对宽松的保护措施。

(2) 静态与动态相结合。《个人信息保护法》第 4 条第 2 款规定,个人信息的处理包括个人信息的收集、存储、使用、加工、传输、提供、公开、删除等。静态地认识和判断个人信息是否具有可识别性显然是不够的,个人信息法律保护需要从静态和动态两方面,特别是在个人信息处理的动态过程中进行识别和判断,从个人信息处理的不同阶段评估其存在的风险。① 在不同的具体场景中,敏感与非敏感的标准因人、因事而异,因此有必要借鉴国外"场景"理论与相关立法,兼采静态和动态认定方法,兼顾敏感个人信息利用的情景、目的等变量因素,动态分析信息主体面临权益损害的风险程度,从而对个人信息的敏感度作出准确判定。以 cookies(即储存在用户本地终端上的数据)为例,如果将其用于用户画像,在此场景下,信息处理者需要掌握浏览记录的 cookies 数据以外的相关数据进行匹配和比对,才能识别特定自然人,此时,cookies 数据不属于敏感个人信息;但在购物网站中,如果攻击者获取到了某个用户的购物网站 cookies,用该用户身份(无需账号、密码)直

---

① 阳雪雅:《论个人信息的界定、分类及流通体系——兼评〈民法总则〉第 111 条》,《东方法学》2019 年第 4 期。

接登录购物网站,并且修改和获取用户的隐私信息、店铺信息、交易信息,甚至可以查看用户在第三方支付平台中的余额,在此场景下,cookies信息就具有高度的敏感性,应被看作敏感个人信息——其既属于《个人信息保护法》中的"金融账户"信息,又可被视为刑法意义上"公民个人信息"中的"账号密码",即高度敏感信息。

三、敏感个人信息与隐私信息的界分

在以往有关个人信息保护的理论和立法中,对于如何区分敏感个人信息与个人私密信息存在不同认识,也成为司法实践的难点问题。在国外立法中,欧盟采取了隐私与个人信息区分的模式,"个人数据受保护权"成为独立于隐私权的重要权利。与欧盟不同,美国立法则是将"可识别的个人信息"与"隐私"有机联系起来,对隐私权和个人信息实行"一元化"保护。[1] 我国《民法典》人格权编第6章将私密信息作为个人信息的一种类型,明确了私密信息优先适用有关隐私权的规定。个人信息与个人隐私之间虽有交叉但亦有区别,"交叉部分就在于隐私中的个人私密信息属于个人信息的范畴"[2]。隐私权保护强调个人私生活的安宁不被干扰;而个人信息保护关注的则是信息处理中对个人信息安全造成的威胁;或者说,无论个人信息主体是否愿意为他人知晓,都不影响某一信息客观上是否属于敏感个人信息。如果个人私密信息具有一定程度的可识别性,也可被视为个人信息,并可纳入敏感个

---

[1] 许可、孙铭溪:《个人私密信息的再厘清——从隐私和个人信息的关系切入》,《中国应用法学》2021年第1期。
[2] 喻海松:《〈民法典〉视域下侵犯公民个人信息罪的司法适用》,《北京航空航天大学学报(社会科学版)》2020年第6期。

人信息的范围。例如,行踪轨迹、健康信息、手机定位等信息,可以认为其属于隐私,当其与个人的姓名、手机号码有关联时,其又属于敏感个人信息。个人隐私信息属于人格利益但不包含财产属性,不具有任何财产属性的交易价值,不可利用且受法律绝对保护。刑法上的"公民个人信息"既包括可以识别身份的个人信息,也包括极少数能够识别个人的隐私信息,只不过这种能够识别个人的隐私信息在《个人信息刑案解释》中被表述为"反映特定自然人活动情况的各种信息"而已。例如"李某、王某某倒卖他人QQ账号案",在该案中,2016年4月至11月,被告人李某单独或者伙同被告人王某某在网上倒卖他人QQ账号,非法获利数万元。① QQ账号注册不需要实名,不具有直接识别性;但倒卖他人QQ账号意味着将账号中留存的各种隐私信息处于随时被知悉的状态,法院认定被告人构成侵犯公民个人信息罪时,显然也是考虑到了对隐私信息的权益保护。②

第二节　敏感个人信息刑民一体化保护模式

一、敏感个人信息的多元法益保护

从法益保护角度判断某种个人信息的敏感程度及其是否纳入法律保护范围,应着重考量敏感个人信息所蕴含的人格权属性及与之关联

---

① 临泉县人民法院(2018)皖1221刑初46号一审刑事判决书。
② 晋涛:《刑法中个人信息"识别性"的取舍》,《中国刑事法杂志》2019年第5期。

的财产权属性。有学者指出,隐私权、个人信息权与个人数据权存在权利竞合,并呈现出人身属性逐次弱化、其他属性强化的态势。有学者指出,《民法典》第 1034 条规定的个人信息权涉及身体的信息,如生物识别信息、健康信息、行踪信息等,与身体权有交叉和重叠,"身体信息权"属于人的基本权利。[①] 隐私权仅具有单一的人身属性,个人信息权衍生出财产属性,个人数据权则集合了人身、财产与国家安全等属性。其实,作为一种权利客体或行为对象,[②]个人信息只是映射某种法益的客观存在,仅从其本身的可识别性及其程度直接判定法益性质及其受侵害的程度。敏感个人信息的分类只是判断信息处理行为是否侵犯法益的前提;在此基础上,须进一步区分敏感个人信息所蕴含的法益性质、不同信息处理者所承担的义务,明确其法律责任,从而实现对敏感个人信息的法益保护。"大数据时代,个人信息保护制度不仅要为个人创设基本权利,更旨在构建一套平衡信息当事人、信息收集者、第三方信息使用者与公共利益的法律框架。"[③]以个人生物识别信息为例,其所涉及的社会利益关系不限于公民个体,已经不能仅仅用传统民法上的某种单一权利加以限定。另外,随着生物信息资源的跨境转移和利用,一些国家通过多种途径收集个人生物信息,进行人类遗传信息资源的控制与争夺,输出国遗传信息资源流失的风险不断增大,个人生物识别信息也被赋予了公共秩序和国家安全的法益属性。因此,应当确立风险预防及法益衡量的理念,对个人生物识别信息实行多层次和体

[①] 孙笑侠:《身体权的法理——从〈民法典〉"身体权"到新技术进逼下的人权》,《中国法律评论》2020 年第 6 期。

[②] 郑飞、李思言:《大数据时代的权利演进与竞合:从隐私权、个人信息权到个人数据权》,《上海政法学院学报(法治论丛)》2021 年第 5 期。

[③] 袁泉:《个人信息分类保护制度的理论基础》,《上海政法学院学报(法治论丛)》2018 年第 3 期。

系化的法益保护。①

以人脸信息为例,对其所蕴含的法益保护大致可分为私法保护和公法保护两种模式:

(1) 私法保护模式。人脸信息的民事权利主要包括两个方面:一是人格权保护,将人脸信息视为具有人格权的基本属性,将其作为个人私密敏感信息进行保护。《人脸识别民案规定》第2条列举了信息处理者处理人脸信息活动中侵害自然人人格权益的七种情形,第(八)项又规定了兜底条款,即"违反合法、正当、必要原则处理人脸信息的其他情形"。二是财产权保护,人脸具备财产性质,应赋予其财产权保护。《人脸识别民案规定》第8条规定"信息处理者处理人脸信息侵害自然人人格权益造成财产损失,该自然人依据《民法典》第1182条主张财产损害赔偿的,人民法院依法予以支持"。应当看到,单纯的人格权模式无法对人脸信息利用所带来的财产利益予以充分保护。隐私权是一种消极权利,而财产权是一种积极的权利,对人脸信息财产权益的承认并不与相关的人格权相矛盾,反而可以更有利于保护个人信息主体的合法权益。相对应地,单纯采用财产权模式来界定人脸信息的法律属性,可能造成对其人格权属性的忽略,会带来物化人格的风险。因此,应以人格权和财产权双层保护模式对其法益予以保护,以更有利于维护公民人格价值、隐私权益和促进科技进步、经济发展之间的利益平衡。

(2) 公法保护。与人脸信息保护相关的法律规范多散见于《网络安全法》等法律法规、部委规章及行业规范。其中,《个人信息安全规范》较为详细规定了个人信息在收集、存储和共享等环节的安全保护

---

① 张勇:《个人生物信息安全的法律保护——以人脸识别为例》,《江西社会科学》2021年第5期。

要求。在涉及人脸识别、声纹识别等生物识别信息的项目中,规定网络运营者须专门设计获得用户同意的环节,同时规定信息业者负有更多的举证责任。《生物特征识别信息保护基本要求》第5.1条提出了生物特征识别系统的保密性、完整性、可更新性与可撤销性等方面的原则和具体要求;第6.4条也提出在生物特征识别信息生命周期管理中的相关义务要求。《人脸信息规范》第6.1至6.4条则详细规定了收集、存储、使用、删除个人信息过程中的"最小必要规范",即收集人脸信息应遵循"最小必要"原则,即收集前应通过隐私协议等方式向人脸信息主体告知相关信息,不应超过人脸信息主体"告知同意"的范围。上述行业标准虽不具有法律效力,但在防范人脸识别技术风险防范和促进企业合规的基础上,也能够作为认定人脸信息处理行为违法性判断的参考依据和前置规范。

二、敏感个人信息的强化保护规则

从国外立法来看,许多国家都以禁止处理敏感个人信息为原则,但禁止范围及法律效力存在差别。例如,欧盟奉行"全过程禁止处理"原则,所禁止的范围覆盖从信息收集到信息处理的全过程,最大限度保护消费者个人信息的安全。然而,这样就使得消费者和经营者处于不对等地位,对消费者敏感信息的严格保护也显得比较困难,在个人信息权利保护方面设置了一个"真空地带"。美国《消费者隐私权利法案(草案)》也在个人信息的动态管理过程中,一方面扩大消费者的相关权利,另一方面加重经营者的保护义务,以强化消费者对个人信息的控制。比较来说,美国立法更倾向于将信息主体看作消费者而非权利享有者,相应地更注重维护信息处理者的权益。①

在我国,除了《民法典》《网络安全法》《个人信息保护法》等法律法规之外,《生物信息保护要求》《个人信息安全规范》等行业规范文件同样对于敏感个人信息的强化保护发挥着重要的参考作用。例如,《个人信息安全规范》对个人生物识别信息的收集、存储等方面作了不同于一般个人信息保护的规定。其中,第5.4条规定,网络运营者收集个人生物识别信息应征得个人信息主体的明示同意。即使已取得个人信息主体的同意,网络运营者仍应仅收集达到目的所需的最少个人生物识别信息,以最大限度降低损害风险。第6.3条规定,个人生物识别信息可采取的存储措施包括仅存储个人生物识别信息的摘要信息,且该摘要信息应具备不可逆性,即无法回溯至原始信息。可见,《个人信息安全规范》以"不应共享、转让"为原则,只有当出现业务需要或满足"告知同意"要求的例外情形时,网络运营者方可进行个人生物识别信息的共享或转让,且应当采取加密安全措施或进行安全评估。对于个人生物识别信息的强化保护,《生物特征识别信息保护基体要求》第5.1条也提出了三项原则:一是保密性。在生物特征数据的存储和传输过程中,应当使用SM2或SM4加密算法对信息数据进行保密处理,未经信息主体授权不得访问或披露。二是完整性。生物特征识别系统应通过访问控制来实现数据的完整性保护,防止未经授权访问生物特征数据,或通过使用加密技术进行完整性检查。三是可更新性与可撤销性。如果攻击者非法获取、泄露或未经授权访问生物特征参考样本、模板或模型,如护照上的面部图像,须撤销和更新受侵害者的参考,并将合法的数据主体与新的生物特征参考联系起来。

---

① 袁泉、王思庆:《个人信息分类保护制度及其体系研究》,《江西社会科学》2020年第7期。

《个人信息保护法》第 2 章第 2 节在个人信息处理一般规定的基础上,专门规定了敏感个人信息的处理规则,突出表现了对其强化保护的立法导向。其一,以禁止处理敏感个人信息为原则。《个人信息保护法》第 26 条规定,在公共场所收集的个人图像、身份识别信息只能用于维护公共安全的目的,不得用于其他目的,取得个人单独同意的除外;第 28 条规定,只有在具有特定的目的和充分的必要性,并采取严格保护措施的情形下,个人信息处理者方可处理敏感个人信息。

其二,严格限定信息主体知情同意原则。《人脸识别民案规定》第 4 条规定,如果强迫或者变相强迫自然人同意处理其人脸信息,该等情形下的同意并非信息主体的真实意思表示,故不被认可,不能作为企业处理人脸信息的合法性基础,该等抗辩将不予支持。《个人信息安全规范》第 3.6 和 3.7 条规定,对于涉及个人敏感信息的,须"明确标识"或"突出显示";收集个人敏感信息前,应征得个人信息主体的"明示同意"。其中,《个人信息安全规范》第 3.6 条规定:"明示同意"个人信息主体通过书面、口头等方式主动作出纸质或电子形式的声明,或者自主作出肯定性动作,对其个人信息进行特定处理作出明确授权的行为。"肯定性动作"包括个人信息主体主动勾选,主动点击"同意""注册""发送""拨打",主动填写或提供等。第 3.7 条规定:"授权同意"个人信息主体对其个人信息进行特定处理作出明确授权的行为,包括通过积极的行为作出授权(即明示同意),或者通过消极的不作为而作出授权。

其三,敏感个人信息权利救济和责任承担。根据《个人信息保护法》第 4 章的有关规定,在敏感个人信息处理的整个过程中,信息主体享有知情权、决定权;查阅、复制权;请求更正、补充权;请求删除权;要求解释说明权;等等。此外,第 29、30 条规定,处理敏感个人信息的,应当取得个人的单独同意;除该法第 17 条第 1 款规定的以显著方式、清晰易懂的语言向个人告知的事项外,还应当向个人告知处理敏感个人信息的必要性以及对个人的影响。同时,该法第 51 条强制性要求信息处理者建立健全相应的管理制度和操作规程、对个人信息进行分级分类管理并采取加密等安全技术措施、制定个人信息安全事件的应急预案、公布个人信息保护负责人的联系方式等。《人脸识别民案规定》第 3 条规定,人民法院认定信息处理者承担侵害自然人人格权益的民事责任,应当适用《民法典》第 998 条的规定,并结合案件具体情况综合考量受害人是否为未成年人、告知同意情况以及信息处理的必要程度等因素。《个人信息保护法》第 7 章"法律责任",则对于违法违规处理个人信息,不履行个人信息保护义务的相关主体设置了相应的行政法律责任。

其四,敏感个人信息强化保护的例外情形。在《民法典》第 1036 条规定的基础上,《人脸识别民案规定》第 5 条规定,为应对突发公共卫生事件或紧急情况下,为维护公共安全和以公共利益为目的,在自然人或者其监护人同意的范围内合理处理人脸信息,或者具有符合法律、行政法规规定的其他情形,信息处理者主张其不承担民事责任的,人民法院依法予以支持。

三、侵犯敏感个人信息的司法认定

《个人信息刑案解释》第 5 条第 1 款规定了认定侵犯公民个人信息罪"情节严重""情节特别严重"的不同情形,针对个人信息的三种类型分别设置了不同的定罪数量标准。该条款第 3 项至第 5 项规定:(1) 高度敏感个人信息,非法获取、出售或者提供行踪轨迹信息、通信内容、征信信息、财产信息 50 条以上即为"情节严重";(2) 一般敏感信息,非法获取、出售或者提供住宿信息、通信记录、健康生理信息、交易信息等其他可能影响人身、财产安全的公民个人信息 500 条以上即为"情节严重";(3) 非敏感个人信息,非法获取、出售或者提供前两项规定以外的公民个人信息 5000 条以上的即为"情节严重"。根据以上规定,对于不同种类的敏感个人信息来说,应当适用何种定罪标准;对于侵犯敏感个人信息行为的定罪量刑,相关法律法规、司法解释以及行业规范对本罪认定有何作用;侵犯敏感个人信息的信息条数以及其他情节因素如何认定等,对于上述问题,有必要加以深入研讨。

(一) 侵犯敏感个人信息的对象范围

如前所述,《个人信息刑案解释》第 5 条第 1 款第 3 项至第 5 项有关敏感个人信息定罪标准的列举规定,与《个人信息安全规范》中的敏感个人信息类型范围基本一致,但也有差异。诸如"个人生物识别信息"等其他敏感个人信息,是否等同于刑法意义上的敏感个人信息,以及适用何种定罪标准存在认识分歧,有必要具体分析。

(1) 生物识别信息的认定。同公民的姓名、电话号码、家庭住址等个人信息相似,人脸识别信息、虹膜识别信息等人体的生物识别信息对公民而言是独一无二的,并且也是可以明确指向特定自然人的,一旦被恶意使用,其造成的损失后果也是难以估量的,因此应对其进行更高规格的法律保护。《个人信息刑案解释》第 1 条虽未列举生物识别信息,但可通过第 1 条中"等"字,将生物识别信息列入公民个人信息。

(2) 房产交易信息的认定。按照《个人信息刑案解释》的规定,财产信息属于刑法上的高度敏感信息,交易信息则属于一般敏感信息,但在有的情形下两者难以界分。例如,对于房产交易信息是财产信息还是交易信息存在不同认识,一般来说,可以将房产信息一般作为交易信息而非财产信息看待,非法获取、出售或者提供记载公民房产的信息500条以上的,才能构成犯罪。但在有些案件中,有的房产信息内容十分详细,甚至可能影响公民人身、财产安全,如果获取类似房屋信息实际上就掌握了所有人的财产状况,在此情况下,将房产信息认定为敏感信息也是合理的,非法获取、出售或者提供50条以上的即可入罪。

(3) 住宿信息的认定。按照《个人信息刑案解释》的规定,住宿信息是可能影响人身、财产安全的一般敏感信息;住址信息则属于一般个人信息。但如果该信息是特定个人长时间内出入住该酒店的情况及其活动规律,则可能属于行踪轨迹信息,系刑法中的高度敏感信息。

(4) 网络浏览记录的认定。在网页浏览记录中,可能被保存的个人信息包括:账号密码等身份认证信息(例如保存登录的用户名与密码)、支付信息、访问页面信息。对于前两种信息可以分别归属于"网络身份标识信息"与"支付信息",认定为刑法意义上的"敏感个人信息";而对于访问页面信息,一般来说,虽然其有可能涉及个人隐私,但是通常不会造成公民人格权利和财产权益的严重侵害,因此可归入"非敏感个人信息"的范畴,适用5000条以上的入罪标准。

(5) 行踪轨迹信息的认定。《个人信息刑案解释》的规定,行踪轨迹属于高度敏感信息。司法实践中对于手机位置信息的认定存在困惑。如果行为人通过一定程序能够获取未经个人授权的手机号码位置信息的,该信息既属于行踪轨迹信息,也属于通讯记录,应当将其作为高度敏感信息予以保护。又如,邓某等非法购买车辆行驶轨迹信息案件,在该案中,被告人从2019年起通过网络购买车辆违章记录、车辆行驶轨迹等信息,并利用购得的信息为他人寻找车辆位置以牟利。佛山市南海区人民法院一审认定被告人属于"以其他方法"非法获取公民个人信息,构成侵犯公民个人信息罪。生效裁判认为,公民车辆行驶轨迹信息可以认定为《个人信息刑案解释》规定的"行踪轨迹信息"。行为人非法获取他人车辆行驶轨迹等信息,情节严重的,构成侵犯公民个人信息罪,按照50条以上的数量标准定罪处罚。

(6)个人简历信息。一般来说,简历系包含公民姓名、出生年月、通信通讯联系方式、教育背景、履职信息及求职意向等信息集合,简历信息被泄露后多被用于电话营销等活动,一般不会直接威胁到公民的人身、财产安全。在敏感重要性、内容影射性及信息隐秘性方面考虑,个人简历信息应被视为非敏感个人信息。①

(二)敏感个人信息保护的前置法功能

在刑法领域,法益的识别具有重要的犯罪构成要件"解释论机能"。② 对某种个人信息处理行为进行法益识别,首先要选择其所对应的法律规范作为参照系,对某种个人信息所蕴含的法益性质进行认识判断,并确定法益保护的内容和层次,是正确适用相关罪名予以刑法规制的前提。③ 对人脸信息来说,对于违法违规收集和使用人脸信息的行为,究竟是将法益性质界定为个人法益、公共法益还是国家法益,将直接决定或影响着刑法中相关罪名的认定和处刑轻重。侵犯公民个人信息罪的成立以违反国家有关规定为前提,认定该罪名应当以相关行政法律规范及行业标准为参照,对人脸信息处理行为所侵犯的法益性

---

① 陈兵、王骐:《公民个人信息的类别判断及数量认定方法》,《上海法学研究》2020年第23卷。
② 张明楷:《法益初论》,中国政法大学出版社2003年版,第216页。
③ 张勇:《数据安全分类分级的刑法保护》,《法治研究》2021年第3期。

质予以识别,妥当适用具体罪名。《个人信息刑案解释》虽未列举包括人脸信息在内的生物识别信息,但相关前置法都将生物识别信息纳入公民个人信息范畴,基于整体法秩序,刑法对此不能否定,可通过适用该司法解释第1条中的兜底性规定,将生物识别信息列入侵犯公民个人信息罪的对象范围。[①] 还有学者指出,刑法对前置法的关注,更多是从"出罪"的角度讲的,在"入罪"时,不能唯前置法"马首是瞻",在犯罪认定时绝对地从属于前置法,或者在"质"上从属于前置法。[②] 为了避免刑事打击范围过大,应将行政法规、行业规范作为前置性法规范中的参考依据,但不宜直接将其作为判断刑事违法性根据。因此,刑法对于敏感个人信息的把握在很大程度上要小于《民法典》等前置法所划定的范围,前置法上的违法行为中也只有一部分最终被作为犯罪处理。

根据现行《刑法》的规定,对于非法获取敏感个人信息的行为可能触犯侵犯公民个人信息罪、侵犯商业秘密罪、非法获取国家秘密、情报罪以及非法获取军事秘密罪等多个罪名。若某种数据不在上述罪名保护的对象范围之内,则可考虑是否认定为数据犯罪。在网络系统空间,信息和数据是不能截然分开的。例如,如果行为人非法获取计算机信息系统内的信息数据,其行为可能触犯《刑法》第285条的非法获取计算机信息系统数据罪、非法侵入计算机系统罪(两者的区别主要在于犯罪对象及安全保护等级不同),[③] 也可能构成侵犯公民个人信息罪。对此,应按照"特别法优于一般法"的法条竞合处理原则处理。但究竟何种罪名属于"特别法"的规定?选择适用何种罪名?则离不开《数据安全法》《网络安全法》等前置法的参照系作用。如果从个人信息权益

[①] 欧阳本祺、王兆利:《人脸识别的合法性边界与刑法适用限度》,《检察日报》2021年7月20日。
[②] 周光权:《法秩序统一性原理的实践展开》,《法治社会》2021年第4期。
[③] 喻海松:《网络犯罪二十讲》,法律出版社2018年版,第26页。

保护角度来讲,非法获取计算机信息系统数据罪属于"特别法"规定的罪名;但如果以《网络安全法》为参照,从计算机信息系统安全法益保护的角度来看,前两种数据犯罪为"一般法"所规定的罪名,侵犯公民个人信息罪则为"特别法"所规定的罪名;如果以《个人信息保护法》为参照,以个人信息权益保护为重心,则与上述情况刚好相反。须指出,对于某种侵犯信息数据的行为,因为作为犯罪对象的信息数据具有单一性,只能评价为一罪,而不可能同时对其进行多次法益评价,进而认定不同罪名;处刑时,还须综合考虑信息的公开程度、信息数据的技术保护措施严密程度进行裁量。①

(三) 侵犯敏感个人信息数量因素的认定

我国《刑法》采取"定性+定量"的立法模式,数额(数量)、情节等罪量因素作为一种规范评价,属于"规范的构成要件要素"②,在定罪量刑中具有重要地位和作用。针对涉及敏感个人信息的刑事案件,认定侵犯公民个人信息罪个人信息条数等罪量因素,实践中需注意把握以下几点:

首先,坚持主客观相统一原则。《个人信息刑案解释》第 5 条规定的侵犯公民个人信息罪"情节严重"的数量标准,既能反映该类犯罪行为的客观危害大小,也反映了行为人主观罪过程度,具有主客观两方面的性质。对敏感个人信息的认定,应结合信息本身属性及行为人的主观意图来进行综合判断。例如,二手车经营者非法获取或向他人提供的车主、车辆型号、发动机号、联系电话等信息,虽然符合"财产信息"

---

① 王镭:《"拷问"数据财产权——以信息与数据的层面划分为视角》,《华中科技大学学报(社会科学版)》2019 年第 4 期。
② 王莹:《情节犯之情节的犯罪论体系性定位》,《法学研究》2012 年第 3 期。

的一般特征,但若行为人主观上并非想利用上述信息实施针对人身或者财产的侵害行为,则将其认定为一般公民个人信息更为合适。①

其次,避免"唯数量化"的观念。数量因素并不是定罪的单一、绝对的标准,"情节严重"本身是综合的、概括的构成要件。此外,《个人信息刑案解释》第5条还规定了其他定罪情节因素,需要综合分析,从个案的实际情况出发,对侵犯个人信息行为的罪质和罪量因素进行实质评价,从而选择相应的定罪标准。

再次,按比例计算和批量认定规则。《个人信息刑案解释》第5条第1款第6项规定,若公民个人信息数量未达到第3项至第5项规定标准,可按相应比例合计对其数量进行认定;第11条第3款规定,对批量公民个人信息,根据查获的数量直接认定,但是有证据证明信息不真实或者重复的除外。《个人信息刑案解释》对三类个人信息分别设置50条、500条、5000条的定罪数量标准,主要从非法收集、使用个人信息行为的社会危害性大小进行的等值评价;因此,应根据《个人信息刑案解释》第5条第1款第6项的规定,按照该三类信息1∶10∶100的比例进行换算。另外,个别案件中的涉案信息可能存在重复和不真实的内容,则不应根据查获的数量直接认定。应根据《个人信息刑案解释》第11条第3款的规定,将"有证据证明信息不真实或者重复"的涉案信息排除在定罪信息数量之外,兹不赘述。

§

大数据时代,个人信息的权利保护和价值利用就像一枚硬币的两面。尤其是对于人脸信息等个人生物识别信息来说,如何把握好法律

---

① 张勇、江奥立:《侵犯公民个人信息罪中的信息数量及认定规则》,《上海政法学院学报(法治论丛)》2018年第1期。

调控力度，既能保护公民个人信息的基本权利，又能有效促进其价值的有效利用，是需要立法和司法综合考量和协调平衡的重要问题。个人信息分类具有重要的法益识别功能。依据个人信息法益识别的立法参照系，明确不同种类个人信息的法益保护重点和层次，能够准确适用相关部门法，认定刑法中的相关罪名。对于人脸信息等敏感个人信息来说，需要以《民法典》《刑法》及司法解释为基础，以《个人信息保护法》《数据安全法》《网络安全法》等前置性法律法规为参照系，在对其进行分类分级的基础上予以法益识别，根据其涉及的法益性质、内容及其遭受不法侵害的危害程度，运用民事、行政和刑事制裁手段，构建个人信息法益保护的法律体系。

第六章
个人生物信息的刑民一体化保护

　　随着生物、医学与信息技术的不断发展,个人的面部、指纹、虹膜、基因(DNA)等生物信息识别技术被广泛应用到治安防控、政府治理、医疗卫生、轨道交通等社会生活领域。生物识别技术发展所带来的身份验证、人体试验、器官移植、辅助生殖技术、基因编辑及重组等问题,都可能会侵犯个人信息数据权利,而且危及生物信息安全乃至国家安全。如何防范生物识别技术应用的安全风险,构建个人生物信息安全的法律法规体系,成为当下法学理论界和司法实务界共同关注的问题。我国已颁布实施的《网络安全法》《民法典》《生物安全法》《个人信息保护法》《数据安全法》都与个人信息安全保护密切相关。如何依法规范个人生物识别技术的研发和应用,构建侵犯个人生物识别信息权利、危害生物信息安全的法律责任和制裁体系,是本章展开讨论的主题。

第一节　个人生物信息法益保护的刑法理念

一、个人生物信息法律保护的现状

（一）个人生物信息的安全隐忧：以人脸识别为例

个人生物识别信息，即从自然人可识别的生理或行为特征中提取的可识别、可重复的生物特征样本、模板、模型等识别数据或数据的聚合。其中，人脸识别（face recognition）又称面部识别，作为一种识别个人生物身份信息的新型技术，其主要特征是非接触性、主体唯一性和不易复制性；同时也具有无须携带、易于采集、成本低廉等特点。信息采集者只要通过设置普通摄像头等传感器，加上面部识别的软件和算法的运用，无须接触自然人个体便可实现面部信息的抓取与存储。且随着技术的进步，目前已实现在不同的动态场景中自动检测定位、跟踪采集、比对提取、分离存储个体的脸部特征信息，并通过与数据库中已登记面貌进行核实以确认自然人身份，或在数据库中搜索是否存在指定人像的完整流程。目前，从出入境识别、违法行为曝光到刑事案件中的身份核查，从直销银行的人脸识别客户身份验证、3D 人脸识别解锁智能手机到移动端"刷脸"支付，人脸识别的应用范围越来越广。手机厂商推出的新一代手机中，"刷脸解锁"已经替代了指纹解锁，许多支付系统也纷纷采用人脸识别技术，运用海量数据挖掘和神经网络技术的人脸识别系统成为人工智能、区块链商业应用的新领域。中国工业与信息化部于 2019 年 9 月 27 日发布的《关于促进网络安全产业发展的指导意见(征求意见稿)》指出,国家支持构建基于人脸识别等技术的网络身份认证体系。

应当看到,个人生物识别信息通过结合信息网络技术实现和发展,由此改变了个人生物信息的不可复制和不可变更的基本属性。人脸识别的非接触性特征也更容易产生个人信息侵权问题。由于人脸可以被模仿,"变脸"和"换脸"如今不存在什么技术困难,故相对于其他个人信息,人脸识别应用的数据存储、传输流程存在严重的隐私侵权和安全受损风险;而一旦人脸识别信息被泄露或冒用,就可能会对信息主体造成永久性伤害和难以弥补的损失。2018 年 4 月,美国网络公司 Facebook 便因其开发使用"面部印记"功能遭到消费者团体起诉,起诉书指控 Facebook 在未经用户同意的情况下定期对其照片扫描和进行生物特征匹配。同时,Facebook 还提供访问接口,允许微软、亚马逊和苹果等公司机构读取、发送和删除用户个人信息。① 又如,当下新冠肺炎疫情肆虐全球,很多人被迫接受隔离或居家工作,对 Zoom 和其他数字通信工具的需求剧增。但据媒体报道,美国国家航空航天局(NASA)和太空探索技术公司(SpaceX)已禁止员工使用 Zoom 的视频会议应用程序,因其存在"严重的隐私和安全问题"。

在我国,个人生物识别信息数据被盗或过度滥用的现象层出不穷。引人关注的"刷屏"级换脸应用软件"ZAO"便经历了从爆红到爆黑的"昙花一现"——这一应用程序所采用的格式化用户协议存在过度攫取用户授权和单方强加用户义务的嫌疑,从而受到社会公众的普遍担忧。又如,在设置了人脸识别摄像头的商场、车站等公共场所,消费者

---

① 张欢、文铭、汪友海:《从 Facebook 数据滥用事件谈个人信息法律保护》,《重庆邮电大学学报(社会科学版)》2018 年第 6 期。

甚至不知道自己会被拍摄,导致公民个人的相关隐私权益无法得到有效保障。以人脸识别厕纸机为例,用户进入摄像头范围后就被"刷脸",仅仅是为了防止其多用厕纸,至于人脸数据怎样存储、是否能被删除、是否被用于其他用途等问题,该机器并没有进行任何说明,明显存在过度收集个人生物识别信息的问题。

(二)个人生物信息安全法律保护的现状

从司法实践来看,国内涉及人脸识别侵权诉讼或刑事犯罪的案件也屡屡发生。例如,2019年10月,浙江理工大学副教授郭兵因不同意杭州野生动物世界使用人脸识别对其进行用户认证而提起侵权诉讼,被称为国内"人脸识别第一案";2020年11月20日,法院判决野生动物世界赔偿郭兵合同利益损失及交通费1000余元,删除原告办理指纹年卡时提交的包括照片在内的面部特征信息。① 又如张某、余某等侵犯公民个人信息案,被告人张某等购买2000万条公民身份信息,使用软件将他人头像照片制作成3D头像,用以支付宝人脸识别认证、注册支付宝账号从而获取红包奖励,共获利4万元。②

近年来,我国相关部门和机构颁布实施了诸多针对个人信息保护的国家行业标准,其中对于个人生物识别信息的收集和使用提出了具体合规标准。除了前述《生物特征识别信息保护基本要求》之外,2020年的《个人信息安全规范》在2017年该规范文件旧版本的基础上,细化与完善了个人生物识别信息在收集、存储和共享三个方面的保护要求,对于人脸识别技术的合规使用具有重要的指引作用。2020年11

---

① 杭州市富阳区人民法院(2019)浙0111民初6971号民事判决书。
② 浙江省衢州市中级人民法院(2019)浙08刑终333号刑事判决书。类似案例还有福建省厦门市思明区人民法院(2019)闽0203刑初890号刑事判决书、福建省厦门市中级人民法院(2019)闽02刑终749号刑事裁定书。

月27日,工信部组织发布了《人脸信息规范》,明确了APP收集使用个人信息的"最小必要"原则,并对收集、存储、使用、删除人脸信息的行为进行了具体规范。不过需要指出的是,作为国家行业标准的上述相关规范文件并不是强制性法律标准,而是推荐性行业标准,对个人信息保护的要求因此也更为严格。上述行业规范能否作为认定侵犯公民个人信息犯罪的前置性规范,也是值得探讨的问题。

二、个人生物信息安全法益及风险预防

随着计算机科学与基因组技术的融合,个人生物识别信息从传统的"基因信息""遗传资源信息"脱离出来,具有了人体生物特征的计算机数据库、数据处理、基因序列信息、生物系统的计算机分析与软件设计等内涵。个人信息保护原则是个人生物识别信息利用的最起码规则,而对个人生物识别信息的权利属性和法益内容进行界定,则是对其实施法律保护的逻辑前提。面对个人生物识别技术风险增大、违法犯罪趋于严重的态势,我国立法与司法应当在保护个人生物识别信息权利的基础上,以风险预防及利益平衡理念和原则为引导,对个人生物信息安全法益实行多层次、等级化、体系化的法律保护。

(一)个人生物识别信息的权利属性

根据《人脸信息规范》的规定,"人脸识别"即基于个体的人脸特征,对个体进行识别的过程;"人脸信息"即对自然人的人脸特征进行技术处理得到的、能够单独或者与其他信息结合识别该自然人身份的个人信息。《生物特征识别信息保护基本要求》第3.1.3条规定,个人生物识别信息的基本特征在于,可检测到的个体生理或行为特征,可以

从其中提取可识别的、可重复的生物特征。第 3.1.9 条规定,生物特征识别属性即由生物测定样本估计或导出的生物特征数据对象的描述性属性。同时,第 4.1 条规定,个体生理特征包括但不限于指纹、人脸、虹膜、声纹、手型、指静脉/掌静脉、视网膜、DNA、掌纹等;个体行为特征则包括步态、签名、语音等。个人生物特征识别系统包括数据采集、存储、注册、辨识、验证五个子系统,通常将个人生物特征识别的关联信息与其他个人信息绑定在一起,以保证包含生物识别信息记录的安全性。因此,所谓"生物识别"并非仅是对自然人生理特征的识别,而且将生物识别信息与个人身份、金融、行为、位置、偏好等信息对接,使得个人生物识别信息的法律属性具有更多的多元化、复杂化的特点。

从国外立法来看,欧盟《通用数据保护条例》、英国《数据保护法案》、日本《个人信息保护法》等法律法规都对"生物识别数据"作出专门规定。我国《网络安全法》规定,个人生物识别信息属于"直接可识别"到个人身份的隐私敏感信息,其必须经过计算机的相关生物识别程序的识别才能生成相关信息数据。《个人信息安全规范》第 3.2 条规定,个人生物识别信息属于个人敏感信息,在收集信息授权同意、隐私政策制定、传输与存储、访问控制措施、目的限制、共享与转让、公开披露、应急处置和报告、数据控制者的义务与责任等方面,须以个人敏感信息的严格标准加以保护。根据《生物特征识别信息保护基本要求》第 3.1.7 条的规定,个人生物识别信息所涉及的权利包括其在整个生命周期的收集、转移、使用、存储、归档、处置和更新的权利。从权利内容来看,个人生物识别信息权利包括知情权、同意权、查询权、更正权、删除权、利用权和公开权等类型。

这里有必要将个人生物识别信息进一步分为可识别个体生物特征的个人隐私信息、一般个人信息和个人数据三种,其权利属性也有差别。首先,一般个人信息具有人格权属性,可谓"信息主体人格的外在标志"①。但个人信息所蕴含的权利并不限于隐私权,后者则是其最重要、最核心的内容。个人信息权的法律保护属于弱保护,而隐私权的法律保护则属于强保护,一般个人信息大多不需要权利主体明示同意也可收集,但对于个人私密敏感信息不能仅仅通过知情同意权加以保护,对于个人生物识别信息应优先适用更为积极的隐私权保护。其次,个人隐私信息属于人格利益但不包含财产属性,不具有任何财产属性的交易价值,不可利用且受法律绝对保护,"人的自由与尊严价值不可动摇,互联网络时代亦如是"②。最后,一般个人信息亦属于人格利益,但可包含财产属性,这种人格利益基于信息主体的同意,转化为具体财产利益后,可以进行交易。不少数据企业采用"去识别化"或匿名化技术手段,对个人信息进行"脱敏"或"漂白",使其成为普通的数据。同样,个人生物识别信息经过去识别化技术处理之后,仅具有个人信息数据的财产属性,可以自由使用、转让,而为其他数据主体所利用。然而,随着再识别技术的发展,"匿名化"变成了一个相对的概念,完全不能复原的匿名化个人信息是比较少见的。③ 不过,通过去识别化信息技术,结合再识别的风险管理,"去识别化"仍然是数据企业合规收集、使用个人生物识别信息的有效途径。

(二) 个人生物识别信息的安全法益

个人生物识别信息属于自然人固有的生理特征或行为特征,生物

---

① 张新宝:《从隐私到个人信息:利益再衡量的理论与制度安排》,《中国法学》2015年第3期。
② 彭诚信:《数据利用的根本矛盾何以消除——基于隐私、信息与数据的法理厘清》,《探索与争鸣》2020年第2期。
③ Paul Ohm, "Broken Promises of Privacy: Responding to the Surprising Failure of Anonymization", *UCLA Law Review*, 57, 2010, p. 1701.

识别身份验证技术本身具有客观性、中立性,一般不具有违法性和可罚性;但正因为如此,反而更容易被不法分子利用法律漏洞进行不当收集或滥用。概括起来,生物识别技术带来的个人信息安全风险包括以下情形:未经授权的或不必要的收集;未经授权之使用或披露;不当比对;错误匹配;不当储存或不当传输;功能蠕变(creep function);等等。① 在大数据背景下,个人生物信息安全越来越依赖技术保障,然而目前个人生物特征识别技术尚不够成熟,存在相当的技术缺陷和管理风险。同时,随着国际上生物资源数字序列信息的提取、跨境转移和利用,许多国家面临着所谓"生物数字盗版"的生物信息跨国传输问题。一些发达国家通过多种途径集聚各类生物信息,进行生物信息资源的控制与争夺,而输出国遗传信息资源流失的风险则不断增大,已经上升到公共安全和国家安全层面。可见,人类遗传基因的生物信息资源已成为国际战略博弈的新领域。面对国际上愈加激烈的遗传基因资源控制与争夺态势,我国必须运用法律强力手段保障生物信息安全,防止生物信息资源流失。

从个人生物信息安全的法益属性来看,生物识别技术虽然以自然人为对象,但其涉及的社会利益关系不限于公民个体,而是包括与个人生物识别活动相关的技术服务者、经营者、使用者和管理者。即使是从公民个人权利角度来看,个人生物信息事关个人身份、隐私、人身、财产等各方面的利益与安全,已经不能仅仅用传统民法上的某种单一权利加以限定。个人生物识别信息所蕴含的保护法益内容逐渐呈现复合性、多元化特征,从个体的人格权扩展至公共利益、社会秩序和国家安全。对此,有学者主张提倡法律应着力保护"数据安全法益",即数据

---

① 朱工宇:《生物识别与隐私权保护之法律冲突及其协调》,《科技与法律》2009 年第 6 期。

的保密性、完整性和可用性的保护,维护数据在社会往来中的安全性和可信赖性。①《数据安全法》第3条规定:"数据安全,是指通过采取必要措施,保障数据得到有效保护和合法利用,并持续处于安全状态的能力。"我国现行的《网络安全法》中有关个人信息保护的内容,也着重从保障信息网络安全的角度作出规定,且该法对网络运营者提出的义务要求,也不仅仅是出于对个人信息权利保护的角度。而《网络安全法》作为《刑法》中侵犯公民个人信息罪等相关罪名的前置性法律规范,其法益保护价值取向也必然反映在这些罪名的构成要件要素当中。

(三) 个人生物信息安全的风险预防原则

作为一种法律理念,"风险预防"较早地出现在生态环境保护领域。当生态环境面临严重的或不可逆转的损害的威胁时,即使不能在科学上找到明确证据证明某种行为必将产生实际危害,也应当采取法律防范措施以避免该行为的发生。②"风险预防"是相对于"损害预防"而言的,前者针对的"危害"具有不确定性、未然性,而后者的"损害"是指已现实存在或产生了客观损害结果,故"不确定性"是风险预防的核心概念。将风险预防原则确立为生物安全立法的基本原则,是由生物技术发展所带来的高风险性和严重危害性所决定的。就像SARS、新冠病毒肺炎一样,一旦生物安全潜在风险转化为现实损害,便与生态环境灾难一样无法逆转且危害严重。生物安全风险的不确定性、突发性及不可预测性要求相关法律法规采取具有相对灵活性、开放性的立法模式,在预防和控制风险时留有法律操作的空间。故而确立生物安全

---

① 杨志琼:《我国数据犯罪的司法困境与出路:以数据安全法益为中心》,《环球法律评论》2019年第6期。
② 柯坚:《论生物安全法律保护的风险防范原则》,《法学杂志》2001年第3期。

保护的风险预防原则,用以指导生物安全立法和司法实践,是十分必要的,符合人类命运共同体的价值理念。

类似的,《生物特征识别信息保护基本要求》第5.1条针对"生物特征识别系统信息安全保护要求"提出了以下风险防范原则:其一,保密性原则。在生物特征数据的存储和传输过程中,生物特征识别系统各部件之间的通信通道可能会遭受窃听、读取、插入或修改,而用户并不知道已建立的链接已遭受攻击。对此,应当使用SM2或SM4加密算法对信息数据进行保密处理,未经信息主体授权不得访问或披露;可以通过将生物特征参考存储在个人令牌或卡上进行数据分离,或使用仅身份管理系统的操作人员或数据主体可知的密钥对生物特征参考进行加密。其二,完整性原则。生物特征识别系统应通过访问控制来实现数据完整性保护,防止未经授权访问生物特征数据,或通过使用加密技术进行完整性检查。其三,可更新性与可撤销性原则。根据该规范文件第3.1.10条规定,如果攻击者非法获取、泄露或未经授权访问生物特征参考样本、模板或模型,如护照上的面部图像、居民身份证上的指纹细节模板、数据库中用于识别说话人的高斯混合模型等,就需要撤销和更新受侵害的参考,并将合法的数据主体与新的生物特征参考联系起来。

在个人生物信息安全领域,生物识别技术的研发者、服务者、经营者、利用者,违法违规收集和使用个人生物识别信息的行为,主要涉及侵犯公民个人信息罪及其他关联罪名。将法益性质界定为个人法益、公共法益、国家法益的不同层面,将直接决定或影响着刑法中相关罪名的认定和处刑轻重。同时,对刑法中相关罪名的构成要件设置和司法认定,也需要依托前置性行政法律规范及行业标准,针对不同安全等级的个人生物信息识别行为,设定生物信息安全法益保护的命令性义务、禁止性规范及刑事责任,设置刑事风险防范的法律底线,侧重体现对于生物信息安全保护的特殊要求。

例如,个人生物识别信息的收集者、使用者在向信息主体征求授权同意时,应向其明确告知收集目的、处理方式、使用范围、再度披露规则等,并且在后续的二次使用中,仍需再次征求用户的明确授权。用户可以随时行使更正、删除和注销生物特征识别信息的权利,无须任何前置条件即可当场实现与即时生效。对于这些较为严格的生物信息安全保护的义务要求,司法机关在认定侵犯公民个人信息罪、拒不履行信息网络安全管理义务罪的时候,就可以作为认定前置性法律规范、进行刑事违法性判断的参考依据,这样才能够最大限度地防范生物信息安全风险,同时从根本上避免阻碍生物信息识别技术的创新发展。

三、个人生物信息安全保护的利益平衡

在风险社会背景下,保障公共安全与保护个人隐私之间不是非此即彼的利益衡量问题,而是如何共生共存的利益协调问题。其实,公共安全与个人隐私之间并不存在实质冲突,个人隐私保护没有必要让步于公共安全保障,公共安全保障不能以牺牲个人隐私为代价。[1] 另有学者则指出,在应用与开发个人信息数据过程中不仅应追求个体利益最大化,还要保证社会利益的最大化,为追求个体利益而牺牲社会利益的做法是无法持续发展的。这就需要在社会利益和个体利益之间创建一种利益平衡机制,而确定个人信息数据的权利归属、实行权利与义务

---

[1] 刘艳红:《公共空间运用大规模监控的法理逻辑及限度——基于个人信息有序共享之视角》,《法学论坛》2020年第2期。

相匹配是实现个体利益与社会利益之间协调的前提基础。[①]

对于个人生物识别信息来说,法律同样面临着如何在保护和利用、自由与安全之间进行利益平衡和价值选择的问题。比较来说,在个人生物识别信息的商业使用方面,欧美国家大多持谨慎态度。欧盟保护人脸识别数据的核心法律是《通用数据保护条例》。根据该《条例》的规定,人脸识别技术的商业应用可适用的例外情形是数据主体已明确表示同意,"同意"的方式须"自由给予、明确、具体、不含混",数据主体任何形式的被动同意均不符合规定。比较而言,我国对于个人生物识别技术的开发和应用持较为积极的态度。然而,从利益平衡角度,应当分类分层地明确个人生物信息权利主体,生物识别技术的研发者,个人生物信息的收集者、使用者,生物信息安全的管理者等各方利益主体的权责关系,避免个人生物识别信息数据滥用。如对于人脸识别来说,其商业性应用与公共性应用应有区别——公共利益目的是隐私个体权利的抗辩事由之一,在一定情况下可以超越个体隐私权利以维护社会整体效率与安全,但人脸识别的商业应用必须以个体隐私权利保护为前提。对于人脸识别信息来说,一般情况下不允许搜集者以"共享"或"开放平台"等方式进行利用,更不得未经用户事先授权和再次授权就进行转让使用。[②] 此外,人脸识别技术应用同样涉及多个主体之间的合意以及权责分配等问题,需要受到公平正义价值的评价与约束。[③] 个人生物识别信息的收集者、利用者和数据系统的管理者,也是借助个人生物信息安全风险的获利群体,应当作为风险义务和责任的主要承担者,法律应当对个人信

---

① 李爱君:《论数据权利归属与取得》,《西北工业大学学报(社会科学版)》2020 年第 1 期。
② 朱巍:《人脸识别的法律性质认定》,《检察日报》2019 年 11 月 6 日第 7 版。
③ 李怀瑾:《人脸识别技术风险的法律防范》,中国社会科学网,2019 年 3 月 6 日,http://www.cssn.cn/fx/201903/t20190306_4843556.shtml,最后访问日期:2022 年 9 月 30 日。

息权利主体予以适当的倾斜保护,从实质上实现公正和利益平衡。

值得关注的是,在当今世界,区块链技术正逐渐应用于生物信息商业领域,实现与生物识别技术的融合。如科创公司 Nebula Genomics 推出的基于区块链技术的匿名 DNA 测序隐私功能,用户可以用加密货币购买全基因组测序并提交其样本,同时允许用户自行处理测序信息。有学者指出,区块链的核心价值在于"私密性、准确性和可验证性"[①],与个人生物信息识别技术属性具有内在共通性。因此,生物识别技术也被应用于区块链产品,以提高对用户的数字货币、私钥以及身份信息存储的安全性。如,HYPR 公司与比特币交易安全平台 BitGo 联合开发出生物认证与区块链融合的新技术,客户通过 HYPR 的生物识别进行安全登陆,加上 BitGo 的多重签名技术,实现用户信息安全的双重保障。此外,不少国家政府机构也开展了区块链身份验证项目,采用基于生物识别技术的认证机制,建立自主身份管理系统。

但必须指出的是,区块链"去中心化"的特点天然排斥监管,但是如果缺乏必要的法律规范和政府监管,也会增加市场交易的风险。[②]在区块链产业化过程中,往往通过加密算法对账本的数据进行处理,将包含在交易记录中的个人信息以哈希值(Hash Function)的形式体现,从而在区块链背景下实现了个人信息的匿名化,使其成为不具有可识别性的数据。哈希函数具有单向和不可逆的特点,但哈希化技术含量和程度仍然存在逆转风险,并非不可破解,区块链业者因此面临着违规陷阱甚至刑事风险。为了避免给区块链产业发展带来不必要的障碍和困难,如果区块链业者在将个人信息记录到区块链上时运用匿名化技术手段,并切实履行了保护个人信息安全的合理义务,尽最大努力采取

---

① 郑戈:《区块链与未来法治》,《东方法学》2018 年第 3 期。
② 赵磊、石佳:《依法治链:区块链的技术应用与法律监管》,《法律适用》2020 年第 3 期。

技术措施确保哈希化信息的匿名化,则该哈希化信息就不再属于法律意义上的个人信息。① 这样既保护了区块链背景下的个人信息安全,又避免给区块链产业带来过高的发展门槛和应用成本。对个人生物信息来说,同样能够在保护个人生物信息权利和价值利用、生物信息安全风险防范和区块链产业发展之间取得利益平衡,是值得肯定的。

第二节　个人生物信息刑民一体化保护模式

生物信息安全的法律保护一直受到国际社会的关注和重视,相关的专门性国际条约及行业标准主要有《信息技术　安全技术　生物测定信息保护标准》等,其中也包含着对人类基因信息保护和利用的规制内容。在个人生物信息安全保护方面,美国和欧盟等发达国家立法相对比较完善。我国虽然制定实施了不少与个人生物信息有关的法律法规、部门规章以及行业标准等规范性文件,但仍缺少综合性、专门性立法,法律法规体系并不完善。以下予以比较研究。

一、个人生物信息法益的公、私法保护

(一) 个人生物信息安全的私法保护

从国外立法来看,美国和欧盟等发达国家出于保护本国遗传信息

---

① 罗勇:《特定识别与容易比照:区块链背景下的个人信息法律界定》,《学习与探索》2020 年第 3 期。

资源的利益考量,对人体基因信息能否获得专利问题普遍持肯定态度,专利制度在生物信息法律保护方面居于很重要的地位。然而,因掣肘于专利权保护所造成的垄断,其立法首要目标并不在于安全价值的考虑,故其所能发挥的作用当然也是有限的。对于个人生物识别信息安全的保护仍然主要体现在个人隐私权、信息数据权利的民事法律保护方面。

在我国,对个人生物识别信息的保护来自民法、消费者权益保护法等法律法规中有关隐私权、名誉权的保护规定,以及个人信息保护的法律法规、行业规范。如原《侵权责任法》第2条只是原则性、概括性地确认了隐私权的存在,对于生物识别信息的隐私法律保护而言显得尤为不足。由于个人信息的财产价值难以估算,且以人格权为基础的财产赔偿数额也比较有限,侵犯个人生物识别信息的行为很难获得有效的赔偿。《民法典》人格权编相关条款则对个人生物识别信息提供了多重保护:一是可以受到肖像权的保护;二是规定采取偷拍偷录等方式采集个人生物识别信息构成对隐私权的侵害;三是除了肖像权、隐私权保护之外,还可以适用个人信息保护的规定。值得注意的是,根据《民法典》第1036条的规定,合理处理自然人自行公开的或其他已经合法公开的信息行为人不承担民事责任(该自然人明确拒绝或者处理该信息侵害其重大利益的除外)。据此,个人信息分为公开的个人信息和非公开的个人信息,公开的个人信息限于"合法公开"的个人信息,而不包括非法公开的个人信息。而对于某项个人信息是否属于"合法公开",行为人主观上是很难认识到的,在无法证明的情况下,只能按有利于被告的原则处理。[1] 可见,即使在现有《民法典》框架之下,对个人

---

[1] 喻海松:《〈民法典〉视域下侵犯公民个人信息罪的司法适用》,《北京航空航天大学学报(社会科学版)》2020年第6期。

生物识别信息的民事权利保护仍然是不足的,对于个人生物信息安全更难以直接予以保障和救济。

总体上,我国个人生物识别信息的民事权利保护模式主要有三种路径:人格权保护模式、财产权保护模式、人格与财产权的复合保护模式。其一,人格权保护模式主张将个人生物识别信息视为具有人格权的基本属性,将其作为个人私密敏感信息进行保护。其二,财产权保护模式认为,个人生物识别信息具备财产性质,应赋予其财产权保护,但其又不是完全的财产,因为它不能被继承、赠与、遗赠等,保护隐私最容易的途径是将个人信息的控制作为数据主体拥有的财产权。其三,复合保护模式主张,将人体基因视为人格和财产的复合体,即把人体基因视为知识产品。还有学者提出,应将人体基因及基因信息视为人格性财产权。①

比较来看,首先,单纯的人格权模式无法对个人生物识别信息专利及商业化所带来的可分享的财产利益予以充分保护。与传统的隐私权保护方法相比,隐私权是强调"不干涉"的权利,财产权则是一种积极的权利。通过财产权保护,个人生物识别信息所有权人能够拥有一系列权利包括控制、占有、转让。其次,对个人生物识别信息财产权益的承认并不与相关的人格权相矛盾。承认个人生物识别信息的财产权属性,可以更有利于保护合法的相关信息交易,解决纠纷,保护信息主体的合法权益。最后,如果单纯采用财产权模式来界定个人基因信息的法律属性,则可能造成对人体基因信息的人格权属性的忽略,在否定其主体地位的同时,还可能会带来物化人格的风险。

须指出,相对于美国与欧盟来说,我国目前尚未形成具体明确的个人信息权利保护模式。无论对个人生物识别信息采取何种保护模式,

---

① 刘红臻:《人体基因财产权研究——"人格性财产权"的证成与施用》,《法制与社会发展》2010年第2期。

现行民事立法都是从基本民事权利角度作出的粗线条规定,无法为特定场景下个人信息权利的保护确定具体规则。例如,在个人隐私政策中,相关企业机构在取得收集或使用公民个人信息的授权时,对于取得用户授权的行为方式是否妥当、能否产生取得授权的效力等,民事立法无法提供具体的判断标准。笔者主张,应以人格权和财产权的双重机制对其予以保护,为平衡人格价值和科技进步、经济发展之间的冲突提供可行的通道。以人格权的保护机制确保供体对个人生物识别信息使用情况的控制和支配,以财产权的保护机制维护其对生物信息技术进步利益的合理分享。① 未来的个人生物信息保护立法应考虑到其商业性使用价值财产权的正当诉求、建立个人生物信息权利损害的民事诉讼救济机制、明确侵害个人生物识别信息权利的"损害"认定与赔偿标准、完善相关民事诉讼损害赔偿的举证原则与责任制度等。

(二) 个人生物信息安全的公法保护

首先,在行政法领域,我国与个人生物信息安全相关的法律规范多散见于《网络安全法》《传染病防治法》《人类遗传资源管理条例》《基因工程安全管理办法》《人类辅助生殖技术管理办法》《涉及人的生物医学研究伦理审查办法》等法律法规、部委规章及专门规范文件。如《人类遗传资源管理条例》规定,采集人类遗传资源信息须符合个人信息收集的一般法律要求,但并未建立起与其敏感隐私特征相适应的特殊保护制度。《个人信息安全规范》则较为详细地规定了个人生物识别信息在收集、存储和共享等环节的安全保护要求。在涉及人脸识别、声纹识别等生物识别信息的项目中,网络运营者须专门设计获得用户

---

① 刘越:《论生物识别信息的财产权保护》,《法商研究》2016年第6期。

同意的环节,这也意味着当用户提起争议时,信息业者负有更多的举证责任。《生物信息保护要求》第5.1条提出了生物特征识别系统的保密性、完整性、可更新性与可撤销性等方面的原则和具体要求。第6.4条也提出在生物特征识别信息生命周期管理中有关采集、传输、使用、存储、归档与数据备份、废弃阶段的义务要求,如除非法律法规另有规定,否则在收集、访问、处理或修改、使用生物特征识别信息之前,有关组织应获得主体的同意;系统安全与隐私政策应保证存储、控制和处理过程中生物特征识别信息的安全等。《人脸信息规范》第6.1至6.4条详细规定了收集、存储、使用、删除个人信息过程中的"最小必要规范"。例如,6.1 c规定,收集人脸信息应遵循"最小必要"原则,收集前应通过隐私协议等方式向人脸信息主体告知相关信息,不应超过人脸信息主体"告知同意"的范围。上述国家行业标准和规范虽不具有法律效力,但能起到生物识别技术风险防范和合规性指导作用,也能为将来生物信息安全立法提供经验基础。

其次,在刑事法领域,由于个人基因信息技术发展所引发的人体试验、器官移植、辅助生殖技术、基因编辑及重组等活动存在的风险日趋严重,不少国家对上述行为规定相关罪名并予以刑事惩处。如1994年《法国刑法典》第6章明确规定了对于基因泄露行为的处罚,以及对于DNA鉴定中侵犯他人个人基因隐私行为的刑事惩处。在刑法典之外,不少国家的专门性立法中同样规定了刑事责任条款,如德国的《胚胎保护法》,澳大利亚的《禁止克隆人法案》《基因技术法案》,韩国的《生物安全与技术法》,日本的《克隆技术限制法》等。法国《公共卫生法典》中的《人体尊重法》规定了人体及其生成物的不可转让性,禁止它们成为商业交易的对象,并禁止代孕,包括基因检查规则等。如果违反了这些规则,将判处1年至7年的监禁刑及10万法郎到70万法郎的罚金。德国《胚胎保护法》第5条第1,2项规定:"改变人类生殖系统细胞遗传信息的,处以5年以下的自由刑或者罚金。将人为改变了的遗传信息的人体生殖细胞用于受精的,处相同刑罚。"美国1998年《防止身份盗窃及假冒法》规定,故意转移、使用生物识别信息用于违法活动的行为构成"身份盗窃"罪;2003年的《身份盗窃处罚增强法》进一步将非法"占有"识别他人的方法规定为"身份盗窃"罪。① 须指出,上述附属刑法规范均发挥着与刑法基本规范同样重要的定罪量刑作用,且更具灵活性、协调性,值得我国立法借鉴。

我国于2019年制定出台了《人类遗传资源管理条例》,在"法律责任"一章规定了非法采集、保藏、利用、对外提供人类遗传资源的行政责任和刑事责任。根据现行《刑法》的规定,可以将违反该条例规定的行为认定为犯罪,如将故意泄露被列为国家秘密的基因资源、资料的行为认定为故意或过失泄露国家秘密罪,为境外窃取、刺探、售卖、非法提供国家秘密、情报罪等,但也有不少行为是刑法典中现有罪名无法涵盖的。从立法完善角度,可考虑以当前生物安全立法或修法为契机,通过制定或修订相关行政法律法规中的刑事责任条款,设置"非法利用胚胎罪"等罪名,②实现刑法与行政法规范的有效衔接,在此不赘述。

二、个人生物信息法律保护的体系化

(一) 个人生物信息安全的综合保护模式

我国《个人信息保护法》在《民法典》基础上,建构了个人信息保护

---

① PUBLIC LAW 108-275-JULY 15, 2004, Public Law 108-275 108th Congress.
② 刘长秋:《生命科技犯罪的发展趋向及其法律对策研究》,《北京政法职业学院学报》2012年第1期。

的单行法律框架。该法第5条、第6条分别规定了个人信息处理的方式和目的。其中,第5条规定"处理个人信息应当遵循合法、正当、必要和诚信原则";第6条规定"处理个人信息应当具有明确、合理的目的"。同时,该法将"告知-同意"确立为信息处理的核心规则,其中告知义务是信息主体的主要义务。《数据安全法》第4章规定了数据安全保护义务,其中第32条规定:"任何组织、个人收集数据,应当采取合法、正当的方式,不得窃取或者以其他非法方式获取数据。""应当在法律、行政法规规定的目的和范围内收集、使用数据。"

然而,与国外立法相比,我国个人信息保护的法律法规相互之间有机协调不够,实施起来难免出现立法空白、规范冲突、不衔接等问题。① 个人生物信息保护法益的复合性、多元化,决定了仅靠私法保护模式或公法保护模式均无法有效保障其安全,因而有必要对我国生物安全法律保护作出系统性制度安排。从立法完善的角度,应当设定企业生物识别技术及其应用的行业标准、认证评价机制、安防制度以及许可制度,明确规定个人生物信息识别的禁止性与限定性规范,个人生物信息权的基本内容,以及互联网企业在采集、存储、使用、传输、保管、披露、销毁个人生物识别信息中的法律义务和责任等。

同时,我国还需要通过立法设置国家层面的数据保护监管机构,并于地方设置下级机构,明确监管机构对各种实体数据处理行为的审查权、许可权、调查权、检查权、命令权和司法介入权,以及纠纷调处权,受理控诉、申诉权,以保证实现个人生物信息安全管理的目标。在此方面,《生物安全法》作为一部综合性立法,应当能够适应我国生物多样

---

① 程啸:《加强个人生物识别信息法律保护》,《光明日报》2020年1月4日第7版。

性保护和生物安全保障的制度需求。① 在《生物安全法》的统领和协调下,其他各专门法、单行法具体设置应对生物信息安全风险的法律规则,处理好行政法、民法、刑法等相关法律法规之间的关系,从公法和私法的不同层面进行法律保护,构建个人生物信息安全保护的法律体系。

(二) 个人生物信息保护的法律规范衔接

在个人生物信息安全保护的法律法规体系中,刑法规范也是其中重要的子系统。由于生物信息安全法益属性具有复合性、复杂性、间接性和多变性,刑法不可能靠一己之力遏制危害生物安全的违法犯罪。作为法律体系中的保障法,刑法与民法和行政法之间具有紧密关联性、从属性。因此,应当将相关违法犯罪行为放置在整个生物信息安全保护的法律体系之中加以考量,保持刑法规范适用的统一性和协调性。以下主要讨论个人生物信息安全领域的刑法前置规范、附属刑法规范两个问题,从中寻求相关行政立法、行业规范与刑法规范之间衔接协调问题的解决路径。

首先,在我国《刑法》中,与个人生物信息安全保护相关的罪名包括:侵犯公民个人信息罪、拒不履行信息安全管理义务罪、非法侵入和破坏计算机系统罪、假冒专利罪、非法经营罪、妨害传染病防治罪、非法行医罪、故意或过失泄露国家秘密罪等。上述罪名或多或少、直接或间接地涉及个人生物信息安全法益的保护。同时,在上述罪名中,也存在大量的"违反国家规定""违反……管理规定""违反……法规"等空白罪状,对此,行政法律法规、部门规章及行业规范文件成为填补空白罪状的根据。判断行为刑事违法性以行为人违反前置性法律法规为前

---

① 常纪文:《加快构建国家生物安全法律法规体系》,《学习时报》2020年2月17日A1版。

提,对于行政法律法规及行业规范中的违法违规行为,需要进行违法性的层次性判断,即"出行入刑",形成刑行关系的衔接协调。然而,我国行政法律法规带有很强的部门立法特点,存在委托立法和行业立法的现象和问题:不少行政法律法规关注部门利益和行业保护,法律体系的观念意识不强;加上各部门法的立法、修法时间不一致,立法过程往往比较仓促,欠缺系统性的通盘考虑;在制定行政立法中的刑事责任条款时,缺乏对既有刑法规范的充分研究,没有顾及或疏忽了刑法的相关规定,缺乏整体立法的协调性,导致刑法与行政法之间出现不衔接,甚至互相冲突问题。对此,需要通过构建和完善刑法前置性行政法律规范这个制度链接点加以解决。

其次,根据《网络安全法》的规定,网络服务经营者在运用生物识别技术收集个人信息时,原则上应经过被收集者同意,并遵循合法、正当、必要的原则。在此情况下,我国《个人信息安全规范》等相关行业标准指南提供了立法框架样本。(1)个人生物识别信息的收集。《个人信息安全规范》第5.4条规定,网络运营者收集个人生物识别信息应征得个人信息主体的明示同意。即使已取得个人信息主体的同意,网络运营者仍应仅收集达到目的所需的最少个人生物识别信息,以最大限度降低损害风险。(2)个人生物识别信息的存储。2020年《个人信息安全规范》第6.3条规定,可采取的存储措施包括但不限于:仅存储个人生物识别信息的摘要信息,且该摘要信息应具备不可逆性,即无法回溯至原始信息;在采集终端中直接使用个人生物识别信息实现身份识别、认证等功能;在使用面部识别特征、指纹、掌纹、虹膜等实现识别身份、认证等功能后删除可提取个人生物识别信息的原始图像;网络运营者应将个人生物识别信息与个人身份信息分开存储,还需将这两者的控制权限分配给不同的操作人员,以实现分隔效果。(3)对个人金融信息特定类别的特殊要求。根据《个人信息安全规范》第9.2条规定,网络运营者确因业务需要,确需共享、转让的,应向个人信息主体告知涉及的个人生物识别信息类型、数据接收方的具体身份和数据安全能力等,并事先征得个人信息主体的明示同意。可见,《个人信息安全规范》以"不应共享、转让"为原则,只有当出现业务需要或满足"告知同意"要求的例外情形时,网络运营者方可进行个人生物识别信息的共享或转让,且应当采取加密安全措施或进行安全评估。

上述推荐性国家标准,在立法过程中均可有选择性地纳入法律规制中。另须指出,行业规范并不具有法律效力,对个人生物识别信息的规制范围更广,安全义务要求更高;而刑法是从惩治犯罪活动角度出发,所规制的入罪门槛必须是个人生物识别信息保护的"最低安全基线"。为了避免导致刑事打击范围过大,刑法应将个人生物信息安全行业规范作为前置性规范的参考依据,但不宜直接将其作为判断刑事违法性、认定犯罪的法律根据。

§

个人生物信息法益的多元属性涵盖了其隐私权、人格权、财产权及安全法益的保护,决定了其合理使用和权利保护的多元价值。在生物安全风险因素和潜在威胁因素突发增升的情况下,追求公共安全成为国家和社会公众的普遍心态和立法目标选择。应当看到,我国个人信息安全保护立法存在"碎片化"和规范冲突问题,这源于对个人生物识别信息的权利属性界定模糊不清,加上不同部门法的立法价值目标存在差异所致。可以说,"碎片化"是一种立法常态,虽然对法律体系构成一定冲突,但没有破坏法律体系的整体性及适用效力。不同的部门法各有其调整对象和范围,相互之间存在交叉竞合、冲突矛盾的情况在所难免,单一的民法、行政法或刑法无法完成多元化价值目标的实现,特别是刑法居于后盾法、保障法地位,若将其作为"急先锋"和"主力军"来抗制生物识别技术带来的安全风险,非但不能实现个人生物信息安全法益保护,反而会牺牲个体权利的保障功能。总之,我国需要以网络安全法、生物安全法、个人信息保护法、数据安全法等综合性立法为契机,构建个人生物识别信息安全保护的法律体系,发挥各个部门法在保护权利和保障安全方面的功能,实现行政立法与刑法规范的良性互动、附属刑法规范的实质化,以促进个人生物信息安全法律法规内外部的衔接协调。

第七章
个人信用信息的刑民一体化保护

信用是市场的基石,是保障市场交易的基础,市场经济实际上就是信用经济。随着我国个人信贷市场业务规模快速增长,不良贷款余额和不良负债率居高不下,因个人信用不良引发的社会矛盾突出,经济欺诈和逃废债行为相当普遍。众多P2P网贷机构在给小微企业带来融资机会和需求的同时,也给网贷行业自身以及整个社会制造了安全风险——跑路、诈骗、倒闭等现象持续出现。①

面对社会信用缺失的严重状况,迫切需要加强个人信用征信体系建设。然而,我国信用征信市场化起步较晚,政府主导的社会征信体系覆盖率不够广泛,征信数据源单一,难以实现信息资源共享。同时,互联网技术的应用和商业模式的创新使得征信业获得快速发展,在电子商务的推波助澜下,互联网个人征信逐渐渗透到金融消费行为和商业活动当中。但在互联网征信开放、信息共享的模式下,个人信息、信用信息与隐私的边界模糊化。许多征信机构以社交网络和电子商务为平台,采集大量涉及个人信用的信息,但较少考虑个人信息安全和隐私权、人格权保护问题,采集和使用的成本很低,非法获取和滥用个人信息违法犯罪现象趋于严重,并借助互联网不断放大其社会危害效应。立法者和司法者也面临着如何在个体权利、公共利益、社会秩序和国家

---

① 李晓明:《P2P网络借贷刑事法律风险防控再研究——以刑事一体化为视角》,《中国政法大学学报》2015年第4期。

安全之间进行价值平衡的问题。

第一节　个人信用信息的界定及其法益性质

一、个人信用信息的内涵及可识别性

"信用"一词在不同领域有不同的含义。道德上的信用作为一种美德,其核心是诚实不欺,于个人主要是指诚实人格或可信赖的品质,于社会则指普遍的信任和责任承诺;经济上的信用即市场信用,主要是指行为人在商业交易或信贷活动中迟延履行对应义务的权利或能力;法律上的信用关注的是经济活动相对人或社会对特定主体在经济活动中履行义务的能力的信赖和评价。"个人信用"即自然人和法人履行法定或者约定义务的心理态度及其行为能力;能够用以评价其经济能力和履约能力的个人信息,即为"个人信用信息"。

根据现行立法和司法解释规定,互联网征信中个人信用信息的本质特征在于其具有个人身份或个体特征的可识别性。此外的"可识别性"即指与特定个体具有一定的关联性和专属性,通过这些信息符号能够把信息主体直接,或者与其他信息互相结合间接识别出来,从而能够评价其经济能力和履约能力。其中,能够直接识别的个人信息如个人姓名、家庭住址、电话号码、电子邮箱地址等,争议很少;但随着云计算、大数据等信息技术的运用,许多征信机构可以通过分析互联网用户的消费信息、网页搜集信息、社交网络上的个人信用信息、智能手机的位置信息等对信息主体进行识别,使很多价值密度低的数据更易被赋

予可识别性特征。反之,如果某种个人信用信息虽具有一定的敏感性,但无法明确知道该个人的身份,也即无法特定化,不具有"可识别性",就不应成为个人信用信息。诸如事关公共生活的个人信息、非专有个人信息、无效的个人信息,除非其属于能够识别其经济能力和履约能力的,一般不需要纳入刑法保护的范围。综上,从具体内容来看,个人信用信息主要包括:(1) 个人基本资料,通常包括姓名、性别、年龄、籍贯、学历、政治倾向、婚姻状况、住址、电话、工作单位、工资收入等;(2) 个人商业信用状况,包括个人收入、资产、银行贷款及其还款情况、信用卡使用情况等过往的商业信用交易记录,以及有无破产记录等;(3) 社会公共记录,包括从事的职业、社会保险金缴纳情况、纳税情况等;(4) 守法情况,主要指有无刑事、行政与民事违法记录等。

二、个人信用信息的人格权及财产权益

关于个人信息权的法律属性,有学者认为,应将个人信息权看作一种新型权利。在权利内涵上,个人信息权是个人以其自身信息为权利客体,对其个人信息所享有的相关权利是其人格的重要组成部分。在权利性质上,个人信息权兼有人格权和财产权,[①]《个人信息保护法》《网络安全法》《民法典》《刑法》等现有法律构成了个人信息的法律保护框架。虽然《民法典》第990条纳入了隐私权的概念,个人信息被纳入个人权利的客体,原《民法总则》第111条规定个人信息受法律保护,任何组织和个人不得非法收集、使用、加工、传输他人个人信息;不

---

① 于志刚:《"公民个人信息"的权利属性与刑法保护思路》,《浙江社会科学》2017年第10期。

得非法买卖、提供或者公开他人个人信息。但这些表述没有明确公民个人信息的权利属性,即对公民个人信息权应当属于人格权、财产权,还是一种独立权利避而不谈。所谓"个人信息权"其实是理论上的概念,将个人信息作为独立法益在刑法中予以保护缺乏前置根据,对个人信息权利属性的界定,脱离不了现行法律规定。

从传统个人法益角度,刑法之所以将侵犯个人信用信息的行为犯罪化,就在于这种行为威胁或损害了个人隐私在内的人格尊严和个人信息自决的自由,以及由人格权延伸出来的财产利益:

（1）个人信用信息权利主要是一种人格权,实体层面包括隐私权、肖像权、姓名权等,整体而言超出了个人隐私权。《个人信息刑案解释》将"公民个人信息"分为"识别特定自然人身份"或"反映特定自然人活动情况"的两类信息,明显不限于隐私权范畴。随着现代信息社会发展,隐私权已从传统的消极权利演变为积极的"信息隐私权"。从形式层面则表现为个人信息自决权,即公民对他人收集和利用本人信息拥有是否同意的选择权,或者说,信息权利主体得以直接控制与支配其个人信息,并决定其个人信息是否被收集、处理与利用以及以何种方式、目的、范围收集、处理与利用。刑法应将个人信用信息确认为一种"具体人格权",明确规定个人信用信息主体的知情、同意、查询、更正、补充、删除、封锁等权利。当然,法律并非无限制地保护信用信息自决权,个人也不能将其所有的信用信息自决权理解成其拥有绝对的、毫无限制的支配权。对个人信用信息自决权的限制,仍要符合法律保留原则以及比例原则。

（2）个人信用信息还具有人格权延伸出来的财产权属性,其财产利益是现代社会精神性人格利益商业化的典型。按照传统的人格权理论,人格权受到侵害之后不能申请财产赔偿,反过来,财产权受侵害后也不能要求精神赔偿;自然人死亡之后,其个人信用信息的商业价值的利用问题也无法得到解决,因为人格权不能转让或者继承。正因为个人信用信息的人格权和财产权的属性区分不明确,导致被害人很难提起附带民事赔偿的要求。刑法要遏制侵犯个人信用信息的犯罪,就必须加大其犯罪成本,最有效的做法就是承认个人信用信息的财产属性,将其中的人格权与财产权分开。在刑事附带民事诉讼中,受害人既可以申请精神损害赔偿,也可以申请财产侵害赔偿,这样显然更有利于个人信用信息权的保护。

三、个人信用信息蕴含的社会公共法益

如前所述,个人信息主要是一种人格权,一般认为,人格权是专属法益,自然不可能像财产法益那样相加重叠;然而,当侵犯个人信息超过一定数量时,也会带来对个人法益叠加而成的集体法益的侵害。①在信息网络社会风险因素和潜在威胁不断增大的情况下,个人信息的法益保护也出现了公共化的趋势,追求公共利益、秩序和安全的"超个人法益"就成为社会公众普遍心态和立法目标选择。在德国,有学者指出,如果将法益作精神化的理解,就应当承认国民对于法秩序的信赖感也是法益的内容;刑事立法上也倾向于将抽象危险犯等预防性刑法条款适用于具有"超个人法益"的犯罪领域,法益功能从出罪化转变为入罪化。② 根据我国《刑法》第253条之一的规定,侵犯个人信息的行为必须符合"情节严重""情节特别严重"的条件,才可构成侵犯公民个

---

① 吴伟光:《大数据技术下个人数据信息私权保护论批判》,《政治与法律》2016年第7期。

② 何荣功:《预防刑法的扩张及其限度》,《法学研究》2017年第4期。

人信息罪。若是认为该罪法益为个人法益,则很难将个人信息的用途以及造成后果涵射在该罪的法益范围之内。将侵犯公民个人信息罪的法益界定为"超个人法益",即个人信息安全的信赖感,则为个人信息的利用预留更大的空间,也有利于保护个人信息的自决权。

近些年来,我国政府公共管理开始引入个人信用评估体系,并与互联网个人征信服务链接,个人信用信息的内涵从最初的个体履约偿债能力方面的商业信用记录等信息,扩展至社会文化领域的公共信息范围,诸如乘车逃票、欠缴水电燃气费用等个人信息也被作为社会信用评价因素。国务院发布了《社会信用体系建设规划纲要(2014—2020年)》,各地社会信用立法亦如火如荼。例如,2017年颁布的《上海社会信用条例》明确将社会信用信息分为公共信用信息和市场信用信息,个人信用信息也成为社会信用信息的一部分,被当作公共物品来治理,兼具个体权利属性与公共利益属性。个人信用信息从最初商业信用记录等信息发展成为明确的包括公共记录信息。无论是地方性法规还是行政法规,基本都是围绕信用信息的采集、管理和披露等设置规则,个人信用信息的保护不再是如何保密,而是如何在尊重个人隐私和自由的前提下有效地利用和流通。我国政府部门建立了许多含有海量公民个人信息的应用网络系统,将身份登记、视频监控、实名注册等作为公权力运行的前置依据,公民个人的行踪、言论和生活轨迹暴露在国家政府的监控之下。[①] 然而,对于政府机构不当搜集和滥用个人信息的行为缺乏应有的法律规制,信息安全与信息自由的价值选择之间产生了不均衡问题。有学者指出,在大数据技术时代,以隐私权利及财产权等私权对个人信息进行保护和利用,难以对个

[①] 赵宏:《从信息公开到信息保护:公法上信息权保护研究的风向流转与核心问题》,《比较法研究》2017年第2期。

人信息的使用方式、目的和效果产生有效的规制,因而应将个人数据信息当作公共物品加以治理,其目的应该是为了社会公共利益、国家和公共安全。①

根据以上分析,在互联网征信领域,个人信用信息的法益可分为两部分:一是个体法益,即个体的人格权及财产权;二是公共法益,即信息网络领域的国家安全、社会公共利益及秩序,其法益结构具有多元性发展态势。在解释论层面,个人信用信息法益的公共性主要体现在涉及个人信用信息的数量为不特定或者多数。② 如果将侵犯公民个人信息罪的法益认定为个人信息安全,作为公共安全的一种,它无法证成侵犯公民个人信息的行为,刑法所处罚的行为,是对会危及受保护法益的行为,仅以侵犯公民个人信息的行为,不依托于行为目的的考量,无法认定此行为对何种法益制造了危险。仅以对侵犯公民个人信息数量的巨大,不能弥合法益侵害危险和风险之间,由法益侵害目的缺失所造成的鸿沟。"超个人法益"由于其内容过于抽象和模糊,在限制刑罚处罚方面的解释机能趋于弱化。而传统个人法益具有限制刑罚发动和处罚范围的机能;因而,刑法对传统个人法益的保护仍是主要的。对于个人信用信息的"超个人法益",应根据其涉及的信息安全等级及其遭受不法侵害的风险程度,实行多层次、体系化的刑法保护。

---

① 吴伟光:《大数据技术下个人数据信息私权保护论批判》,《政治与法律》2016年第7期。
② 劳东燕:《以危险方法危害公共安全罪的解释学研究》,《政治与法律》2013年第3期。

第二节　个人信用信息刑民一体化保护模式

一、个人信用信息保护义务与侵权行为类型

个人征信是对反映个人履约能力的信息进行采集、调查、加工、使用的行为，是以解决市场参与者的信息不对称为目的，从而保证市场经济的公平和效率。个人征信体系建设必须以个人信用信息采集使用和适度开放为基础，而后者直接关系到个人权利保护。征信主体必须合法正当地采集和使用个人信用信息，承担个人信用信息权利保护的义务和责任。

（一）征信主体的个人信用信息保护义务

在个人征信法律关系中，征信主体主要包括信用信息主体、征信机构、信用信息提供者和使用者。合理设定征信主体的权利义务是平衡各方主体利益的关键。征信主体在持有、收集、存储、加工、传输、开发、利用、公开个人信用信息的过程中，应当负有保护信息主体权利的作为义务。对此，2013年颁布的《征信业管理条例》做了具体规定。其中，征信主体的个人信用信息保护义务应包括以下内容：

（1）限定个人信用信息的收集目的和范围。个人信息的收集应当有明确而特定的目的，不得偏离有关目的收集个人信息。征信主体在个人信息采集过程中应当遵循以下标准：一是具有相关性。采集的信息内容应当是与核实个人身份、判断个人信息状况有关的，无关的信息

不应当采集,如与信用无关的刑事处罚记录。二是不得采取欺诈、胁迫等其他不正当的手段,不能对个人合法利益造成损害,尤其不能对个人造成歧视性后果,如种族、政治信仰、宗教信仰、健康状况、性取向、身体特征等个人信息,都不能列入信息采集的范围;与个人资产有关的信息,如存款、纳税等信息,反映个人还款能力,被征信人如果自愿提供的,征信机构可以采集,否则不能采集。

(2)保障个人信用信息主体的知情同意权。知情同意权是指收集不需识别信息主体的个人信息,未经信息主体知情同意或法律允许,不得收集个人信息,并应消除该信息的识别力,并不得恢复。须指出,各国立法关于个人征信信息知情同意权的规定存在差异:美国比较强调个人信息的自由流动,征信机构可以按照法律规定未经同意收集个人的征信信息,但对于敏感信息以及特殊主体的信息还需要获得同意的程序。欧盟则坚持适用"知情同意"规则,对个人信息的采集采用了较为严格的规定。然而,互联网个人征信的发展对于传统的知情同意规则提出了挑战,实践中征信机构往往采取隐私声明和概括授权的方式,对信息权利主体反而不利,因而有些学者提出相对灵活宽松的"推定同意"规则,以适应不断发展的征信行业市场的需要。我国《征信业管理条例》第15条规定,信息提供者向征信机构提供个人不良信息,应当事先告知信息主体本人;第13条规定,采集个人信用信息应当经信息主体本人同意,但是,依照法律、行政法规规定公开的信息除外。个人公共信用信息中的公开信息在采集时无须经其本人同意。但是当个人信用信息与个人隐私信息产生交叉时,获得信息主体授权就成为征信机构的义务职责。上述规定体现了这样的相对灵活性。

(3)保证个人信用信息的真实性和完整性。征信主体应当保证个人信息在利用目的范围内准确、完整并及时更新,以保障个人信息可追溯、可异议和可纠错。如《征信业管理条例》第25条规定,信息主体认为征信机构采集、保存、提供的信息存在错误、遗漏的,有权向征信机构或者信息提供者提出异议,要求更正。

(4)限定个人信用信息的使用范围和用途。个人信息的处理和利用,必须与收集目的一致,在必要情况下进行目的变更,应当有法律规定或取得信息主体的同意或其他正当理由。

(5)保证个人信用信息安全。征信主体应当采取合理的安全措施保护个人信息,防止个人信息的意外丢失、毁损,以及非法收集、处理、利用。在发生或者可能发生个人信息泄露、毁损、丢失的情况时,应当立即采取补救措施,按照规定及时告知用户并向有关主管部门报告,从事后打击转移至事前防范,以切实保障个人信用信息安全。

(二)征信中个人信用信息侵权行为类型

近年来,征信主体非法买卖、泄露与滥用个人信用信息的侵权行为泛滥,并借助于网络载体所产生的波及效应,无限放大其社会危害效应。在电子商务领域,主要存在制假售假、以次充好、虚假宣传、恶意欺诈、服务违约、恐吓威胁,以及通过恶意刷单、恶意评价等方式实现"增信"或"降信",从而侵犯个人信用信息的行为。如2014年发生的"旺旺贷'跑路'事件",就将网贷平台最大的流量入口百度推上风口浪尖——很多受害者投资旺旺贷的主要原因就是其有百度认证。从不同征信主体的侵权行为类型上看,可分为以下几种情况:

1. 个人征信机构的侵权行为

主要包括:(1)在信息采集环节,如果征信主体所采集的信息无法真实、全面地反映信息权利主体实际的信用状况,就会使授信者对信息主体信用状况产生错误判断;同时,征信主体可能违反《征信业管理条例》等法律法规中的禁止性条款和基于合同对信息采集范围的约定,随意扩大个人信用信息的搜寻范围。(2) 在征信系统设计环节,如果征信系统设计存在瑕疵,导致对信息数据分析错误,影响授信者对个人信用状况的判断,使被征信者无法开展信用交易活动,就会对个人信用信息权造成侵害。(3) 在信息存储环节,如果个人信用信息不及时更新、对不良信用信息不及时删除,或者未对个人信用信息采取适当的安全加密措施,以致被他人攻击、篡改、非法获取,就会造成对个人信用信息权的侵害。例如,"数据黑市"滋生的重要原因就在于黑客能够利用爬虫、撞库等技术手段轻而易举地获取数据库,大量价格低廉的个人信息数据成为部分征信机构的隐形数据源。有的征信机构甚至雇佣黑客直接对数据缓存库实施"拖库"盗取数据。还有的征信机构虽然通过正规渠道和价格获得数据接口,但在调用数据时会在"本地设备"上形成一个"缓存库",当个人信用信息数据累积到一定程度后,就将这些"缓存库"拿去做二次销售牟利。

2. 个人信用信息提供者的侵权行为

如前所述,《征信业管理条例》第 15 条规定:"信息提供者向征信机构提供个人不良信息,应当事先告知信息主体本人。但是,依照法律、行政法规规定公开的不良信息除外。"然而,在提供个人信用信息过程中,也会产生如下侵权行为:(1) 向征信机提供错误、过时、遗漏、片面等情形的个人信用信息。征信机构最终提供的信用信息上的瑕疵,导致信息权利主体的信用评价受到贬损。(2) 基于故意增删、修改、涂抹个人信用信息,或是虚构涉及征信采集方面的相关事项,损害他人信用。这些受到贬损或误导所产生的信用信息结论都有可能导致被征信者的信用评价受到影响,从而失去潜在的商业机会和原本预期的商业活动结果。(3) 征信行业内部工作人员非法倒卖、帮助倒卖个人信用信息牟利。诸如相关涉及征信行业部门的业务操作人员、系统维护人员等作为"内鬼"为谋取非法利益,违规利用内部信息系统查询征信报告出售盈利或串通外部人员,为其提供征信 ID 和密码、银行专用网络,供后者实施其他违法犯罪或倒卖出售获利。

3. 个人信用信息使用者的侵权行为

信息权利主体对自己的信用信息评估情况及该情况被用作何途享有知情权。如果信息使用者未按照规定及时履行相关告知义务,就可能构成对他人信用信息权的侵害。实践中经常出现由于银行未尽责审核或者他人利用虚假的身份资料办理了贷款、信用卡后,逾期不还,信息权利主体莫名被录入征信"黑名单",导致本人无法贷款的情况。另外,因授权条款设置不具体、不明显导致滥用个人信用信息的现象也很常见。如许多互联网银行、P2P 机构在获取个人信用信息授权时采用电子形式,即信息权利主体申请贷款时在线勾选"同意"授权条款、电子规则、声明等,但并没有使用明显标志进行提示,且授权内容范围不明。如在"微粒贷"业务中,微信用户点击微信钱包中的"微粒贷"查看额度,不慎勾选了授权条款,而被"微众银行"以"贷款审批"为由向央行征信中心查询用户的信用信息,致使后者的知情同意权受到侵犯。

二、个人信用信息保护的体系化及价值选择

从系统论的角度,刑法规范是其整个法律体系的子系统,既以其自身独有的结构而具有内部封闭性,又因同非刑事法律法规的交互作用而获得其自身的开放性。根据法秩序的一体性与刑法谦抑性理念,刑事违法性与行政或民事违法性具有一致性。不存在具有刑事违法性,

而没有行政或民事违法性的行为;缺少行政或民事违法性的行为,也不可能具有刑事违法性。对上述个人信用信息侵权行为,除了进行形式层面的违法性判断之外,更重要的是基于系统思维对个人信息立法碎片化予以修复,对个人征信各方主体利益进行利益衡量,从而实现个人信用信息刑法保护的体系化。

(一) 个人信用信息保护立法碎片化及其修复

目前,国内涉及个人信息与隐私保护的法律主要有《刑法》《民法典》《网络安全法》《消费者权益保护法》《征信业管理条例》《征信机构管理办法》《电信和互联网用户个人信息保护规定》等。但在维护信息网络安全立法思想主导下,个人信息权利的法律保护一直存在不足,缺乏相应的法律规范和制裁体系。实践中存在执法部门权限职责不清,个人信息的收集处理规则不科学、不合理,作为个人信息权利保护义务主体的守法成本高,个人维权成本高昂且效率低下等问题。在刑事立法方面,对于侵犯个人信息犯罪的刑法规制处于不断扩张态势,法益保护的链条不断拉长,扩大了公民个人信息保护的范围和程度。《个人信息刑案解释》分别对"公民个人信息""违反国家有关规定""提供公民个人信息""以其他方法非法获取公民个人信息""情节严重""情节特别严重"等作了具体规定,明确了定罪量刑的情节标准,但仍未形成对个人信息权利完整的体系化保护。如《网络安全法》第41条规定,信息收集者必须按照信息提供者同意的方式与范围使用,不得超出收集个人信息的原始目的使用,但《刑法》以及《个人信息刑案解释》都没有对非法"使用"个人信息行为作出规定,与《网络安全法》的上述规定相脱节。另外,由于缺乏严格有效的监督制约机制和良好的行业自律环境,行业组织所发挥的作用也比较有限。由于上述法律规制方面的漏洞,不仅难以实现个人信用信息法律保护的统一性和有机性,也不能为认定和处理侵犯个人信用信息的行为提供明确依据。由此带来司法认定方面的困惑,查证难度和司法成本相当大。司法实践中,以侵犯公民个人信用信息罪追究刑事责任的案件并不多见,其中未经授权查询个人信息被处以行政罚款的比例最高,行政处罚内容大都是罚款,"一罚了之",处罚理由也未得到披露,违法成本相当低。

  从系统论的角度来看,个人信用信息保护的法律规范之间应当是衔接协调的。只有刑法体系内外部实行多层次的法益保护,将大量侵犯个人信息的违法行为堵截在民事、行政法律领域进行处置,才能更好地发挥刑罚的惩治和预防功效。一方面,在刑法体系内部,涉及对侵犯公民个人信息罪及其关联罪名的体系解释问题。实际上,侵犯公民个人信息罪及其关联罪可以看作一种罪名集合,侵犯公民个人信息罪在这个"罪群"中处于核心位置,对衔接和协调其他罪名的罪刑关系来说具有重要的纽带作用。不同罪名的构成要件之间应避免相互重叠,更不能相互冲突和矛盾;同时,准确处理相关罪名与法条竞合关系,保持刑法规范适用的统一性和协调性。另一方面,在刑法体系外部,面对互联网征信领域日益泛滥的非法采集和使用个人信息行为,在行政法监管不到位、处罚软弱无力的情况下,有必要运用刑事法律手段进行规制。当然,作为保障法、事后法和制裁法,刑法只有在非刑事的前置法管控无效、超出其调整范围的情况下才可以介入。如果一味予以刑事打击,加大征信主体的涉罪风险,就会阻碍个人征信市场的发展,不利于互联网金融安全和社会信用保障。因而,有必要从出罪角度加以考量,避免造成征信主体权益的制度性压制。应当看到,民法、行政法、刑法等部门立法的价值目标各有侧重,相互之间存在交叉竞合、冲突矛盾的情况在所难免。因此,对于个人信用信息权利保护的"碎片化"问题,也应当客观地看待其现实合理性,不能一概否定。

(二) 个人信用信息保护的利益衡量及选择

在互联网征信领域,个人信用信息法益呈现多元化态势,个人信用信息的权利属性决定了两者之间的矛盾,本质在于两者所体现的经济法价值理念不同,前者追求秩序,后者关注自由;个人征信影响信用信息权利的保护,而对信用信息权利的保护会降低征信效率。为了防止人们为了追求自身利益而逾越权利底线,以致给他人利益带来损害,法律需要确认合法利益的边界、协调不同主体利益、建立利益调节机制,既要充分保证个人隐私和人格权益不受损害,又能够保证个人征信活动的正常开展。[①] 从国外立法来看,各国已经意识到衡平征信与信用信息权利保护两者矛盾的重要性。如美国通过《公平信用报告法》《消费者信用报告改革法》《格莱姆法案》《公平与准确信用交易法》强化了征信机构、信用报告使用者以及信息提供者的义务;欧盟也通过《关于个人数据处理的个人权利保护及此类数据自由流动的指令》等为依据保护信息主体的权益。相比之下,美国宽松的信息保护政策促进了信用信息的有效供给和流通,但也不可避免地提高了民众的负债率。而欧盟立法更加注重对信用信息权利的保护,但也在一定程度上阻碍了信用市场的发展。[②] 随着互联网技术的不断发展,各国有关个人征信的法律规则也在不断作出调整,在利益冲突和协调的过程中趋同性日益凸显。

我国《刑法》将侵犯公民个人信息罪置于"侵犯公民人身权利、民主权利罪"一章,作为第253条之一规定在"私自开拆、隐匿、毁弃邮

---

① 雷继平:《个人征信系统与个人信用信息保护》,《法律适用》2006年1—2期。
② 郭瑜:《个人数据保护法研究》,北京大学出版社2012年版,第98页。

件、电报罪"之后,可见刑法保护的重点是公民个人的隐私权。然而,这种隐私权保护模式已经难以适应现代社会积极利用个体信息的现实需要。从保护个人隐私权的角度出发,必须限定征信中个人信用信息的范围;但将其完全限制在个人隐私之外显然是不现实的,只要允许个人信用信息的采集和使用,就必然存在其与个人隐私和人格权保护之间的冲突。对个人信息权利主体而言,他们很难对自身信息价值作出正确估价,很难对信息披露的风险作出评估,也不能确切地知道其个人信息最终会流向何处,或者将会被如何利用。① 由于信息持有者和使用者之间不平等的谈判力量,个人也无法通过与处于强势地位的征信机构进行谈判来有效保护自己的个人信息财产权利。而对于需要积累数以亿计信用信息的征信机构而言,针对每次个人信息的使用逐一进行谈判,需要非常高的交易成本,也是难以做到的。

须指出,我国征信业尚处于初创阶段,在个人信用信息采集和使用方面,宜采取相对宽松的制度政策。基于保护社会公共利益的原则,在某些特殊情况下,可以强制公开个人信用信息,以实现个人信用信息公开的对称性和公平性。在刑事立法和司法中,应当在坚持罪刑法定原则的基础上,运用利益衡量的原则和方法,对侵犯个人信用信息行为的社会危害性进行实质判断。有学者提出将利益分为:具体利益、群体利益、制度利益和社会公共利益,通过利益层级进行判定。② 但也不能由此认为社会公共利益就一定要高于具体利益,否则就会导致国家权力的过度扩张,而使个人权利自由空间遭到压缩。如前所述,个人信用信息所包含的法益可分为个人人格及财产权益、社会公共利益、国家安全

---

① Jessica Litman, "Information Privacy/Information Property", *Stanford Law Review*, 52, 2000, p.1287.
② 梁上上:《利益的层次结构与利益衡量的展开——兼评加藤一郎的利益衡量论》,《法学研究》2002 年第 1 期。

利益。原则上,人格权益优于财产权益;财产权益之间价值高者优先;社会公共利益、国家安全利益一般优先于个人的人格及财产利益;但也要考察利益数量和规模大小加以判断,而不能仅靠法益性质作为唯一根据。判断个人信用信息法益性质及其程度的因素,包括个人信用信息的识别性强弱、信息数量规模、侵权行为方式和用途去向、被害人的心理感受、对国家信息安全、社会公共利益的影响等,需要司法机关综合加以考量。[①]

§

综上所述,在互联网征信领域,个人信用信息呈现权利属性复杂化、法益结构多元化的特点,包括信息主体的知情同意权和自决权,兼具保护国家和社会公共安全、利益及秩序的"超个人法益",因而需要多层次、体系化的刑法保护。而刑法体系自身是一个开放的复杂系统,并不局限于静态的文本构造,更应从刑事司法功能的动态发挥得到实现。司法机关应加强对相关罪名的体系解释,加强刑法保护体系内外部的衔接协调,构筑侵犯个人信用信息违法犯罪行为的法律责任和制裁体系。同时,通过运用利益衡量方法进行实质判断,准确把握入罪门槛与出罪边界,实现征信各方主体的信息权利的整体刑法保护和适当利益平衡。另外,法律上的利益平衡都不是静态的,随着个人征信的行业进步和经济发展,通过刑事法律与非刑事法律之间的衔接协调,寻求互联网征信领域不同主体利益的平衡点,在有效保护个人隐私的同时又不过度抑制征信行业的发展创新,从而实现个人信用信息法益刑法保护与信用信息开放之间的动态平衡。

---

① 胡胜:《侵犯公民个人信息罪的犯罪对象》,《人民司法》2015年第7期。

第八章
个人疫情信息的刑民一体化保护

　　自新型冠状病毒肺炎疫情在全球爆发以来，疫情信息时刻牵动着所有人的神经，大量有关疫情的数据、图片、视频、评论充斥于社交网络，其中不乏网络谣言，也出现了不少"人肉搜索"和曝光确诊病例、疑似病例或密切接触者本人甚至其家庭成员个人隐私信息的行为。违法违规收集和使用个人信息，不仅侵犯了个人隐私权益，而且对疫情防控工作造成了严重阻碍和负面影响，公共安全和个人利益的矛盾冲突问题像被置于放大镜下一样集中凸显。

　　相对地，诸多互联网公司利用收集并掌握的大量用户的个人信息，在疫情防控中开发了一系列大数据应用，包括"同程排查""百度迁徙""新冠肺炎小区速查""疫况"等，在确定、追踪及排查已感染病例或疑似病例及其相关接触人群轨迹等方面提供了准确、全面的信息，从而为疫情防控提供了实际的支撑协助。然而，实践中的主要问题还在于，在运用大数据实行联防联控过程中，如何处理个人信息利用和保护之间的冲突与协调的问题。本章就此从刑民一体化角度对个人疫情信息保护问题予以专题研究。

第一节 个人疫情信息法益保护与利益衡量

一、大数据背景下个人疫情信息保护问题

疫情之下,防范疫情扩散蔓延无疑是第一位的,确诊病例、疑似病例等的公民个人信息需要被当作疫情信息收集和使用。在此情况下,个人隐私信息权利应受到限制,不可避免地要让渡个人信息权利和利益,必要时须承担公共卫生安全保障义务和法律责任。对于政府部门和企业机构来说,收集、使用个人疫情信息的同时,也要依法保障公民个人合法正当的权益,不能顾此失彼。对此,中央网络安全和信息化委员会办公室于2020年2月发布《关于做好个人信息保护利用大数据支撑联防联控工作的通知》,要求在疫情防控工作中要高度重视个人信息保护工作,收集个人信息应参照国家标准《个人信息安全规范》,坚持最小范围原则,收集对象原则上限于确诊者、疑似者、密切接触者等重点人群,防止形成对特定地域人群的事实上歧视;为疫情防控、疾病防治收集的个人信息,不得用于其他用途,未经被收集者同意,不得公开其个人信息,因联防联控工作需要且经过脱敏处理的除外;等等。

2017年《个人信息刑案解释》明确了公民个人信息的内涵和定罪量刑的情节标准。面对此次疫情,"两高两部"于2020年2月6日出台《关于依法惩治妨害新型冠状病毒感染肺炎疫情防控违法犯罪的意见》(以下简称《防疫意见》),其中就拒不履行信息网络安全管理义务罪,编造、故意传播虚假信息罪等侵犯涉疫情个人信息法益的相关罪名

的刑法适用提出办案指导意见。司法实践中,由于公民个人信息类别丰富多样,千差万别,对于信息类型的判定、信息来源的证实、违反国家有关规定的认识分歧,以及不同刑法规范、不同罪名之间存在交叉竞合和冲突等问题,仍然困扰着司法机关,并未形成对公民个人信息权利完整的体系化保护,单一的部门法无法完成多元化价值目标的实现,需要各自发挥其功能,相互衔接协调、共同协力加以实现。

二、个人疫情信息法益与知情同意的保护

(一) 个人疫情信息的复合法益属性

根据我国《网络安全法》第76条第5项规定,个人信息的本质属性在于其可识别性,即能够识别特定个人身份或者反映特定个人活动情况。本章中的"涉疫情个人信息"或"个人疫情信息"是指为了疫情防控需要而收集和使用的、有关确诊或疑似病例及其他相关自然人的个人信息。在疫情防控期间,除了公民个人的姓名、身份证号码、手机号码、生物识别信息等反映其特定身份的信息之外,个人行踪轨迹信息亦显得尤为重要。在传染源发现、追踪、控制、隔离的过程中,收集使用个人信息的目标是寻找与病患者有密切接触的高风险个体或人群,如目标对象可以是在特定时段内于传染源附近出现过的 A,也可以是已经确诊的 B 以及与 B 有接触史的个体 C。当前我国网民数量规模巨大,智能手机及其上安装的 APP 已成为生活必备,疫情居家时期更是依赖智能手机与外界沟通。因此,以智能手机及其上安装的 APP 相关的个人信息为线索,可以快捷、精准地搜索涉疫情人群的火车票、机票等行程信息,行车导航记录信息,宾馆住宿信息,交易支付信息,快递收货地

信息,等等。由于新型冠状病毒具备"人传人"的特性,且潜伏期很长,难以捕捉传播路径。因此,也非常需要借助大数据技术,追踪和了解特定时间段内相关人员的移动轨迹,进行关联分析和风险预测,为疫情防控提供参考依据。

目前,个人信息所蕴含的权益内容逐渐丰富,从个人隐私权、名誉权逐渐发展形成了一整个权利系统,包含知情权、同意权、查询权、更正权、删除权、利用权和公开权等一系列子权利。同时,在公民个人信息的收集和使用的过程中,初始权利主体逐渐不再拥有对个人信息完全的控制,信息权利主体也呈现多元化态势,从初始权利主体扩展至收集者、使用者及管理者。从广义上说,个人信息自由不仅包括公民个体的权利自由,而且包括其他自然人、企业机构的信息使用权利和国家政府的管理职权;而个人信息安全实际上也包括国家、社会和个人不同层面的法益内涵,"个人信息安全权"也成为公民个人信息权利的重要内容。因此,个人信息所蕴含法益具有复合性,既有个人权利自由的内容,又涉及公共利益、社会秩序和国家安全。相应地,个人信息权利法律保护也具有信息自由与信息安全的多元价值。

对于疫情时期的确诊或疑似病例来说,对涉及本人的疫情信息同样拥有其所蕴含的隐私权、名誉权等人格权;收集利用个人疫情信息的部门和机构则拥有信息使用权;社会公众有获悉和分享个人疫情信息的知情权;行政机关则有公开和发布个人疫情信息的权利。可见,个人疫情信息的法益属性同样具有复合性特征,不仅包括初始信息权利主体的权利自由,而且包括其他收集使用疫情信息的单位或个人相应的信息权利。同时,个人信息安全也是个人疫情信息权的重要内容,个人疫情信息法益不仅包括公民个人信息安全,更涉及公共卫生健康安全乃至国家安全。当然,只有当涉疫情的个人私密敏感信息经过去识别化"脱敏"技术处理之后,其人格权属性减弱,才不再归初始信息主体个人拥有,而成为政府部门和企业机构所掌握的疫情公共数据。对此,《传染病防治法》第12条即规定"疾病预防控制机构、医疗机构不得泄露涉及个人隐私的有关信息、资料",第68、69条规定"故意泄露传染病病人、病原携带者、疑似传染病病人、密切接触者涉及个人隐私的有关信息、资料的"机构或相关人员将受到纪律处分、行政处罚乃至依照《刑法》第253条之一以"侵犯公民个人信息罪"予以刑事处罚。

疫情特殊时期,依法惩治涉疫情个人信息犯罪、防控疫情安全风险、保障公众公共卫生安全成为刑事立法和司法的价值选择。作为个人信息保护领域的主要罪名,侵犯公民个人信息罪设置于《刑法》分则第4章侵犯公民人身权利、民主权利罪当中。然而,刑法对公民个人信息的保护不限于单一、平面的个人法益,也具有复合性特征:一是传统法益,即公民个体的人格权和财产权,二是新型法益或"超个人法益"[①],即信息领域的国家和社会公共利益、安全或秩序。个人信息刑法保护所追求的价值目标也具有信息自由和信息安全两方面。比较而言,个人信息法益的保护内容具体明确,而"超个人法益"内容概括模糊,在区分罪与非罪的界限的关键领域,个人信息法益保护仍是刑法适用所主要考虑的因素。

(二) 信息主体知情同意保护原则及例外

所谓"知情同意"即收集和利用公民个人信息应明确告知其相关情况并征得本人授权同意,也有学者称其为"告知同意"。[②] 在国外,欧盟的《通用数据保护条例》较为全面地规定了欧盟公民享有对个人数

[①] 曲新久:《论侵犯公民个人信息犯罪的超个人法益属性》,《人民检察》2015年第11期。

[②] 张新宝:《个人信息收集:告知同意原则适用的限制》,《比较法研究》2019年第6期。

据处理的各项权利,其中最重要的是个人知情同意的基础权利;2018年美国加州消费者隐私立法创设的各项权利,与欧盟条例中数据权利的内容并无二致。在国际法领域,个人信息知情同意原则也在相关国际规范性文件中得到确认。如世界经济合作与发展组织(OECD)发布的《关于隐私保护和个人数据跨境流通的指南》指出,在多数情况下个人信息数据的收集行为不仅要获得信息数据主体的同意,还要限于为实现征求同意通知书中所表明的目的之必要的最小信息数据量,且该信息数据在没有获得新的同意时不得用于其他不相关的目的。①

在我国,根据《网络安全法》第41条的规定,网络运营者须经过个人信息主体同意之后,才能进行收集和使用。此条规定直接体现个人信息主体个人意志的"法益自决权"②,即"公民能够自主决定同意他人对其本人信息进行收集、储存、处理以及利用的权利"③。这种自决权的核心内容就是信息主体的知情同意权。在刑法适用中,也需要对不同信息主体应承担的保护义务进行利益衡量和责任分配,在法律允许的范围内实现个人信息数据经济效益的有效利用。经个人信息主体同意的行为并不意味着当然地阻却刑事违法性,知情同意权的行使不能逾越法律的界限、不能与国家和社会公共利益相冲突。如果收集、使用个人信息的行为违反了前置性法律法规或部门规章,那么即便个人信息主体作出同意的意思表示,也不能被认定是有效的,不能排除其刑事违法性。在此情况下,认定非法收集、使用个人信息的行为构成侵犯公民个人信息罪,也可以相应地减轻其刑事责任。

---

① 转引自高富平:《个人数据保护和利用国际规则:源流与趋势》,法律出版社2016年版,第36页。
② 冀洋:《法益自决权与侵犯公民个人信息罪的司法边界》,《中国法学》2019年第4期。
③ 姚岳绒:《论信息自决权作为一项基本权利在我国的证成》,《政治与法律》2012年第4期。

三、个人疫情信息保护和利用的利益衡量

在大数据背景下,涉疫情个人信息的收集和使用过程中,信息流动的起点是公民个体,而在信息流动过程中会涉及使用者、经营者和服务者等多方主体的相应权利,使其社会公共属性得以体现和凸显。个人信息的权利保护和价值利用是一枚硬币的两面,自由与安全的价值取向既是对立的,又统一于权利保护和价值利用的关系当中,包括刑法在内的相关法律法规既能保护公民个人信息的基本权利(隐私权),又能有效促进个人信息的价值利用。

(一)疫情信息公开与个人知情同意的协调

作为国家重大突发公共卫生事件,传染病疫情肆意传播可能造成社会恐慌、影响国家安全,疫情数据理应成为国家安全信息报告和发布的重要数据。出于疫情防控的需要,国家政府和卫生行政、疾病防控部门以及医疗机构可以不经个人信息主体授权而收集有关个人信息,同时政府部门可以在"突发公共卫生事件应急预案"中将信息收集、发现的权力再次授权给其他部门、机构组织。2020年2月24日,最高人民检察院召开专题会议指出,为防控疫情需要,由政府部门组织动员的居(村)委会、社区工作人员可以认定为受国家机关委托从事公务的人员。对于防疫人员依职权行使的与防疫、检疫、强制隔离、隔离治疗等措施密切相关的行为,应认定为公务行为。另外,《突发事件应对法》《传染病防治法》《动物防疫法》均对有关主体违反疫情报告义务有可能承担的刑事责任进行了规定。如《传染病防治法》第12条规定,在中华人民共和国领域内的一切单位和个人,必须接受疾病预防控制机

构、医疗机构有关传染病的调查、检验、采集样本、隔离治疗等预防、控制措施,如实提供有关情况。同时该法赋予各级疾病预防和控制机构、各级卫生行政部门以及防控预案中授权的相关部门、组织和个人等主体之个人数据收集、使用权。

同时,在疫情防控中,政府部门实行疫情信息公开,面临着如何处理与公民个人知情同意权、社会公众知情权保护的关系问题。在防控疫情过程中收集和产生的政府信息可能会涉及个人敏感信息,须进行"脱敏"的去识别化处理,或者征得相关权利人同意。

其实,实行政府信息公开及数据开放、保障公众的知情权就是治理网络谣言最好的"特效药"。从一定意义上说,政府信息的公开就是公众知情权的实现,疫情信息公开中也包括个人疫情信息,其中个人信息主体的隐私权与公众知情权会存在一定的冲突。例如,有些地方防疫部门推出"疫情防控调查登记APP",但没有得到统一使用,反而是有的社区采用保险公司等机构提供的APP采集信息,甚至用自己的平板电脑等设备上门登记,这些由基层社区和单位收集和保存的个人信息数据基本处于无监管状态。同时,不少互联网公司凭借大数据技术能力,为政府部门防控疫情提供了海量的信息数据,其中当然也涉及公民个人隐私信息保护问题。不可否认,当前防控疫情是国家政府面临的首要任务,根据防疫需要可将公民个人信息作为疫情公共信息予以收集和使用,甚至向社会公众公开,公民个人在必要时确须让渡自身的个人信息权利、承担公共卫生安全保障义务和责任。但政府部门和相关企业机构收集使用个人疫情信息,仍要依法保障公民个人的隐私权等基本人格权益,不能顾此失彼。可以说,政府疫情信息公开的过程也应当是公民个人隐私权不断得到合理利用和妥当保护的过程。公共疫情防控与个人信息保护本质上是不矛盾的,即便相关法律法规或政策制度出现了冲突,对于公民个人信息权利的克减也必须遵循比例原则,采取最小损害的方式进行,不得损害其人格尊严的基本权利。例如,深圳市政府部门在公布新冠肺炎病例逗留过的小区和场所信息时,将具体的门牌号码等信息都隐去;对确诊病例详情的通报中,对姓名、工作单位等具有可识别性的个人数据信息进行删除,仅保留了家庭住址、个人行踪轨迹等有特定用途价值(排查密切接触者及普通公众预防)的内容。① 此种去识别行为既能有效达到披露防疫信息的目的,又降低了运用该信息可能对确诊病例的隐私造成的威胁或损害的风险。

(二) 收集和使用涉疫情个人信息的合理限制

如上所述,面对来势汹汹的新型冠状病毒肺炎疫情,政府部门和相关机构在收集和使用涉疫情个人信息过程中,必须把握好政府信息公开及数据开放的法律边界。首先,在收集和使用涉疫情个人信息过程中,应当遵循比例性原则,须具有目的的正当性、手段的适宜性和侵害的最小性,这种限制不能对个体造成难以承受的过度负担。对此,《政府信息公开条例》第 14 条、《网络安全法》第 45 条等法律法规对政府部门及工作人员保护个人信息的义务都作了相应规定。合理的法律体系设计和具体举措规划都应使个体权益受到的限制和干预尽量处于最低水平,这样对公众权利的侵犯最小,社会成本也最低。紧急状态下对部分权利的限制并不能扩张至所有权利,其中不能被削减的权利包含最基本的人身安全、医疗救治和生活保障等权利。② 按照此原则,收集

---

① 张郁安:《疫情下的数据利用和个人信息保护再权衡》,《信息通信技术与政策》2021 年第 1 期。
② 赵宏:《疫情防控下个体的权利收缩与尊严保障》,民主与法制网,2020 年 2 月 10 日,http://www.mzyfz.com/html/1335/2020-02-10/content-1418025.html,最后访问日期:2022 年 9 月 30 日。

确诊或疑似病例的个人信息的范围应与确定病例涉及的区域、场所、车次,筛查密切接触人员相关,其他诸如财务、婚姻史、性取向等信息则不在收集范围之列;对正常人员的数据收集则应限于基本信息,如姓名、位置行踪、电话、住址、健康数据等。疾控部门发布本区域内确诊病例的相对具体信息,包括病例的性别、年龄、小区住址、车辆乘坐历史、位置踪迹、活动区域场所、人群接触史等,但不能公布姓名、身份证号、电话、门牌号等能锁定识别具体身份的数据。

其次,限制收集和使用涉疫情个人信息应符合有限性原则。公民个人的信息权属于基本人格权利,同样需要作为原则上不能被削减的权利予以保障,而绝对不能予以剥夺。政府部门和企业机构可基于防控疫情的公益需要而对个人信息进行收集使用,但须遵守防控疫情的目的性原则,遵照依法收集、分类存储、匿名处理的要求,禁止基于供未来不特定目的而收集、使用个人信息或擅自改变原来的防疫目的和用途。中央网络安全和信息化委员会办公室发布的《关于做好个人信息保护利用大数据支撑联防联控工作的通知》要求,在疫情防控工作中,除法律授权的机构外,其他任何单位和个人不得以疫情防控、疾病防治为由,未经被收集者同意收集使用个人信息;收集个人信息应参照国家标准《个人信息安全规范》,坚持最小范围原则;为疫情防控、疾病防治收集的个人信息,不得用于其他用途,未经被收集者同意不得公开其个人信息,因联防联控工作需要,且经过脱敏处理的除外;等等。目前,大数据技术在疫情联防联控工作被大量应用,对政府实行疫情信息公开,提高疫情追踪和响应能力、疫情早期预警能力、诊断检测与治疗方法的研发能力等方面都能发挥重要作用。但也需要对大数据的运用进行必要限制,不能逾越个人信息保护的法律底线。

第二节　个人疫情信息刑民一体化保护模式

一、个人疫情信息法律保护的体系结构

涉疫情个人信息保护的法律规范是由多个组成部分、要素和环境以一定的结构形式聚合成的法律体系。在疫情防控中，需要有效发挥个人疫情信息保护法律体系的制度功能，处理好相关部门法及相关制度政策的关系，促进体系内外部的衔接协调，实现个人权利自由和社会公共安全的双层保护，促进个人疫情信息保护和利用的利益平衡。

（一）涉疫情个人信息保护法律体系的整体性

法律规范体系是按照一定规则形成的有机整体。刑法应当确立个人信息保护的整体性观念，这是其与民法和行政法的紧密关联性、从属性的反映。虽然民法、行政法、刑法等部门立法的价值目标各有侧重，但部门法之间应当是相互衔接协调的，也只有将具有不同效力层次的规范条文看作一个整体，才能正确理解不同条文所蕴含的真正含义。疫情防控涉及隔离治疗措施保障、医护人员安全保护、医疗物资供应保障、社会公共秩序维护、涉疫情个体权利自由保障等。在疫情防控特殊时期，公共安全风险增大，法律所要保护的公民个人信息的法益性质与正常时期相比产生了新的变化，具有综合性、公共性，公民个人信息同时也成为疫情信息，并带有公共性，甚至涉及国家信息安全。根据"法秩序的统一性"原理，法律体系应当是自洽的，法律规范之间并不存在

矛盾。也就是说,在某一法律规范文件或条文中被认为是合法的行为,在其他法律规范文件和法条中就不能被认定为违法而加以禁止,或者不可能出现与之相反的事态。① 基于个人信息权益的复合性、复杂性,刑法需要发挥其自身的保障法作用,对于收集使用公民个人信息的民事侵权行为,在具有严重社会危害性的情况下予以介入。在疫情防控中,应当将涉疫情个人信息的法律保护置于整体思维之下,构筑涉个人疫情信息违法犯罪的法律责任和制裁体系,实现"整体大于部分之和"的体系功能,达到防控公共卫生安全风险的根本目的。

(二) 涉疫情个人信息保护法律体系的开放性

系统既有开放性又有封闭性,开、闭的双重属性影响甚至决定了系统的独立存续和与外界的互动。法律体系的封闭性设置刑法系统的边界,并保证法律体系具有自治性和独立性。在风险社会背景下,法律体系与外部环境的开放互动性更加凸显,对刑法适用的体系解释也同样具有动态性和开放性,主要体现在《刑法》第253条之一规定的侵犯公民个人信息罪中"违反国家有关规定"的前置性规范的判断上面。根据《个人信息刑案解释》第2条规定,"国家有关规定"不局限于国家法律、行政性法规,还应包括部门规章。基于罪刑法定和刑法谦抑性原则,应将"国家有关规定"作限制解释,排除同级地方性法规和地方行政规章,只应限定在部门规章的范围,即国务院所属的各部、委员会根据法律和行政法规制定的规范性文件。在疫情防控中,如果行为人违反了相关法律法规,以及地方政府和有关部门依据上述法律法规制定实施的有关疫情预防、控制措施的规定(如各地出台的居住小区或社

---

① 吴镝飞:《法秩序统一视域下的刑事违法性判断》,《法学评论》2019年第3期。

区的人员流动管理办法,实行全面性排查、封闭视管理、登记和收集小区或社区居民出行信息等做法),均可认定为具备妨害传染病防治罪中"违反传染病防治法"的前置性规范。

应当看到,《网络安全法》等相关法律法规对收集、使用公民个人信息行为的义务规范规定尚不够明确,难以为侵犯公民个人信息犯罪的违法性判断提供必要和充分的依据。近年来,我国公安部、工业和信息化部、国家互联网信息办公室、全国信息安全标准化技术委员会等部门机构颁布实施的诸多个人信息收集、使用的国家行业标准,属于推荐性行业标准,与法律规范的出发点都是对个人信息权进行保护,但保护的目的和方式不同,其从建立与完善行业规则的角度出发,对个人信息的规制范围更广,对个人信息处理的行为要求更高。需要强调的是个人信息安全行业标准与法律规范之间有效衔接问题。虽然两者的出发点都是对个人信息权进行保护,但保护的目的和方式不同。行业规范对于用户知情同意的规定,可以作为界定运营者个人信息法益保护的前置性依据,但不宜直接将其作为判断违法性的依据,否则将导致打击范围过大,不利于个人信息权益的保护。

(三) 涉疫情个人信息保护法律体系的目的性

个人信息保护的法律体系也有其目的性,即在疫情防控中依法保护个人信息所蕴含的人格权等基本权利。《网络安全法》第 41 条规定,信息收集者必须按照信息提供者同意的方式与范围使用个人信息,不得超出收集个人信息的原始目的使用。2020 年版的《个人信息安全规范》修改了保障个人信息主体选择同意权的方法;修改了征得授权同意的"例外"情形;增加了基本业务功能、扩展业务功能的告知和明示同意等内容。大数据平台经营者和技术服务提供者不能随意关联不同数据类型,或者将在公权力基于疫情防控授权下收集的个人数据或制作的大数据关联分析模型用于当前或日后的其他目的,造成个人信息的滥用。如果超出原定疫情防控的目的使用个人信息的,则必须符合"正当、合法、必要"的原则及其配套法律规则、行业标准,并履行必要的"告知+同意"程序。因传染病防控而强制收集的个人信息,通常需要在一定范围内不经信息主体同意及时披露个人信息,这可以视为"同意原则"的例外。然而,例外之所以被称为例外,相关法律法规必须对它们予以穷尽列举,并限制在参与传染病防控的卫生行政部门、疾控机构和医疗机构之间交流使用,需要分享给其他单位的也必须由法律明确规定。同时,基于疫情防控而收集的个人数据应有其自身固有的生命周期,疫情结束后,对于被收集的海量个人数据,应由疾控机构予以封存或匿名化,授权部门和组织储存的个人数据,包括人工数据和电子数据均应上交政府有关部门或予以销毁;相关企业应关注基于疫情防控目的而收集和衍生的个人信息留存时限,一旦卫生健康部门提出要求或疫情宣告结束,应及时删除原始数据与相关分析成果,确有必要时,经网络主管部门审批备案,以合法、安全方式保留必要记录,从而杜绝数据泄露隐患。

  总之,在这种特殊时期,由于公民个人信息安全风险也随之增大,法律既需要积极应对,但也要防止过度干预。为了疫情防控需要,个人信息相关权利也要受到一定的限制,个人信息保护和利用之间需要进行利益平衡,但个人信息中的隐私权等基本权利不能受到限制或剥夺。应当根据个人信息安全法益所可能遭受侵害的危险程度予以不同程度的法律保护。

二、侵犯个人疫情信息法益的刑法规制

我国《刑法》中与个人信息保护相关的罪名包括侵犯公民个人信息罪，拒不履行信息网络安全管理义务罪，非法利用信息网络罪，帮助信息网络犯罪活动罪，非法获取计算机信息系统数据罪，编造、故意传播虚假信息罪，等等。基于前文对个人疫情信息保护刑法体系结构与功能的分析，以下从刑事司法层面对收集和使用个人疫情信息犯罪的认定进行体系性思考。

（一）收集和使用涉疫情个人信息的违法性判断

《刑法》第253条之一规定的侵犯公民个人信息罪属于典型的法定犯，判断行为刑事违法性以行为人违反前置性法律法规为前提。《个人信息安全规范》第5条至第7条对收集、使用个人信息行为提出了具体要求，对个人信息生命周期过程如何处理也做了全面完整的规定，发挥着重要的行业规范的指引功能。同时，规定了征得授权同意的"例外"情形，明确了保障个人信息主体选择同意权的方法；在区分基本业务和扩展业务两种功能的基础上规定了"告知和明示同意"的相关要求。须指出，《个人信息安全规范》不具有法律效力，不能直接作为认定违法违规收集使用个人信息的行为是否构成犯罪的前置性规范。上述未经个人信息主体知情同意而收集使用的行为也不必然违反刑法意义上的保护义务；反之，个人知情同意也不必然能够成为排除上述行为的刑事违法性的事由。一般来说，对于收集和使用个人信息的刑事违法性判断，须把握以下几点：其一，如果在民法或行政法中属于合法的行为，就不具有刑事违法性，民法或行政法中的合法性可作为排

除刑事违法性的事由;其二,如果在民法或行政法中没有规定的行为,刑事违法性的认定不需要以一般违法性判断为前提;其三,在民法或行政法中属于违法的行为,也不必然具有刑事违法性,须以刑法规范及司法解释规定为依据进行认定。

(二) 疫情时期侵犯个人信息罪从重处罚的政策把握

根据《防疫意见》第 10 条的规定,在疫情防控期间实施有关违法犯罪的,予以从重处罚。"从重处罚"作为一种量刑原则,如何在疫情防控特殊时期予以把握,值得讨论。一般情况下,在疫情防控时期实施侵犯公民个人信息犯罪的,相较于正常时期无疑社会危害性更为严重,将其作为从重情节予以严惩,是合理而且必要的。但必须做到"依法从严",而不能与罪刑相适应原则和法定量刑情节的规定相冲突。如果有的侵犯公民个人信息行为在平常时期并不会被认定为犯罪行为,甚至是疫情出现的初期也不会被认定为犯罪行为,仅是由于疫情大规模爆发后,其社会危害性明显提升,才由一般违法行为上升为犯罪。则如果在定罪上已实现了对此类行为在疫情期间严重危害性的刑罚评价,就不需要在量刑层面再考虑从重处罚的问题,否则就违背了禁止重复评价原则,会导致量刑畸重,不能做到"依法体现从严的政策要求"。须指出,依法严惩疫情防控时期侵犯公民个人信息的犯罪行为,并不意味着抛开一贯的宽严相济基本刑事政策。司法机关认定和处理此类犯罪应当坚持宽严相济的刑事政策,"该严则严,该宽则宽",避免刑事政策的重心发生从"严格"到"严厉"的偏移。实践中,在依法严惩此类犯罪的同时,尤其要注意针对个案具体情况,采取刑事一体化的综合性惩治和预防对策,注意节省有限的司法资源,集中力量有效打击其他严重妨害疫情防控的犯罪。例如,对于在疫情防控中作出突出贡献的卫生防疫等相关工作人员,在收集和利用公民个人信息过程中,如果实施非法获取、滥用或提供给他人等行为的,应适当予以从宽处罚,可捕可不捕的应当不予逮捕,尽量采用非刑罚处理方式,避免刑事打击范围过大。①

(三) 被害人同意下收集和使用涉疫情个人信息的出罪化

在疫情防控中,运用刑事法律手段惩治侵犯公民个人信息权益的违法犯罪是十分必要的,然而,刑法也是一把双刃剑,仅靠刑法或单个部门法无法对个人疫情信息的复合法益实施全面保护。在当前情况下,不能因过于追求个人信息的刑法保护而对疫情防控造成不当影响和瓶颈阻碍。个人疫情信息的收集者和使用者往往也是从事疫情防控的一线工作人员,个人信息收集和使用、自由与安全的矛盾关系是客观存在的,刑法应当理性对待。在疫情特殊时期,尤其应秉持宽严相济刑事政策和出罪化司法思维,在能够避免使用刑罚的情况下,尽量采用非刑事法律手段和方式去解决。

我国法律、行政法规及行业规范已确立了收集、使用个人信息的知情同意原则,并且除法律规定的特殊情况之外,收集、使用个人信息应经过信息主体的明示同意。刑法理论上,个人的知情同意可以被看作一种被害人同意或承诺,具有一定的出罪功能,未经信息主体同意而收集使用个人信息的行为,也不必然违反刑法意义上的保护义务,反之,信息主体知情同意也不必然能够成为排除刑事违法性的事由,但可以成为阻却或减轻个人信息侵权行为刑事责任的根据。被害人同意的出

---

① 黎宏:《助力抗击疫情,刑法当仁不让》,《人民法院报》2020年2月7日第2版。

罪功能得到很多学者的认同,但这种出罪功能并非没有任何限制。经个人信息主体同意的行为并不意味着当然地阻却刑事违法性,知情同意权的行使不能逾越法律的界限、不能与国家和社会公共利益相冲突。如果收集、使用个人信息的行为违反了前置性法律法规或部门规章,那么即便个人信息主体作出同意的意思表示,故也不能被认定是有效的,不能排除其刑事违法性。被害人同意不能作为免罪根据,但可作为量刑情节加以考虑;即使认定非法收集、使用个人信息的行为构成侵犯公民个人信息罪,也可以相应地减轻其刑事责任。总之,刑法需要对不同主体处分个人信息的权利和应承担的保护义务进行利益衡量和分配,在法律允许的范围内实现个人信息数据经济效益的最大化利用。

§

当下,在疫情防控时期,社会安全风险因素和潜在威胁因素突发增升的情况下,追求公共卫生安全成为社会公众的普遍心态和立法目标选择,这使得个人信息保护的法益呈现多元化、复杂化的形态和发展趋势。大数据时代增扩了个人信息体量。法律在强调个人信息保护的同时,也要注重保护限度,处理好保护与利用之间的关系,警惕法律保护过度膨胀。司法机关需要运用法治思维和法治方式,依法惩治和预防疫情时期的侵犯公民个人信息的违法犯罪行为。应当看到,我国个人信息保护立法存在"碎片化"和规范冲突问题,这源于对个人信息权利属性的界定模糊不清,加上不同部门法的立法价值目标存在差异所致。可以说,"碎片化"是一种立法常态,虽然对法律体系构成一定冲突,但没有破坏法律体系的整体性及适用效力。不同的部门法各有其调整对象和范围,相互之间存在交叉竞合、冲突矛盾的情况在所难免,在个人疫情信息保护方面,单一的民法、行政法或刑法无法完成多元化价值目标的实现,需要各自发挥在信息自由保护和信息安全保障方面的作用,相互衔接协调加以实现。我们需要从立法到司法,从体系内部到外部,通过犯罪构成要素、法条结构关系、外部法律规则的衔接协调,发挥法律体系的结构功能,从而构建和完善公民个人信息保护的法律体系,为依法防控和惩治涉疫情违法犯罪提供有效的法律保障。

第九章
APP 个人信息的刑民一体化保护

当下,我国网民数量规模巨大,智能手机和 APP(Application 的简称,即移动智能终端应用软件)已成为公众日常生活必备,在带来便利快捷的同时,也改变着社会行为规范和法律规则。随之而来的,是一些网络平台经营者利用 APP 的虚拟性、间接性和隐蔽性特点,采取强制授权、超限索权、过度使用等违法违规方式收集、使用 APP 个人信息,导致用户个人信息处于"裸奔"状态,隐私权、名誉权等人格权益受到严重侵犯;同时,这些被泄露和滥用的 APP 用户个人信息往往被用于实施网络诈骗等其他违法犯罪活动,从而产生更为严重的社会危害,呈现聚合放大的负面效应。本章从刑民一体化角度对 APP 个人信息保护予以专题研究。

第一节　APP 个人信息知情同意的法益保护

一、非法收集使用 APP 个人信息现状及立法

从 2019 年初开始,国家互联网信息办公室等部门联合开展行动,

对"超范围收集与业务功能无关信息""强制或频繁索要与业务功能无关权限""不合理要求或不合理免责条款"等违法违规收集使用APP个人信息行为进行专项治理。2020年1月,中国信息通信研究院等机构发布的《移动互联网应用个人信息安全报告》统计显示,强制性、高频次、过度性收集使用APP用户个人信息已成为"业界常态"。用户向12321网络不良与垃圾信息举报受理中心投诉的问题主要包括:APP用户信息的收集使用规则不透明、隐私政策条款不合理、无个性化服务选项、账号难注销、障碍设置多、数据共享不规范等诸多方面。在司法领域,近年来诸如瑞智华胜、蚂蚁金服、猎头搜、今日头条、魔蝎科技、新颜科技、公信宝、天翼征信等企业、机构因违法违规收集使用个人信息而引发的不正当竞争、隐私权、名誉权等民事纠纷案件屡屡发生。

另外,据北大法宝司法案例编辑组的数据分析显示,个人信息泄露和滥用已成为诈骗、敲诈勒索等违法犯罪的重要源头。据媒体报道,2019年11月,天津市公安机关破获全国首例利用APP骗取公民个人信息的团伙犯罪案件。该团伙从2019年4月开始从事手机贷款APP业务经营活动,未经注册用户同意,非法采集用户通讯录、通话记录和短信息等隐私信息近240余万条;据公安调查发现,负责运营该手机APP的网站备案公司、软件著作公司、服务器租赁公司均系该团伙所为,且分工明确,也很容易衍生"套路贷"等其他恶性犯罪。[①] 在互联网背景下,个人信息不法交易逐渐发展成为"产业链条一条龙"态势,上游环节负责"源头供货",非法获取或向他人提供个人信息;中游环节则对非法收集的信息进行处理和加工,用以出售或交换;下游环节则将个

---

① 参见《全国首例专门设立APP骗取公民个人信息案告破》,人民网,2019年11月20日,https://baijiahao.baidu.com/s?id=1650680570356229107&wfr=spider&for=pc,最后访问时期:2022年9月30日。

人信息用于电信诈骗等二次违法犯罪,其负面效应成倍扩大。鉴于以上APP被泄露、滥用的现状问题,运用刑事手段惩治和预防显得十分必要。

从相关法律规定来看,自2012年开始,我国先后制定发布了《关于加强网络信息保护的决定》《消费者权益保护法》《网络安全法》《个人信息刑案解释》等法律、法规和司法解释,逐步确立了公民个人信息保护的基本原则。《民法典》第1035条也作出更具体的规定,处理个人信息应当遵循合法、正当、必要的原则,不得过度处理,应征得该自然人或者监护人同意。《个人信息保护法》和《数据安全法》的颁布实施,更体现出我国立法对个人信息法律保护的重视。此外,国家互联网信息办公室、全国信息安全标准化技术委员会等部门和机构也先后发布了新版《个人信息安全规范》《APP违法违规收集使用个人信息行为认定方法》(以下简称《APP认定办法》)等国家行业标准,对于收集、使用APP个人信息规定了详细的合规标准。2020年初以来,国家质量监督检疫检验总局、全国信息安全标准化技术委员会、中央人民银行等部门机构发布《告知同意指南》、《信息安全技术 移动互联网应用程序(APP)收集个人信息基本规范(征求意见稿)》(以下简称《APP基本规范》)、《网络安全标准实践指南—移动互联网应用程序(APP)收集使用个人信息自评估指南》、《个人金融信息保护技术规范》等国家行业标准,显示出我国政府与行业机构协力整治侵犯APP个人信息权益的违法违规乱象,保护个人权利、公共利益乃至国家安全的政策趋向。

在APP行业领域,对APP经营者有关个人信息保护的法律义务缺乏明确规定,刑法与其他部门法及行业规范之间存在诸多不衔接、不协调问题。例如,作为国家行业标准的《个人信息安全规范》对《网络安全法》有关个人信息保护的规定作出进一步细化,能够为法律、行政法规的操作和应用提供具体规范和参考依据;但《个人信息安全规范》不是强制性法律标准,而是推荐性行业标准,对个人信息保护的要求也更为严格,用户"同意"处于行业规范体系中的核心位置。① 上述行业规范能否作为认定侵犯公民个人信息罪的前置性规范、APP 用户知情同意可否作为出罪事由等,也是值得探讨的问题。

二、个人信息自决权与知情同意保护的原则

根据我国《网络安全法》第 76 条第 5 项规定,个人信息的本质属性在于其可识别性,即能够识别特定个人身份或者反映特定个人活动情况的各种信息,是"信息主体人格的外在标志"。② 对于 APP 经营者所收集使用的个人信息来说,除了相关法律法规明确列举规定的出生日期、身份证号码、个人生物识别信息、通讯方式、住址、行踪轨迹等个人信息类型之外,通过网络平台、电子数据记录的信息,例如网络身份标识、个人常用设备、用户画像、个人标签等,也能用以识别个人身份或反映个人活动情况,故同样可能会被认定为"个人信息",必要时也应纳入法律保护范围。随着 APP 技术的推广应用,法律如何有效保护 APP 用户个人信息权益,同时实现 APP 经营者对个人信息的合理使用,成为我国立法和司法上的"两难"命题。这首先需要在界定个人信息权益属性的基础上,确定 APP 个人信息保护的法益内容,从中寻求解决问题的立足点和突破口。

所谓"知情同意",即公民个人信息的收集或利用者应明确告知信

---

① 阳雪雅:《论个人信息的界定、分类及流通体系——兼评〈民法总则〉第 111 条》,《东方法学》2019 年第 4 期。
② 张新宝:《从隐私到个人信息:利益再衡量的理论与制度安排》,《中国法学》2015 年第 3 期。

息权利主体相关情况并征得其同意,也有学者称其为"告知同意"。[①] 从国外相关立法来看,2015年德国的《联邦数据保护法》专门规定了数据主体的获取答复、被通知、更正、删除、封锁及反对的权利。2018年欧盟的《通用数据保护条例》(GDPR)较为全面地规定了欧盟公民享有对个人数据处理的各项权利,其中最重要的是个人知情同意的基础权利。关于个人信息自决权的性质以及法律地位,有学者认为,侵犯公民个人信息罪的法益性质是个人信息自决权,而不是其他个人法益。[②] 有学者则认为,"个人信息自决权"在内并非一种法律所规定并加以保护的权利,法律所保护的只是防止个人信息被滥用的"前置性保护规范"。[③] 后一种观点是值得讨论的:根据《网络安全法》第41条的规定,网络运营者须经过个人信息主体同意之后,才能进行收集和使用。此条规定直接体现个人信息主体个人意志的"法益自决权"[④],即公民能够自主决定同意他人对其本人信息进行收集、储存、处理以及利用的权利,[⑤] 个人信息自决权的核心内容就是信息主体的知情同意权。也有学者认为,知情同意权不是独立的民事权利,它本身并没有分离或单独转让的价值,只是个人信息权的具体权能;尽管知情同意原则的实现因技术上或人为的因素而遭遇到实际障碍,但仍是目前不可替代的最优选择,"法律不能以个人信息用户行使权利困难为由,虚置或抛弃个人信

---

① 张新宝:《从隐私到个人信息:利益再衡量的理论与制度安排》,《中国法学》2015年第3期。
② 刘艳红:《民法编纂背景下侵犯公民个人信息罪的保护法益:信息自决权——以刑民一体化及〈民法总则〉第111条为视角》,《浙江工商大学学报》2019年第6期。
③ 杨芳:《个人信息保护法保护客体之辨——兼论个人信息保护法和民法适用上之关系》,《比较法研究》2017年第5期。
④ 冀洋:《法益自决权与侵犯公民个人信息罪的司法边界》,《中国法学》2019年第4期。
⑤ 姚岳绒:《论信息自决权作为一项基本权利在我国的证成》,《政治与法律》2012年第4期。

息知情同意的基本原则"①。例如,甲某收到某职场类 APP 向其推送的商业广告信息,但甲某并未注册该 APP,遂诉至法院,要求该款 APP 的运营方乙公司停止侵权并给予赔偿。法院在审理中发现,原告甲曾在被告乙公司旗下注册过另一款扫描类 APP,而被告将原告的手机号码信息"共享"给了同一公司的职场类 APP。法院认为,被告未经原告同意将 APP 用户信息进行内部"共享",违反《消费者权益保护法》第 29 条的规定,但在原告明确表示不同意后,被告并未在此发送商业信息且未造成任何损失,故判决驳回原告的诉讼请求。原告某甲不服提出上诉,二审法院认为,被告获取原告个人信息是由原告主动提供的,被告获取原告个人信息的方式并没有违法性,不应认定为侵权,因而维持一审判决。本案中,一、二审法院的判决及理由其实并不妥当,也不利于公民个人信息权益的有效保障。《消费者权益保护法》等相关法律法规均明确规定,收集、使用公民个人信息者,未经本人同意不得将信息提供给他人,其中也当然包括本案中 APP 运营公司内部之间的所谓"共享"行为,这种"共享"其实是过度滥用或不当泄露,既不正当又不合法。即便是同一公司下属的不同 APP 之间实现用户信息共享,也是属于间接收集、使用个人信息的行为,应当采取明示的方式,事先取得用户的同意。本案中被告的行为违反了个人信息知情同意原则,应具有侵权行为性质,情节严重的,也可能构成犯罪。

三、APP 个人信息知情同意保护的刑法理念

个人信息的权利保护和价值利用就像一枚硬币的两面,个人信息

---

① 叶名怡:《论个人信息权的基本范畴》,《清华法学》2018 年第 5 期。

自由与信息安全的价值取向既是对立的,又统一于保护和利用的利益衡量当中。从广泛的意义上说,信息自由不仅包括公民个体的权利自由,而且包括其他自然人、企业机构的信息使用权利和国家政府的管理职权;而信息安全实际上也包括国家、社会和个人不同层面的法益内涵,"个人信息安全权"也是公民个人信息权利的重要内容。在个人信息安全领域,自由与安全的二元价值在一定程度上形成较为紧张的关系,如何把握合理的风险调控力度与限度,既能保护公民个人信息的基本权利、核心利益(如隐私权),又能有效促进个人信息的价值利用,推动数据经济发展,是我们在面对 APP 个人信息保护所要考虑的深层次问题。对此,有学者提出"两头强化"的理念,即在强化个人敏感信息基本人格权保护的同时,又强化个人一般信息经济价值的利用,强调"保护"与"利用"并重,实现个人、社会和国家多方利益平衡。[①] 由此联想到,自 2020 年初新型冠状病毒肺炎疫情爆发以来,疫情信息时刻牵动着每个人的敏感神经,在朋友圈、微信群等自媒体和网络空间充斥着大量有关疫情的信息数据,包括文字、图片和视频,不少网民"人肉搜索"和曝光确诊病例、疑似病例或密切接触者本人甚至其家庭成员的个人隐私信息,对涉疫情"重点人员"进行区别对待、歧视甚至谴责。不少地方以防疫之名采取悬赏举报等不当甚至极端的方式,违法违规收集使用个人信息问题突出,在个人信息保护方面公共安全和个人利益的矛盾冲突问题被无限放大。为了防控疫情需要,公众须让渡个人信息权利,承担公共安全保障义务和责任。但同时,政府部门和相关企业机构收集使用个人疫情信息,也要依法保障公民个人的隐私权等基本人格权益,不能顾此失彼。

[①] 王利明:《人格利益许可利用规则蕴含五大价值》,《检察日报》2020 年 1 月 13 日第 3 版。

近年来,我国有关公民个人信息犯罪的刑事立法处于不断扩张态势,法益保护的链条不断拉长,刑法修正立法较为频繁,司法解释趋于细密化,同时也离不开《网络安全法》等非刑事法律法规作为认定犯罪的前置性规范。但《网络安全法》主要是针对网络经营者提出保障网络安全的义务要求,网络安全风险管控的价值取向明显。受此管控型立法模式的影响,在个人信息权利保护方面自然存在不足;不同刑法规范、不同罪名之间也存在交叉竞合和冲突等问题,尚未形成对公民个人信息权利完整的体系化保护。立足于现实刑事立法,如何确立个人信息刑法保护的体系化和整体性理念,处理好刑法与民法、行政法等部门法及其他制度规范之间的关系,克服立法"碎片化"的制度缺陷,实现个人权利自由和社会公共安全的双层保护,促进个人信息保护和利用的利益平衡,显得非常必要和有意义。总之,个人信息的法律保护应以信息自决权为核心,兼顾保护信息主体权利和促进信息流通利用的平衡。在 APP 个人信息的收集、使用过程中,APP 经营者需要尊重用户的知情同意权;同时,知情同意原则要受合法性、正当性、必要性原则的约束,如果 APP 经营者对用户个人信息的收集、使用是经过其同意,并以正当、必要的方式进行的,同样应受到包括刑法在内的法律保护。

第二节 APP 运营者的保护义务及侵权犯罪

在我国《刑法》与个人信息保护相关的罪名当中,侵犯公民个人信息罪处于核心位置。根据《刑法》第 253 条之一的规定,该罪名属于较为典型的"法定犯"。在 APP 用户个人信息的刑法保护方面,应将刑法置于与民法、行政法紧密关联的法律体系框架下,合理界定 APP 运营者个人信息保护义务,尽量将违法违规行为堵截在民事归责或行政处罚阶段进行处置,恰当地发挥刑法的惩治功效,同时也能保障其他部门法得到更好的运用。

一、APP 运营者保护用户个人信息的义务规范

作为个人信息安全保护方面的国家标准,《个人信息安全规范》第 5 条至第 8 条及附录 C 根据《网络安全法》中确立的"正当、合法、必要"原则和"公开、明示、最少"原则,对收集、使用个人信息行为提出了具体要求,对个人信息生命周期过程如何处理也作了全面完整的规定,发挥着重要的行业规范的指引功能。《个人信息安全规范》也为 APP 运营者依法合规地收集使用个人信息提供了行为标准。如新版《个人信息安全规范》增加了不得强迫收集个人信息的要求;修改了征得授权同意的"例外"情形,修改了保障个人信息主体选择同意权的方法;在区分基本业务和扩展业务两种功能的基础上规定了"告知和明示同意"的相关要求。《APP 基本规范》则专门针对 APP 经营者收集个人信息行为作出了更加细化的管理要求和技术要求。根据《个人信息安全规范》《APP 基本规范》的规定,APP 运营者在收集、使用公民个人信息过程中的行为规范和保护义务主要包括以下情形:

其一,APP 运营者收集个人信息的义务要求。主要包括:(1)APP 运营者收集个人信息行为应遵循合法性原则,不得采取欺诈、诱骗、误导的方式进行收集,也不得隐瞒相关产品或服务本身所具有的收集个人信息的技术功能;行为人不得从不正当渠道间接获取公民个人信息,不得收集法律法规明令禁止收集的个人信息,不得违背信息主体的自

主意愿,提出强制性收集个人信息的请求。(2) APP 运营者在收集公民个人信息之前,应明确告知信息主体所提供 APP 产品或服务的业务功能及相关规则,并征得其授权同意;间接获取个人信息,应要求提供方说明个人信息的合法来源及授权范围;收集个人信息超出该授权同意范围或收集个人敏感信息,都应取得信息主体的明示同意,即使信息主体不同意,也不能以此为由停止提供 APP 核心业务功能;等等。(3) 在保障信息主体选择同意权方面,APP 运营者应将基本业务功能和扩展业务功能区分开来。在基本业务功能开启前,应通过弹窗、文字说明、填写框等交互界面或设计,向信息主体告知,并通过信息主体对信息收集作出肯定性动作征得其明示同意;在扩展业务功能首次使用前,应通过交互界面或设计向个人信息主体告知,并允许个人信息主体对扩展业务功能逐项选择同意,不能因为其不同意而拒绝提供基本业务功能或降低服务质量。(4) APP 运营者应制定隐私政策,隐私政策所告知的信息应真实、准确、完整,内容清晰易懂,公开发布且易于访问,在原政策条款所载事项发生变化时,应及时更新隐私政策并重新告知个人信息主体。

其二,APP 运营者使用个人信息的规范和义务。主要包括:(1) APP 运营者在使用用户个人信息时,除目的所必需外,应适当进行去识别化处理,避免指向或定位到特定个人,对 APP 用户个人信息的处理权限应在原来收集个人信息时信息主体的授权同意的范围之内;确实需要超出授权范围的,应再次征得用户个人的明示同意才能进行。(2) APP 运营者应向用户提供访问和了解其所持有的关于该用户个人信息来源、用途目的等相关信息的途径和方法;如果 APP 用户发现运营者所持有的个人信息有误,后者应为其提供请求更正或补充信息的方法。(3) APP 运营者如果违法违规或双方约定使用用户个人信息,后者要求删除的,应立即停止共享、转让、披露等违法违规行为,通知第三方及时删除相应的个人信息,并向用户撤回同意授权提供途径和方法。(4)除了收购、兼并、重组原因之外,APP运营者共享、转让个人信息的,应向用户告知其使用目的以及接收方的情况,征得其授权同意;如果涉及用户个人敏感信息,必须向其明确告知并征得其明示同意。而当APP运营者发生收购、兼并、重组等变更的情况,应向用户告知有关情况,如果变更个人信息使用目的,应重新取得用户的明示同意。(5)个人信息原则上不得公开披露。APP运营者经法律授权或具备合理事由确需公开披露时,应充分重视风险,向用户告知公开披露个人信息的目的、类型,并事先征得其明示同意;公开披露用户个人敏感信息,还应向用户告知涉及的个人敏感信息的内容。(6)当APP运营者与第三方为共同个人信息控制者时,应通过合同等形式与第三方共同确定应满足的个人信息安全要求,以及自身和第三方应分别承担的责任和义务,并向用户明确告知。

另外,《APP认定方法》列举了违法违规收集、使用APP个人信息的具体行为类型,其中大多涉及侵犯APP用户个人知情同意的基本权利。主要包括:未公开收集使用规则;未明示收集使用个人信息的目的、方式和范围;未经用户同意收集使用个人信息;违反必要原则收集与其提供的服务无关的个人信息;未经同意向他人提供个人信息;未按法律规定提供删除或更正个人信息功能或未公布投诉、举报方式等信息;等等。须指出,与《个人信息安全规范》《APP基本规范》一样,《APP认定方法》不具有法律效力,不能直接作为认定APP运营者违法违规收集使用个人信息的行为是否构成犯罪的前置性规范。上述未经APP用户知情同意而收集使用个人信息的行为也不必然违反刑法意义上的保护义务;反之,APP用户知情同意也不必然能够成为排除上述行为的刑事违法性的事由。

二、侵犯 APP 个人信息行为的刑事违法性判断

基于法秩序统一性原理,从刑法与民法、行政法等各部门法衔接协调的角度,对于侵犯公民个人信息犯罪的刑事违法性判断,须把握以下几点:其一,在民法或行政法中属于合法的行为,就不可能判断其具有刑事违法性,不可能得出相互矛盾的结论,民法或行政法中的合法性可作为排除刑事违法性的事由;其二,在民法或行政法中规定属于违法的行为,具备刑事违法性的前提,但不必然具有刑事违法性,须符合刑法所规定的犯罪构成要件;其三,在民法或行政法中没有规定或不违法的行为,不需要民事或行政违法性判断为前提,可依据刑法规定直接认定其具有刑事违法性;其四,在民法或行政法的规定存在冲突、违法性判断不一致的情况下,可依据第一、二种判断规则,予以刑事违法性判断。

对于侵犯公民个人信息罪而言,要判断某行为是否具有刑事违法性,须以行为人违反前置性法律法规为前提。目前,《网络安全法》等相关立法对信息网络服务者、经营者保护公民个人信息的法律义务规定得尚不明确,难以为认定其是否具有侵犯公民个人信息罪的刑事违法性提供必要和充分的依据。相对来说,诸如《个人信息安全规范》等国家行业标准文件对公民个人信息的保护范围更为广泛,对收集、利用个人信息行为的要求更为严格。如何在参照国家行业标准的基础上,对"违反国家有关规定"进行违法性判断,合理界定 APP 运营者保护个人信息的作为义务,是认定其构成侵犯公民个人信息罪及承担刑事责任的前提和关键。作为个人信息安全方面的国家行业标准,前述《个人信息安全规范》相关条款及附录对于《网络安全法》中"正当、合法、

必要"以及"公开、明示、最少"收集个人信息的义务要求做了具体描述,对个人信息生命周期的处理同样做了完整的规定,在一定程度上发挥了替代规制功能。在此基础上,《APP 基本规范》针对 APP 运营者收集用户个人信息提出了更为细化、严格的合规要求。《个人信息安全规范》《APP 基本规范》为 APP 运营者收集、使用个人信息行为提出了较为具体的合规标准,但这些行业规范不能直接作为判断其行为是否具有刑事违法性的依据。应当在准确理解《刑法》第 253 条之一侵犯公民个人信息罪构成要件的基础上,把握好个人信息刑法保护的"最小安全基线"。

另外,关于《刑法》第 253 条之一中的"国家有关规定"是否包括地方性法规、部门规章,各方认识并不一致。有的观点认为,在加入"有关"两字后,侵犯公民个人信息罪的前置性规范的范围应当扩大至地方性法规、国家部门规章和地方政府规章。[1] 反对者则批评指出,认为这意味着司法机关在解决具体个案时要花费巨大的司法成本查明纷繁复杂的各种法规、规章。而且,基于侵犯公民个人信息违法犯罪的跨地域性,不同地区、不同层级的法规和规章该如何协调也将成为难题。根据《个人信息刑案解释》第 2 条规定,"国家有关规定"不局限于国家法律、行政性法规,还应包括部门规章。同时,基于罪刑法定和刑法谦抑性原则,应将《刑法》第 253 条之一"国家有关规定"作限制解释,排除同级地方性法规和地方行政规章,只应限定在国务院所属的各部、委员会制定的部门规章范围内。有学者从限制解释的角度,主张部门规章只有在相关法律、行政法规对个人信息保护作出明确、细化规定的情况下,才能与法律、行政法规一起作为判断行为是否"违反国家有关规

---

[1] 高贺、刘科:《侵犯公民个人信息犯罪中的三个问题》,载赵秉志、莫洪宪、齐文远主编:《中国刑法改革与适用研究(上卷)》,中国人民公安大学出版社 2016 年版,第 528 页。

定"的标准。① 笔者认为,参照最高人民法院对有关"以国务院办公厅名义制发的文件"作出的界定,②只要部门规章同相关法律、行政法规不相抵触,就可以视为"国家有关规定",而不必以法律、行政法规有明确规定为前提。

三、未经用户同意收集、使用个人信息的定性

在前面探讨侵犯 APP 个人信息行为的刑事违法性判断标准基础上,接下来针对实践中出现的未经 APP 用户同意收集、使用个人信息,侵犯其知情同意权行为的刑法认定问题展开具体分析。

根据《刑法》253 条之一第 3 款的规定,窃取或者以其他方法非法获取公民个人信息的行为,依照侵犯公民个人信息罪定罪处罚。有学者据此对窃取 APP 个人信息的行为定性进行了分析,认为如果行为人合法进入 APP 系统窃取公民个人信息,应认定为侵犯公民个人信息罪;如果非法进入 APP 系统窃取公民个人信息,同时也侵犯计算机系统安全和信息安全,则可能构成《刑法》中的非法获取计算机信息系统数据罪和非法侵入计算机信息系统罪。③

以上涉及侵犯公民个人信息行为的罪数问题,应根据案件实际情况予以判定,并不是此处研究的重点,这里有必要就 253 条之一第 3 款

---

① 胡江:《侵犯公民个人信息罪中"违反国家有关规定"的限缩解释——兼对侵犯个人信息刑事案件法律适用司法解释第 2 条之质疑》,《政治与法律》2017 年第 11 期。

② 最高人民法院《关于准确理解和适用刑法中"国家规定"的有关问题的通知》(法〔2011〕155 号)第 1 条规定:"以国务院办公厅名义制发的文件,符合以下条件的,亦应视为刑法中的'国家规定':(1) 有明确的法律依据或者同相关行政法规不相抵触;(2) 经国务院常务会议讨论通过或者经国务院批准;(3) 在国务院公报上公开发布。"

③ 田宏杰:《窃取 APP 里个人信息的性质认定——兼及个人信息与个人隐私的界分》,《人民检察》2018 年第 7 期。

中的"非法获取"行为做进一步的理解和把握。根据该条款规定,"非法获取"公民个人信息,不需要具备"违反国家有关规定"的前置性条件,只要违反了有关个人信息知情同意保护的原则性规定,即视为其对信息主体的具体人格权造成了侵犯,从而具有《刑法》所要求的"非法性",而不需要对其违法性再进行具体判断。假如行为人未经个人信息主体同意,获取隐私、敏感信息以外的一般信息,则需要再对其"违法性"作出具体判断,即认定其侵犯的具体人格权实质内容。有学者主张,"非法获取"行为的违法性判断应当与《个人信息刑案解释》第4条保持一致,以是否违反国家有关规定作为判断标准。然而,体系解释并不意味着对不同条款中的相同概念进行同一解释,而是应当联系此法条与其他法条的相互关系进行实质合理性解读。根据《网络安全法》第41条规定,"非法获取公民个人信息"包括违反"法律、行政法规的规定"和违反"双方的约定"两种情况,前者具有行政违法性,后者则具有民事违法性,将其纳入法律规制范围,更能够保护信息权利人的同意权或自决权。如果APP经营者收集用户个人信息的行为违反法律法规或双方约定的,都可认定为"非法获取"。这种理解能够实现《刑法》与《网络安全法》的衔接,也更符合刑法体系解释的原理。

另外,实践中往往存在这样的情况:行为人收集个人信息的时候并无意用作其他用途,但最终产生了很多具有创新性的用途,原始的个人信息提供者无法对这种尚未可知的用途使用表示是否同意。在此情况下,要求任何包含个人信息的使用都需要征得个人同意,实际上是难以操作的。一般来说,对于个人信息初始主体的知情同意权,法律应予以严格保护,APP经营者一开始收集、利用个人信息的,必须经用户知情同意;但在个人信息利用、流通过程中,个人信息知情同意权的法律保护可逐渐放宽,收集者、利用者的信息权利相应地加以保护,在个人信息主体的隐私权等人格基本权利之外,知情同意可不必采取明示方式,以利于海量个人信息流通和有效利用。

以下试举例进行分析。某甲成立一家信息咨询服务公司,经营网站、APP 研发等业务,以奖励方式向在网站、APP 注册会员的房产中介人员收购房源信息,并安排公司话务人员冒充房产中介人员,对上述信息进行电话核实,套取房主准确房源地址、联系电话,获取个人房源信息 30 万余条,再以包月等套餐价格在所经营的网站上打包出售给房产中介会员,共出售获利人民币 100 余万元。本案中,甲向其在网站、APP 注册会员的房产中介人员收购的房源信息,是房主为了售卖房屋通过房产中介发布的房源信息,但一般不会直接向社会公开具体详细的房屋地址,以及自己的姓名、手机号码等个人身份信息。这种简单反映房源真实存在的信息不属于《刑法》中的"公民个人信息",而是属于房屋中介人员拥有并可以支配和使用的商业信息。然而,甲安排公司话务人员冒充房屋中介人员套取、收集房主准确的房源地址、联系电话,则属于《刑法》中的"公民个人信息"——根据《个人信息刑案解释》第 1 条的规定,"通信通讯联系方式、住址"应属于能够识别特定自然人身份的个人隐私、敏感信息。相对于一般信息,对个人隐私、敏感信息的法律保护应更加严格,个人信息权利主体的知情同意权应得到法律的充分保护。犯罪嫌疑人未经房东同意收集房源地址、联系电话等个人隐私、敏感信息,即侵犯了房东的个人信息知情同意权,其行为属于《刑法》第 253 条之一规定的"以其他方法"非法获取公民个人信息的行为。在此案中,甲以非法获利为目的,向网站会员出售的房源信息包含了房主没有向社会公开的房源地址、手机号码等个人信息,在侵犯了房主作为个人信息主体知情同意权的同时,也侵犯了个人信息所附着的隐私权等具体人格权。将这种出售公民个人信息的行为认定为犯罪,需要具备"违反国家有关规定"的前置性条件,仅仅违反个人信息知情同意保护的原则性规定,并不足以符合该罪的犯罪构成,还要判断是否违反了何种前置性法律规范,即行为人违反了哪一条"禁止同意出售个人信息"的"国家有关规定"。[1] 如果能够认定行为人出售房主客户个人信息的行为违反了"国家有关规定",即使取得房主客户的个人同意,也应认为具有"违法性",具备构罪的前提。掌握房东的准确房源地址、手机号码的房屋中介人员,未经房主个人同意,向甲提供房主的私密敏感信息,就属于《刑法》中的"提供公民个人信息"的行为。如果达到构成犯罪的情节标准,因其属于将从事房屋中介服务过程中所获得的个人信息出售或者提供给他人,根据《刑法》第 253 条之一第 2 款的规定,应予以从重处罚。[2]

第三节 APP 用户被害人同意的出罪化事由

我国相关法律、行政法规及行业规范均确立了收集、使用个人信息的知情同意原则,并且除法律规定的特殊情况之外,收集、使用个人信息应经过信息主体的明示同意。刑法理论上,APP 用户个人的知情同意可以被看作一种被害人同意或承诺,具有一定的出罪功能,未经 APP 用户知情同意而收集使用个人信息的行为,也不必然违反刑法意义上的保护义务,反之,APP 用户知情同意也不必然能够成为排除刑事违法性的事由,但可以成为阻却或减轻个人信息侵权行为刑事

---

[1] 刘艳红:《法定犯与罪刑法定原则的坚守》,《中国刑事法杂志》2018 年第 6 期。
[2] 刘仁文:《论非法使用公民个人信息行为的入罪》,《法学论坛》2019 年第 6 期。

责任的根据。

一、个人信息法益权衡与被害人同意出罪功能

在个人信息的收集使用过程中,信息流动的起点是公民个体,而在信息流动过程中会涉及个人信息使用者、网络平台经营者和服务者等多方主体的相应权利,使其社会公共属性得以体现和凸显。相应地,信息权利主体的对初始个人信息的控制力会逐渐减弱,甚至再无施加影响的可能。个人信息权利保护和价值利用在一定程度上存在着零和博弈关系,法律不能一味强调对个人信息进行单纯的保护,而是对不同信息主体的权利和义务进行合理分配,在法律允许范围内实现个人信息价值的有效利用,实现个人、信息业者和国家三方利益平衡。①

在学界,被害人同意的出罪功能得到很多学者的认同,但也不乏争议。如前文已经述及的,关于被害人同意的正当化根据存在诸多认识分歧,主要有社会相当性说、法律行为说、利益衡量说、利益放弃说、法律保护放弃说等。② 其中,比较有力的是"利益衡量说",该学说比较重视个体对法益的自由支配和自决权,将被害人同意看作其行使人格自由权利的表现,"同意"则表明其行使人格自由这种法益与放弃的法益相比更为优越。

应当说,将"利益衡量"作为被害人同意的正当化根据是比较合理的。从利益衡量的角度,如果收集使用个人信息的行为虽然在形式上是违法违规的,但并没有妨碍个人信息主体的权利行使,甚至有利于其个

---

① 张新宝:《从隐私到个人信息:利益再衡量的理论与制度安排》,《中国法学》2015年第3期。

② 方军:《被害人同意:根据、定位与界限》,《当代法学》2015年第5期。

人信息财产价值的实现,从实质上说就不存在法益侵害。既然如此,如果信息主体对法益保护的主观态度为消极负面的价值评价、对收集使用个人信息的行为明确表示同意,那么这种自我放弃法益保护的"同意"行为就应当在一定程度和范围内得到法律的承认或许可。被害人同意的功能取决于哪一种法益是需要优先保护的法益,同时,如果这种法益是法益主体可支配的,被害人同意就具有出罪功能;相反,则不具有出罪功能。

况且,个人信息保护领域的社会公共利益、秩序和安全的"超个人法益"是不可得到"被害人"同意的;个体的生命权和身体健康权一般也属于不可自由支配或支配权受限的个人法益。例如,对于侵犯公民个人信息罪来说,该罪名被设置在侵犯公民人身权利、民主权利的章节,表明刑法优先保护的法益是公民个人名誉、隐私的人格权益,是个人信息权利主体所能自由支配的法益,在该罪名的法益结构中居于主要地位;而涉及国家和社会公共利益、秩序和安全的"超个人"信息法益则居于次要地位,并且是信息权利主体不可支配的法益。如果在信息权利主体同意他人收集使用其个人信息,且没有遭受泄露或滥用等不当侵害,就具备了"被害人同意"的出罪事由,阻却收集使用个人信息行为的刑事违法性。

再如,《刑法》第286条之一规定的拒不履行信息网络安全管理义务罪,该罪名规定于《刑法》分则妨害社会管理秩序罪1章,表明社会公共利益、秩序和安全居于优势法益的地位,并且这种"超个人"法益是信息权利主体不可支配的,不是后者同意的对象。即使信息权利主体同意信息网络服务者放弃履行其保护义务,也不能成为出罪事由,对被害人同意不能实行绝对的、无限度的保护。[①]

[①] 车浩:《自我决定权与刑法家长主义》,《中外法学》2012年第1期。

须指出，经个人信息主体同意的行为并不意味着当然地阻却刑事违法性，知情同意权的行使不能逾越法律的界限，不能与国家和社会公共利益相冲突。如果收集、使用个人信息的行为违反了前置性法律法规或部门规章，那么即便个人信息主体作出同意的意思表示，也不能被认定是有效的，不能排除其刑事违法性。此时，"被害人同意"不能作为免罪根据，但可作为量刑情节加以考虑；即使认定非法收集使用个人信息的行为构成侵犯公民个人信息罪，也可以相应地减轻其刑事责任。总之，刑法需要对不同主体处分个人信息的权利和应承担的保护义务进行利益衡量和分配，在法律允许的范围内实现个人信息数据经济效益的最大化利用。例如，近年来出现不法分子通过QQ"卡商群"和交易网站"叫卖"电商账号（网络店铺），"叫卖者"寻找愿意出售个人信息者注册网络店铺账号，再将账号注册人的身份证、银行卡等一整套个人信息打包为"产品"，明码标价转卖给他人，后大多被用于售假、诈骗等违法犯罪活动。"叫卖者"通常会让出售人签订"个人信息转让授权书"，即出售人同意购买者使用其身份信息。在此类案件中，即使账号注册人同意"叫卖者"出卖自己的个人信息，也不能作为"叫卖者"的出罪事由。同时，这种行为违反了《网络商品交易及有关服务行为管理暂行办法》关于实名开店、账号实名制等网络空间的安全性规定，具有行政违法性。① 在此情况下，所谓"被害人同意"就不能作为出罪事由，不能排除"叫卖者"行为的刑事违法性。但在此类案件中，作为"被害人"的出售人出卖自己的身份证信息，其行为违反了《居民身份证法》有关"出租、出借、转让居民身份证"的禁止性规定，尽管受到一定程度的欺骗，但主观上确实存在被害人过错因素，故可以作为"叫卖者"侵

---

① 高艳东：《经同意买卖个人信息也属违法犯罪》，《检察日报》2018年8月15日第3版。

犯公民个人信息罪的量刑情节加以考虑;即使认定其行为构成犯罪,也可以相应地减轻其刑事责任。

二、用户知情同意下 APP 运营者的出罪化路径

在大数据时代背景下,APP 运营者所能收集到的个人信息数量呈指数式增长,如果不能妥善界定个人信息收集者、使用者的法律义务,则难以对用户的合法权利予以有效保护。在肯定 APP 用户知情同意可以作为"被害人同意"的出罪事由基础上,需要讨论的是,这种知情同意所能够产生出罪化法律效果的有效方式如何。《个人信息安全规范》第 3.6 条、第 5.4 条规定收集个人敏感信息时应当取得信息主体的明示同意,但是对于个人一般信息的授权同意方式并没有明确规定,因而只需要默示同意即可。作为民法中同意的意思表示方式,默示同意更能契合"共享+开放"的互联网经济特征,是值得肯定的。但在实践中,有些 APP 运营者设置的默示同意条款,列出冗长艰涩的隐私声明,致使 APP 用户很难做到"审慎阅读",除了点击"同意"之外别无选择,这实际上架空了用户对知情同意权的行使,是不可取的。在 APP 运营者收集、使用个人信息过程中,只要经用户本人明示同意,且没有遭受泄露或滥用等不当侵害,则其行为就具备了"被害人同意"的出罪化事由。刑法优先保护的是公民个人的人格权益,在侵犯公民个人信息罪的法益结构中居于主要地位;所谓"超个人"信息法益则居于次要地位,是个人信息权利主体不可支配的法益;对于后者,即使个人信息主体同意收集、使用者不履行其保护义务,也不能因此阻却违法和责任。

例如,甲公司与政府官方授权的乙公司签订了《公民身份认证服务合同》,所掌握的个人信息来源合法,并可在登记范围内提供公民个

人信息服务；而甲公司的服务范围涵盖了互联网金融和电信运营商等行业。同时，甲公司与处于下游的乙公司签订的服务协议中均约定对方不得将认证结果下载、保存、打印，并设置了下游公司缴纳保证金的制度予以约束。处于下游的乙公司涉嫌在无授权的情况下，利用数据接口产品与终端互联网公司丙签订销售合同，从中赚取差价，以及非法缓存海量公民个人信息，然后予以出售或非法提供，为他人非法提供身份证返照查询业务数千万次，导致公民个人信息大多流向网络小贷公司，被用于"拉客户"或者"软暴力"催收。

本案中，乙公司未经授权同意非法缓存公民个人信息，并将海量的个人信息提供、出售给他人，其行为应构成侵犯公民个人信息罪，定性上不存在什么疑问。但值得讨论的是：甲公司向乙公司提供其合法掌握的公民个人信息的服务行为是否也构成侵犯公民个人信息罪？有学者认为，认定该罪名成立的关键在于，甲公司的"提供"个人信息的行为是否经过被收集者的同意，如果是经过被收集者同意，就可以认为至少存在被害人同意，具备出罪根据。本案中，甲公司没有违反被收集者个人的同意，也尽到了形式上的审查义务，不存在客观上的侵权行为，也就不构成侵犯公民个人信息罪。① 对此观点，笔者并不完全同意。如前所述，知情同意原则也要受到合法、正当、必要原则的限制，不能简单地以知情同意原则作为任何情况下不当收集使用个人信息的合格抗辩。② 本案中，认定甲公司提供公民个人信息的服务行为是否构成犯罪，尚需要根据具体案情从法益层面进行实质判断。无论甲公司提供给乙公司的是隐私敏感信息还是一般个人信息，只要涉及信息安全、公

---

① 周光权：《侵犯公民个人信息与妥当的刑罚处罚》，《检察日报》2020年1月13日第3版。
② 张新宝：《从隐私到个人信息：利益再衡量的理论与制度安排》，《中国法学》2015年第3期。

共利益和社会秩序,即使甲公司的行为没有违反被收集者的同意,也尽到了形式上的审查义务,仍不能免除其履行"超个人法益"的保护义务,被收集者的"同意"也不能成为出罪事由。

§

近年来,越来越多的 APP 运营企业和机构为了主动适应信息网络发展的需要,逐步改变过去一键式授权的隐私政策,按照法律法规和行业规范的合规要求,调整向用户告知的方式,增加了弹窗等增强式告知方式,以及即时提示、对开启具体业务功能的单独告知。在获取用户的同意方面,也改变过去一揽子协议强迫用户同意的做法,强调用户通过书面声明或主动作出肯定性动作,作出明确授权。通过上述合规措施,充分保障用户的知情同意权,在个人信息保护方面实现了由"自发"到"自觉"的转变。①

在立法层面,虽然民法、行政法、刑法等部门立法的价值目标各有侧重,但从系统论角度,个人信息保护的法律规范应当是衔接协调的,共同构筑相关侵权行为的法律责任和制裁体系,在刑法体系内外部实行多层次的法益保护。需要特别强调的是个人信息安全行业标准与刑法规范之间有效衔接问题,虽然两者的出发点都是对个人信息权进行保护,但保护的目的和方式不同:刑法是从惩治犯罪活动角度出发,所规制的入罪门槛必须是个人信息保护的"最低安全基线"。因此,行业规范对于 APP 用户知情同意的规定,可以作为界定 APP 运营者个人信息法益保护的前置性依据,但不宜直接将其作为判断刑事违法性的依据,否则将导致刑事打击范围过大,不利于个人信息权益的保护。

---

① 李延舜:《我国移动应用软件隐私政策的合规审查及完善——基于 49 例隐私政策的文本考察》,《法商研究》2019 年第 5 期。

第十章
商用密码信息的刑民一体化保护

在信息社会中,作为保护信息未经授权而无法获得的技术,密码承担着双重使命:一方面,密码可以用于保护个人或者组织的信息在网络传播中不受截取、攻击、篡改和冒用;另一方面,作为国家安全体系的组成部分,密码致力于保护国家机密和国家安全。可以说,密码是网络信息系统的"保护锁"。[①] 我国立法机关于 2019 年 10 月通过《密码法》,规定商用密码不属于国家秘密,并从商用密码生命周期的各个方面放宽管制,体现了国家对密码管理实行"放管结合"的改革目标和价值导向。与之相应,2020 年 8 月《商用密码管理条例(修订草案征求意见稿)》(简称《条例(修订稿)》)出台,《条例(修订稿)》对 1999 年原版《条例》进行了较大幅度的修改,对商用密码的管理、认证和检测等方面都进行了较为具体的规定,由以前的严格把控转向为"放管并重"。值得关注的是,我国正在推进人民币数字化改革,区块链是支撑数字货币运行的核心技术,商用密码则是保障区块链稳定运行的关键,能够为促进数字货币应用和保障安全提供基础支撑。

然而,目前我国有关商用密码应用安全保障的法律法规仍存在不足,缺乏体系性和完整性,不能完全适应数字生态发展和安全保障的法律需求。实践中,因网络数据服务提供商没有采用密码保护而导致数

---

① 刘晗:《个人信息的加密维度:〈密码法〉实施后的密码应用与规制路径》,《清华法学》2022 年第 3 期。

据"裸奔"现象层出不穷,相关行政违法或刑事犯罪不断增生,严重侵害公民个人的信息数据权利、社会公共利益和国家安全。

在数字经济时代,数据安全已然成为关乎国家安全、行业发展以及公民切身利益的重要课题。在我国数字经济发展和《密码法》实施的背景下,如何基于安全与发展相融合的系统思维,完善商用密码应用的规范管理,构建商用密码应用安全法律体系,实现国家政府"放管并重"的改革目标,是我国数字法治建设中必须面对和研究解决的重要问题。

第一节 商用密码信息安全保障理念与原则

一、数字生态下发展与安全兼顾的系统思维

随着云计算、人工智能、物联网以及区块链新技术逐渐融入人类生产生活,数据作为关键生产要素,其价值不断凸显,成为驱动数字经济新形态的中坚力量。融合是数字经济的最大特点,海量主体参与市场竞争与合作,相关行业组织共生共荣,线上线下融合成为常态。有学者提出,基于生态系统科学理论,可将数字经济视为一种具有与自然生态系统相类似特征的生态系统:其具备多个亚系统和复杂要素,在结构与功能方面联系紧密,中枢企业、顾客种群和价值群落分别扮演着生产者、消费者和分解者的角色,各群落间形成了协同共生、动态运行的生态系统。[1] 在

---

[1] 孟方琳、汪遵瑛、赵袁军、姚歆:《数字经济生态系统的运行机理与演化》,《宏观经济管理》2020年第2期。

信息化、数字化过程中,人财物等生产要素、人们的行为方式和生活方式都在发生着解组和重建,而跨行业、跨要素、跨区域的融合也会带来相应的监管风险。① 传统安全模式已经向传统与非传统安全交织模式转变,可预见与难以预见的各类风险数量都呈明显增长的态势,安全问题的广度与复杂程度前所未有。数据不正当竞争、数据垄断、平台侵权、算法歧视等问题频发,围绕数据泄露、数据权属纠纷、数据跨境流动展开的数据安全事件层出不穷,成为威胁公民个人信息安全、阻滞数据产业发展、引发国家安全风险的重大问题。发展和安全可谓数字经济的"一体两翼"。

长期以来,我国采用"自上而下"的主导模式来实现对传统风险的规制,将重点放在国家公权力机关上,弱化了企业等其他主体的参与力度。无形之中将企业与国家公权力机关置于对立面,容易导致政府规制失灵的现象。② 对各类技术的严格管制,不仅会阻碍其进步,同时也会削弱公众使用各类技术保护信息安全的能力。过分强调技术的安全性,忽视技术的发展以及公民的私权利,不仅会影响社会秩序、经济秩序,还可能危及国家安全。然而,目前有关商用密码的配套法律法规并没有完全解决安全与发展这一难题。基于安全与发展相统一的系统思维,我国应当积极开展数字经济立法、优化市场环境、规范市场竞争、完善数字经济发展所需的各类规则体系,通过法律制度供给保障,促进实现数据安全与数据发展的融合共进,支持数字经济生态良性发展。

---

① 马长山:《数字社会的治理逻辑及其法治化展开》,《法律科学(西北政法大学学报)》2020年第5期。
② 金璐:《规则与技术之间:区块链技术应用风险研判与法律规制》,《法学杂志》2020年第7期。

二、商用密码信息应用的"放管并重"原则

近年来,区块链技术为数字经济发展带来巨大的叠加效应和乘数效应。不同于以往的中心化信任体系,区块链提出了弱中心、多中心信任机制,在数据和价值驱动的网络时代和融合业务场景中发挥了巨大的应用价值。从性质上看,区块链就是通过利用密码技术,将系统内的有效交易进行编码的可附加账本。密码是人、机、物之间可信互认、安全互通的技术基础。通过对信息重新编码,在保证信息安全与完整的基础上,还要保证信息的机密性。此外,自 2008 年开始涌现的数字加密货币也始终是执法部门的一大困扰,不仅产生了各类新型犯罪,犯罪分子还会利用数字加密货币进行洗钱、恐怖活动等传统犯罪活动。不断的技术创新能够推动社会进步,但技术创新必须要对社会的有序运转负责,符合技术伦理的要求。[①] 在我国商用密码产业生态持续壮大繁荣、相关从业单位达 2000 家、累计产值超千亿元的背景下,更有必要推动密码技术的应用与健康发展。

因此,我国制定并实施《密码法》,彰显了国家政府简政放权、转变职能、创新监管的改革目标,拓宽了市场准入的标准,减少了行政许可事项,注重事中事后监管。《条例(修订稿)》以专章规定商用密码的科技创新和应用促进的制度内容,进一步贯彻了《密码法》"放管并重"的立法原则。一方面,《密码法》对产品的应用、销售、进出口等关键问题和重要环节作出具体规定,通过取消各类行政审批、行政许可来放宽市

---

① 薛桂波、闫坤如:《"负责任创新"视角下技术伦理的政策转向》,《大连理工大学学报(社会科学版)》2018 年第 1 期。

场准入,在立法层面彻底改变了之前对商用密码严格管控的模式。例如《密码法》第 21 条规定了"非歧视原则",对商用密码研产销等相关的单位(其中包含外资企业)都要平等地对待,标志着我国开始放开对商用密码运营主体的限制,倡导外商根据商业运行的规则和自由意愿在投资活动中进行商用密码方面的技术研讨与合作。总体来看,《密码法》对于商业密码规制的核心在于放开主体区分,转而采用行为区分:不再通过设置主体的进入门槛来规制,而是鼓励进入该领域之后,对进入之后的行为进行规制,体现出从事前审批到事中事后规制的转变,甚至在密码技术的开发使用方面呈现某种"促进法"的特征。① 而在更早之前,国家密码管理局已于 2017 年 12 月发布《关于废止和修改部分管理规定的决定》,决定废止商用密码产品使用及管理有关的三部管理规定,对《商用密码科研管理规定》《商用密码产品生产管理规定》和《电子认证服务密码管理办法》规定的部分条款予以修订。另一方面,《密码法》对重点事项,如涉及国家安全、国计民生、社会公共利益等领域,规定了适度的管制措施;对商用密码应用的放开并非彻底放开,而是将管控重点由之前的"管企业"转向为"管产品"。

现行《条例》对商用密码从最初的科研阶段到最后的保密管理阶段都作出了严格规定,然而如此严格的规定已经无法适应密码技术和应用的需要。近年来,国家推行"放、管、服"政策,转变政府职能,努力优化营商环境。密码领域也得进行相应管理改革,特别是在商用密码领域,政府要做到减轻规制、促进服务。为了与《密码法》紧密衔接,《条例(修订稿)》突出促进应用、保障安全的导向,从从严加管制转向"放"与"管"的动态平衡。主要体现在:

---

① 刘晗:《个人信息的加密维度:〈密码法〉实施后的密码应用与规制路径》,《清华法学》2022 年第 3 期。

第一,商用密码进出口清单制度。这对涉及商用密码的企业,尤其是外资企业,无疑是一利好消息。具有商用密码研发技术的外商投资企业,可以自由地参与到中国商用密码的市场中来。在我国境内发展的外商投资企业,使用境外的商用密码产品、服务不再需要通过烦琐的审批备案程序,自行使用即可。大量具有商用密码技术、服务的消费品将无需通过密码认证程序即可进入我国市场。与此相应,《条例(修订稿)》对商用密码的进出口作出规定,被列入《商用密码进口许可清单》和《商用密码出口管制清单》中的商用密码需要向国务院商务主管部门申请领取两用物项进出口许可证,再向海关交验两用物项进出口许可证,办理报关手续。实施进出口清单制度,一方面有利于商用密码技术的自由应用与技术进步;另一方面也在一定程度上阻断了其他各国借进出口商用密码之便对我国进行信息控制,或者各类商用密码公司借由进出口商用密码进行违法犯罪活动的可能性。

第二,商用密码检测认证制度。《密码法》出台以后,我国商用密码的管理制度由之前的"审批制"改为"检测认证制"。只有涉及国家安全、国计民生、社会公共利益的需强制检测,且只有检测合格的才能销售或提供;对于其他商用密码,国家鼓励其资源接受检测认证;对于使用网络安全专用产品或关键设备的商用密码,都需要获得专门机构的认证,以证明商用密码有关的服务或产品合格。《条例(修订稿)》在《密码法》的基础上,进一步对检测、认证机构的资质要求、申请程序、主管机构以及监督管理作出具体规定。这种分类管理模式对涉及国家和社会公共安全、国计民生的商用密码坚持严格完善的管控制度,而对其他商用密码则在保障其安全使用的基础上给予了充分的自由空间。

第三,科技创新与应用促进制度。《条例(修订稿)》以专章的形式规定了一系列商用密码应用与促进的内容,采取激励手段促进商用密码技术研发和市场活动的发展,完善相关知识产权保护体系。

另外,《条例(修订稿)》还规定建立商用密码应用促进的协调机制,加强统筹指导工作;支持各类信息系统使用商用密码产品、服务以提升安全性;等等。

第二节　商用密码信息安全等级保护与监管

《条例(修订稿)》规定了国家安全审查、外商投资安全审查、进出口许可与管制等内容。值得注意的是,《密码法》对商用密码应用安全实行等级化保护,这是对商用密码应用实施监管、评估和审查的前提和基础。

一、商用密码信息安全等级法律保护

近年来,国家市场监督管理总局、国家标准化管理委员会制定出台了一系列有关安全等级保护的行业规范文件。2017年《网络安全法》确定了网络安全制度架构,既关注对关键信息基础设施的保障,也注重等级保护的方式。该部法律提升了等级保护制度的地位,使之上升到法律层面,不但涵盖了信息安全领域,更拓宽至网络安全领域。至此,我国网络安全等级保护步入了"等保2.0"时代。然而,等级保护制度仅是根据受侵害的法益内容以及法益受侵害的程度进行判断。关键信息基础设施覆盖诸多领域,如果其本身发生问题,则相关领域也可能因而受到影响,别的系统的问题可能也会对其产生一定的负面影响。仅

仅以等级保护制度为依据对关键信息基础设施受侵害的程度进行考量,而不考虑关键信息基础设施与其他相关系统、领域的关系,很难为关键信息提供全面的安全保障。2018年6月,公安部发布《网络安全等级保护条例(征求意见稿)》,明确规定企业应当根据网络安全等级定级情况采取不同的密码合规要求。其中,三级以上的系统只能使用国家密码管理部门许可、批准的密码产品,且强制其开展安全性评估并依法办理备案。而作为密评主要依据的《信息系统密码应用基本要求》(GM/T 0054-2018),也很好地贯彻了网络安全等级分级管理的要求。2021年9月正式实施的《数据安全法》第21条也作出原则性规定,国家以数据在经济社会发展中的重要程度为基础,对数据实行分类分级保护。

然而,在《网络安全法》出台以前,我国在立法层面并无对关键信息基础设施内涵的规定,仅以1994年《计算机信息系统安全保护条例》为依据,对落入关键信息基础设施范围的系统进行保护。我国在2021年公布施行的《关键信息基础设施安全保护条例(征求意见稿)》中,确立关键信息基础设施的范围,涵盖了公共通信和信息服务、能源、交通、水利、金融、公共服务、电子政务、国防科技工业等重要行业和领域,明确了上述重点行业和领域重要网络设施、信息系统属于关键信息基础设施,国家对关键信息基础设施实行重点保护。可以看出,上述规定基本上都是以信息系统所涉及的领域为基础,确定关键信息基础设施的范围。在《网络安全法》相关规定的基础上,《条例(修订稿)》进一步细化了等级保护和关键信息保护制度,要求对非涉密的关键信息基础设施、网络安全等级保护第三级以上网络、国家政务信息系统等网络与信息系统,应当使用经检测认证合格或列入商用密码技术指导目录的产品、服务或技术。《条例(修订稿)》第38条还规定,应当注重网络安全等级与关键信息基础设施安全检测评估之间的有效衔接,尽可能规避重复性的测评以及无效的评估。

需要注意的是,等级保护制度与关键信息基础设施保护制度之间存在竞合。二者在保护范围、监管措施以及保护方式上都存有重叠性。制度的竞合很容易导致同一信息系统被施以多个类似的监管措施,浪费大量的人力、物力、财力。因此,可以考虑通过关键信息基础设施保护制度与等级保护制度相互吸收的方式来解决。例如,2013年美国发布的总统行政令中,规定了横跨化学制品、通信、商业设施、国防工业基地等16类关键基础设施领域,并进行分类管理。俄罗斯则提出将关键信息基础设施作分级处理,按照信息系统对社会秩序、经济运转等因素的影响划分不同等级,如《俄罗斯联邦关键信息基础设施安全法》第7条规定,根据对社会、政治、经济、生态以及对国防、国家安全、法律秩序的影响,关键信息基础设施客体的重要性分为一至三级。笔者认为,关键信息基础设施以等级保护制度为基础,对重点保护范围内的信息系统,应当采用更为安全的防护措施。等级保护制度的着重点在于对不同信息系统进行等级测评,从而促进对应的信息系统采取与其信息系统重要性相匹配的安全防护措施。而关键信息基础设施保护制度的侧重点在于将各信息系统的信息安全资源加以整合,建立监管者、运营者和第三方合作机制,从而交换信息安全的风险信息,交流预判信息风险的技术和经验,快速有效处置相关信息安全事件。① 须指出,实践中既要防止"双重评价"所带来的阻滞技术创新等负面影响,也要防止"评价不足"所导致的各类重要信息系统处于监管的真空地带等不良后果。

---

① 马民虎、赵光:《等级保护与关键信息基础设施保护的竞合及解决路径》,《西安交通大学学报(社会科学版)》2018年第4期。

具体来说,对于商用密码保护,可以按其面向的数据内容进行分类,将商用密码分为面向国家安全相关数据,面向涉及政府信息、国计民生诸如金融、电力、交通等行业数据,面向个人、企业数据三类。而对商用密码的分级保护则可以采用"等保 2.0"制度定级标准进行划分。就分类与分级的关系来看,两者虽属于不同维度,但密不可分。从逻辑顺序上,应当是先"分类"后"分级",两者结合起来完成对商用密码安全性的识别和判断。《网络安全等级保护定级指南》第 4.2 条规定了决定等级保护对象级别的两个定级要素;第 4.3 条规定了定级要素与安全保护等级的关系。参照上述规定,对商用密码安全的法律保护应当在对不同领域的数据进行分类的基础上,综合考虑影响分级的各种定级要素,确定安全保护的不同层级,选择不同的保护模式,兹不赘述。

二、商用密码应用安全事中事后监管

不同领域的信息系统对商用密码安全性的要求也有所不同。针对所用商用密码采用相同的监管模式未免过于僵硬,并不利于实现商用密码自由使用与安全保障之间的平衡。根据《密码法》第 26 条规定,对于网络关键设备和被列入网络安全专用产品目录的商用密码,应当进行强制性监测,认证后方可提供或销售。同时,该法第 31 条规定,应当建立事中事后监管制度和统一的监督管理信息平台,实现监督体系与社会信用体系的衔接。在此基础上,《条例(修订稿)》对事中事后监管制度进一步细化。其中第 44 条规定,应当建立商用密码市场主体信用记录、信用分级分类监管、失信惩戒以及信用修复等机制。然而,《密码法》和《条例(修订稿)》都仅是对建立事中事后监管制度作出了原则性规定,而无具体细则推进其落地实施。实践中,监管部门已经从最初的重事前审批、从源头控制商用密码应用转向侧重于事中事后的监管模式。国家密码管理局发布的《关于做好商用密码产品生产单位审批等4项行政许可取消后相关管理政策衔接工作的通知》，为防范行政许可取消后可能出现的风险制定了各种事中事后监管措施，主要包括：强化审核审批力度，尤其是针对进出口的商用密码，着重审核其最终用户、用途；全面落实"双随机一公开"制度，及时向社会公开执法结果；加大违法违规查处力度并依法公开执法相关信息，增强执法威慑力；等等。《条例（修订稿）》可以参照上述规定予以完善。

三、商用密码安全性评估和安全审查

根据《密码法》第27条规定，关键信息基础设施应当使用商用密码进行保护，开展安全性评估活动；凡是采用了可能对国家安全产生影响的商用密码产品、服务的，都应当进行国家安全审查。2020年4月，国家密码管理局以及网信办等多个部门联合发布《网络安全审查办法》，为国家安全审查工作的开展提供了详细的制度依据。此外，《商用密码应用安全性评估管理办法（试行）》第3条规定，对涉及国家安全、社会公共利益的重要领域网络和信息系统的责任单位应当开展安全性评估。重要领域网络和信息系统包括：基础信息网络、涉及国计民生和基础信息资源的重要信息系统、重要工业控制系统、面向社会服务的政务信息系统，以及关键信息基础设施、网络安全等级保护第三级及以上信息系统。除此之外的责任单位可以自愿开展商用密码应用安全性评估。《条例（修订稿）》第38条规定，非涉密的关键信息基础设施、网络安全等级保护第三级以上网络、国家政务信息系统等网络与信息系统，不论是自行抑或是委托商用密码的检测机构，都应当开展应用的安全性评估活动。实际上,关键信息基础设施和网络安全等级保护在第三级及以上的信息系统,其涉及的领域往往都是对国家安全、社会公共安全抑或是国计民生具有重大影响的。实质上,我国建立商用密码应用安全性评估以及国家安全审查制度,体现了国家对国家安全利益、发展利益、主权利益的重视。国家对各类信息系统,尤其是对关键信息基础设施或网络安全等级在第三级及以上的信息系统采取了各类技术防范措施,并通过完善管理制度,在行政法层面乃至刑事法层面来防范商用密码从研发到使用各环节中可能出现的安全风险。①

此外,为了避免重复评估、测评,《条例(修订稿)》也要求加强商用密码的安全性评估、关键信息基础设施的安全检测评估、网络安全等级测评之间的协调性。然而,对于是否开展某一项评估就无须开展其他两项评估、测评,仍有待主管机构进一步予以明确。

第三节 商用密码信息安全义务与法律责任

一、商用密码应用安全协助与保密义务

从国外商用密码立法来看,各国政府无不重视公权力介入和监管,以保障国家信息网络安全;相应地,商用密码的应用本身也逐渐得到重视和法律保障。例如,美国政府曾要求在加密产品中加入密钥恢复机

---

① 马民虎、王新雷:《试论商用密码管制法之动态国家利益观》,《信息网络安全》2009年第3期。

制,以便法律执行部门在需要时获取信息明文,否则该产品就不被允许投入市场使用。然而,此规定一经发布就遭到业界人士以及公民自由团体强烈反对,理由是将密码托管给执法机构的政策会导致公民隐私保护被削弱,最终美国政府在 1999 年放弃该政策。2001 年施行的《爱国者法案》(USA PATRIOT Act)赋予了司法、情报部门很大程度的自由,允许其在不经批准的情况下监控手机用户的通信信息,甚至是银行信用记录、互联网通讯记录。此规定大大扩张了国家公权力机关的权力范围,引发了不少争议。因此,2015 年美国开始施行《自由法案》(USA Freedom Act),全面禁止政府大规模收集公民个人信息的行为,并规定只有在涉及恐怖活动调查,且有通讯运营商提供数据的需要时,司法机关才能在取得外国情报监督法庭许可后,向通讯运营商索要证据;在紧急情况下则无须获取许可,即可直接获取。①

然而,仅依靠公权力机关不足以满足监管的需要,我们应当理性地认知到,网络服务提供者是保障数据安全中的重要力量。不少国家政府也认识到了这一点,通过立法充分发挥其"守门人"的作用,规定当政府具有执法需求且服务提供商存储了加密信息时,政府可以强制要求网络服务提供者履行协助执法的义务,网络服务提供者应当提供通信内容以满足执法需求。② 我国《国家安全法》《反恐法》《网络安全法》和《密码法》均原则性地规定了信息网络服务利用者、提供者、运营者等相关主体有关国家安全保障的保护义务要求。例如,《国家安全法》第 77 条规定,公民、组织应当向国家安全机关、公安机关和有关军事机关提供必要的支持协助;《反恐法》第 18 条规定在防范或调查恐

---

① 赵志云、崔海默:《美国网络安全新近立法及对我国的启示》,《学术交流》2017 年第 6 期。
② 冯潇洒:《国外加密与执法案例分析及其对我国密码立法的启示》,《信息安全研究》2018 年第 3 期。

怖活动时,互联网服务提供者应当为国家安全机关以及公安机关提供技术支持和协助;《网络安全法》第28条同样规定网络运营者应当为维护国家安全以及侦察犯罪提供技术支持和协助;《密码法》第8条规定,公民、法人、其他组织可以依法使用商用密码保护网络与信息安全。《条例(修订稿)》第46条也明文规定了公民、法人或其他组织应当提供协助义务。应当说,一般的公民和组织都负有相应的商用密码应用安全的保护义务,网络服务提供者是不可或缺的一员。如果网络服务提供者不履行商用密码应用安全协助和保密义务,就应当承担相应的法律责任,其安全保护义务是追究其法律责任的根据和前置条件。具体来说,包括以下两个方面的内容:

(一) 商用密码应用安全协助义务

司法实践中,侦查机关办理案件必须调取各类处于加密的信息,但商用密码的广泛应用往往给司法机关的侦查活动带来阻碍,大量违法犯罪案件无法被及时发现、制止。由于商用密码所保护的是各类数据,数据所存储的是有关于公民个人隐私的各类信息,随着数据的流动使用,个人信息主体已经不再完全是数据安全利益的主体,数据安全利益是由个人安全、公共安全和国家安全组成的多层次体系。

首先,从利益衡量的角度来看,国家安全更为重要,其优先级应当更高。① 诚然,在一定程度上,网络服务提供商履行协助解密义务是对公民个人信息甚至对其隐私权的侵扰。但对于危害国家安全犯罪、恐怖活动犯罪、黑社会性质组织犯罪、毒品犯罪、贪污贿赂犯罪等其他危害国家安全、社会公共安全的犯罪以及侵害公民人身安全的重大犯罪

---

① 黄道丽、胡文华:《中国数据安全立法形势、困境与对策——兼评〈数据安全法(草案)〉》,《北京航空航天大学学报(社会科学版)》2020年第6期。

来说,要求网络服务提供商履行协助解密义务所带来的利益远大于公民的隐私权、通信自由权抑或是其企业运营的自由权。

其次,在适用前提方面,协助解密的行为实质上还是对公民隐私权、通信自由权的侵扰。因此,即便是在上述种类的案件中,司法机关也不能直接要求服务商等相关主体履行协助义务,必须是在司法机关采取了应当采取的侦查措施后难以获取证据、查明案情等情况下,或者司法机关在付出大量人力物力的情况下可以完成侦查任务,但会给国家安全、社会公共安全以及公民人身安全带来更严重的损害时,才可以要求网络服务提供商等相关主体提供协助义务。

最后,在协助程度方面,许多国家立法规定,网络服务提供商应当在其能力范围内履行协助解密的义务。[①] 由于网络服务提供商提供的信息涉及个人信息等隐私敏感数据,对于用户个人加密的数据,应当由用户本人承担协助义务,而网络服务商无须承担。在借鉴国外立法的基础上,我国立法对商用密码应用安全协助义务应当作出如下规定:一是针对严重损害国家安全、社会公共安全以及公民人身安全的重大犯罪,当司法机关采取侦查措施后难以获取证据、查明案情时,应当向有关部门提交报告申请并获得批准。报告内容包括获取信息的目的、范围等。网络服务提供商应当及时履行协助解密义务,以明文形式向司法机关提供与案情有关的加密信息,或者为司法机关提供将加密数据转化为明文的解密工具。二是针对由用户个人加密的数据,在涉及严重损害国家安全、社会公共安全以及公民人身安全的重大犯罪中,当司法机关采取侦查措施后难以获取证据、查明案情时,应当向有关部门提交报告申请并获得批准。报告内容包括获取信息的目的、范围等。公

---

① 冯潇洒:《国外加密与执法案例分析及其对我国密码立法的启示》,《信息安全研究》2018年第3期。

民、法人或者其他组织应当及时履行协助解密义务,以明文向司法机关提供与案情有关的加密信息,或者提供解密工具。

(二) 商用密码应用安全保密义务

在商用密码的法律规制中,最重要的问题就是如何实现自由与安全之间的平衡。在数据的个人安全、公共安全、国家安全之间,应当坚持"数据正义"的原则,不能片面强调个人安全法益而舍弃公共安全、国家安全法益的保护,反之亦然,应兼顾两者之间的平衡。[①] 一方面,执法机构要求网络服务提供商等相关主体履行协助义务提交涉及公民个人信息等敏感数据时,若网络服务提供商或者执法机构的工作人员将其泄露,将会对公民的隐私造成重大侵害;另一方面,网络服务提供商在履行协助义务时具有获得办案具体信息的可能性,一旦其将案件相关信息向外泄露,对于案件侦查将造成困难。因此,对于执法者以及网络服务提供商应当作出严格规制,要求其对于履行协助义务过程中所获知以及提交的各类信息应当严格保密,不得透露、非法出售、向他人提供;对于协助义务的履行,网络服务提供商也应当予以保密,在案件侦查期间不得向外泄露相关信息。

具体来说,商用密码应用安全保密义务应当包括如下内容:其一,网络服务提供商以及其他组织、个人对其履行协助义务过程中所获知、提交的各类信息以及协助义务的履行都应当严格保密,不得透露。其二,司法机关及其工作人员应当对办案过程中所获知的任何信息都予以保密,履行协助解密义务所提供的各类信息都应当只能用于案件侦查的相关活动中。其三,对于网络服务提供商以及其他组织、个人提供

---

① 任颖:《数据立法转向:从数据权利入法到数据法益保护》,《政治与法律》2020年第6期。

的与案情有关信息,如果有部分提交信息与案情无关,司法机关应当及时将这类信息予以彻底清除。

二、商用密码应用安全的法律责任体系

其一,在《密码法》和《条例(修订稿)》中,法律所规制的行为类型可以分类为检测活动、电子认证服务、进出口、商用密码的使用、国家安全审查等活动。《密码法》第32条规定,窃取他人加密保护的信息,非法侵入他人的密码保障系统,或者利用密码从事危害国家安全、社会公共利益、他人合法权益等违法活动的,由有关部门依照《网络安全法》和其他有关法律、行政法规的规定追究法律责任。从《条例(修订稿)》第8章"法律责任"的规定来看,其对商用密码应用的规制重点在于,商用密码是否在国家规定的轨道上进行全生命周期的活动,即是否按照规定进行科研、生产、销售、运输、进出口活动。在行政处罚方面,对行政违法主体基本上都是处以警告、没收违法所得、罚款这三类行政处罚。对于情节严重的行为,还会处以从责令停业整顿直至吊销资质的行政处罚。须指出,网络服务提供者具有履行协助网络安全管理义务,这是网络社会治理的关键。[1] 但网络服务提供商并非具有像公权力机关一样的管理者地位,其扮演的只是提供网络服务的角色。因此,国家法律不能强制要求服务提供者履行和"网络警察"同样的监管义务和责任。[2] 实践中,出现频率较高的与商用密码技术相关的安全事件就是服务提供商未使用商用密码对数据库加密,从而引发数据泄露的情

---

[1] 皮勇:《论网络服务提供者的管理义务及刑事责任》,《法商研究》2017年第5期。
[2] 谢望原:《论拒不履行信息网络安全管理义务罪》,《中国法学》2017年第2期。

况。这类涉及个人敏感信息的企业数据往往会被归入到网络保护第三级及以上的系统中,法律要求其使用商用密码以保护其系统安全,根据《条例(修订稿)》第58条的规定由密码管理部门责令其改正,并给予警告。若其存在拒不改正或者其他严重情节的,则对其处以罚款处罚。如果经监管部门责令改正后依然拒不采取改正措施,导致出现用户信息泄露等严重后果,则可以追究其拒不履行网络安全管理义务罪的刑事责任。

其二,我国《网络安全法》以及《条例(修订稿)》规定安全保护等级三级以上的计算机信息系统,应当使用商用密码保护。国家司法机关在制定《计算机安全刑事案解释》的过程中,曾设想将国家机关、军队、国防工业、科研领域中安全保护等级达到三级以上的计算机信息系统,秘密级以上的涉密计算机信息系统,其他关系国家安全、社会秩序和公共利益的重要计算机信息系统归属于这三类计算机信息系统中。[①] 根据此种解释,非法侵入安全等级保护三级以上的计算机信息系统的行为可构成非法侵入计算机信息系统罪。需要注意的是,随着商用密码技术的发展,行为人通过运算非法破解商用密码的难度大大提高,因此,更多的情况是合法持有商用密码的人员泄露密码,这样的行为同样应当被认定为非法侵入计算机信息系统罪。

其三,根据《密码法》的规定,商用密码用于保护不属于国家秘密的信息。在实践中,行为人往往不会单纯地为侵入计算机信息系统而破解或非法获取商用密码。更多都是在于通过非法进入信息系统中获取其中存储的数据。在此情况下,行为人可能构成非法获取计算机信息系统数据罪、侵犯公民个人信息罪或侵犯商业秘密罪。然而,前一种

---

① 喻海松:《网络犯罪二十讲》,法律出版社2018年版,第26页。

罪名将犯罪客体限定在身份认证信息,不免会与侵犯公民个人信息罪的保护范围有所重叠。因此,可以通过司法解释扩大本罪的保护对象,将所有能够识别公民个人信息的数据都纳入到本罪的保护范围中。另外,此类犯罪行为往往会隐匿在看似正常的业务操作中,具有一定的隐蔽性,且由于相关内部人员的权限问题,其所能接触到的数据往往是企业或者组织的核心数据,风险更高。① 对此,可以考虑降低其入罪门槛,以便与其他犯罪主体作出区分。应当注意的是,由于数据与信息之间具有关联性,在实践中可能会出现侵犯商业秘密罪、侵犯公民个人信息罪与非法侵入计算机信息系统罪等其他计算机犯罪之间产生混淆的情形。但此类计算机系统犯罪所保护的法益是计算机信息系统和数据的安全,传统犯罪则保护的是人身、财产等传统法益,虽然随着科技进步此类计算机犯罪的法益开始逐步呈现吸纳传统法益的趋势,但数据安全法益与人身、财产等传统法益之间是对立关系而非包容关系,因此在面对一侵犯数据的行为时,由于作为犯罪对象的"数据"具有单一性,只能评价为一罪,而不可能对犯罪对象进行多次法益评价,认定不同罪名进而适用法条竞合抑或是想象竞合犯,不应当按照从一重罪论处。②

其四,商用密码用于保护信息系统安全,密码技术成为很多不法分子从事违法犯罪活动的犯罪工具。比如,不法分子利用"洋葱路由"(onion routing)的加密技术访问暗网,可能构成非法利用信息网络罪、走私罪、恐怖活动犯罪等。③ 实践中,行为人以非法获取比特币为目

---

① 白小勇:《合规与实战推动密码产业发展》,《信息安全与通信保密》2021年第1期。
② 王镭:《"拷问"数据财产权——以信息与数据的层面划分为视角》,《华中科技大学学报(社会科学版)》2019年第4期。
③ "洋葱路由"的原理就是通过各类加密方式,隐藏用户的具体位置,从而使用户在互联网中具有绝对的匿名性。并在暗网中进行诸如贩卖武器、贩卖数据、策划恐怖活动、色情交易等违法犯罪行为。

的,非法传播文件加密程序,将存储在各类信息系统内的数据加密的犯罪行为同样频发。如在 2015 年,一种名为"CTB-Locker"的病毒在全球扩散,其工作原理就是将信息系统内的所有数据作加密处理,并弹出敲诈信息,要求受害人交付一定数目的比特币,否则就将加密的数据彻底销毁。2017 年发生的 Wanna Cry 事件,同样也是通过病毒将数据加密来敲诈用户。① 对于非法传播病毒的行为,我国《刑法》明文规定破坏计算机信息系统罪的行为方式之一就是故意制作、传播计算机病毒等破坏性程序,影响计算机系统正常运行、后果严重的行为。由于计算机病毒同医学上的病毒一样,其传播扩散的范围以及后果往往难以控制,因此行为人一般都难以预料到病毒扩散的范围。当计算机病毒侵入到国家事务、国防建设、尖端科学技术领域的计算机信息系统时,行为人可能会构成非法侵入计算机信息系统罪;若病毒侵入了这三类系统以外的信息系统,则行为人可能构成非法获取计算机信息系统数据罪或非法控制计算机信息系统罪,从而产生犯罪竞合问题,从一重罪定罪处罚即可。

其五,司法机关在认定商用密码应用中相关罪名的时候,须将前置性法律规范作为刑事违法性判断的依据,同时应注意不同前置法规范之间的衔接协调问题。我国《保守国家秘密法》《国家情报法》《中国人民解放军保密条例》《电子认证服务密码管理办法》等现行法律法规分别对商业秘密、商用密码、内幕信息、国家秘密、国家情报、军事秘密等予以保护,不同法律法规保护的对象范围存在交叉重合,相关罪名也存在竞合关系。对刑法中相关罪名的构成要件设置和司法认定,需要依

---

① Wanna Cry 又称 Wanna Decryptor,是一种"蠕虫式"的勒索病毒软件,由不法分子利用美国国家安全局(NSA)泄露的危险漏洞"Eternal Blue"(永恒之蓝)进行传播,勒索病毒肆虐,造成一场全球性互联网灾难,给电脑用户造成了巨大损失。

托前置性行政法律规范及行业标准。在信息数据安全领域存在诸多行业规范,如《信息安全技术信息系统密码应用基本要求》《证书认证系统密码及其相关安全技术规范》《SM9 标识密码算法》《密码模块安全检测要求》等。从法律效力来看,它们处于较低位阶,但对商用密码安全保护主体义务要求更高。刑法所设置的入罪门槛与行业规范设置的安全标准存在差异,是"最低安全底线",不能等同。为避免刑事打击范围过大,应将行业规范作为前置法中的参考依据,但不宜直接将其作为判断刑事违法性、认定犯罪的法律根据。

§

目前,我国数字法治建设正在加紧进行,《数据安全法》《个人信息保护法》等相关法律法规相继颁布。值得关注的是,我国加速推进法定货币数字化改革,《中国人民银行法》修订草案亦已开展了征求意见活动。《密码法》的实施与《商用密码管理条例》的修订,对于规范和保障区块链和密码技术的融合发展来说,无疑是重大利好,同时也为数字货币的发行提供了法律支撑。然而,只有采用符合国家密码管理法律和政策的密码技术,遵循相关密码标准规范要求,维护网络数据安全、技术安全和应用安全,才能为数字经济生态系统的良性运行提供制度保障。从系统论角度,以数据安全为核心,相关民法、刑法、行政法及行业规范之间应当是衔接协调的,不同法律手段共同发挥作用,司法适用中尽量避免不同法律规范之间的重复和冲突。从法秩序统一性角度,将某种违法犯罪行为放置在整个法律保护体系之中加以考量,进行违法性的层次性判断,形成刑民关系、刑行关系的衔接协调,形成商用密码应用促进和安全保障的法律规范体系,为我国数字生态良性运行提供"安全阀"和"协调器",实现数字安全与发展的协调统一。

结　语

在当下信息网络社会和大数据时代,个人信息权益法律保护越来越受到关注和重视。在《民法典》《个人信息保护法》等法律法规公布实施、公法与私法趋于融合的背景下,有必要确立刑民一体化的思维,将刑法、民法、行政法视为一国法律体系的有机组成部分,对兼具个人法益和公共法益属性的个人信息进行整体性、体系化法律保护。概括来说,本书的主要内容包括以下几个方面:首先,基于个人信息涉及的法益属性和内容界定,分析大数据时代给传统刑法理论带来的挑战,确立个人信息权益保护和数据利用兼顾平衡的价值理念,推动刑法理论在信息网络领域的运用和发展。其次,确立刑民一体化理念和模式,从刑法体系内外部探讨刑罚与其他刑事制裁措施之间、其他法律及行政法规之间的竞合冲突与衔接协调问题,推进个人信息保护法律体系内外部衔接协调。再次,对刑法中侵犯公民个人信息的相关罪名进行解释,探讨相关主体的刑事责任等问题,为司法机关定罪量刑提供合理依据,实现个体权益、社会秩序和国家安全的刑法保障。最后,基于对个人信息刑民一体化基本理论的研究,针对敏感个人信息、个人生物信息、个人信用信息、个人疫情信息、APP个人信息、商业密码信息等不同类型个人信息在刑民一体化保护方面的具体问题展开研究,为个人信息保护的立法、司法和政府决策提供参考依据。

通过对以上几个方面问题的研究,本书形成的主要观点归纳如下:第一,个人信息的流动和商业利用使得个人信息的社会公共属性得以体现和凸显,是个人信息可以作为新型法益独立存在的基础,刑法应针对个人信息收集和利用过程中不同犯罪类型予以应对。第二,个人信息保护应以保护个人权益和促进信息流通为宗旨,以实现个人权益保护和信息自由流通的平衡。刑法应赋予个人信息利用主体保障权利主体信息安全的义务,形成相应的刑法规范和刑事制裁体系。第三,个人信息保护旨在防范个人信息的滥用。对个人信息收集和获取环节进行的法律规制已无法真正有效保护个人信息;应重视加强对个人信息使用环节的刑法规制,形成个人信息流通和利用的全过程保护。第四,信息网络服务行为具有中立帮助性质,但也不存在绝对的"中立"。应当确立犯罪化与非犯罪化并行的观念,既要严密刑事法网,将严重侵犯公民个人信息法益的行为纳入其中,又要避免传统罪名的过度扩张和网络空间"口袋罪"的形成。第五,从刑民一体化角度,加强个人信息保护刑法内外部的衔接协调,可以有效地避免立法"碎片化"带来的司法适用上的困难,更好地发挥其体系功能,有效保障个人、社会和国家法益。

参考文献

一、著作

车浩:《阶层犯罪论的构造》,北京大学出版社 2017 年版。
陈兴良:《刑法的知识转型》,中国人民大学出版社 2012 年版。
付立庆:《积极主义刑法观及其展开》,中国人民大学出版社 2020 年版。
高富平:《个人数据保护和利用国际规则:源流与趋势》,法律出版社 2016 年版。
郭瑜:《个人数据保护法研究》,北京大学出版社 2012 年版。
黄荣坚:《基础刑法学》(上、下),中国人民大学出版社 2009 年版。
江溯主编:《美国刑法判例》,北京大学出版社 2021 年版。
劳东燕:《风险社会中的刑法:社会转型与刑法理论的变迁》,北京大学出版社 2015 年版。
黎宏:《刑法学各论》,法律出版社 2016 年版。
林钰雄:《新刑法总则》,中国人民大学出版社 2009 年版。
刘明祥:《财产罪比较研究》,中国政法大学出版社 2001 年版。
刘宪权:《人工智能时代的刑法观》,上海人民出版社 2019 年版。
刘艳红:《实质犯罪论》,中国人民大学出版社 2014 年版。
马克昌:《比较刑法原理:外国刑法学总论》,武汉大学出版社 2002 年版。
齐爱民:《信息法原论——信息法的产生与体系化》,武汉大学出版社 2010 年版。
汪东升:《个人信息的刑法保护》,法律出版社 2019 年版。
王钢:《德国判例刑法(分则)》,北京大学出版社 2016 年版。

于冲主编:《域外网络法律译丛·刑事法卷》,中国法制出版社 2015 年版。

于改之主编:《刑法知识的更新与增长:西原春夫教授 90 华诞祝贺文集》,北京大学出版社 2018 年版。

喻海松:《网络犯罪二十讲》,法律出版社 2018 年版。

张明楷:《法益初论》,中国政法大学出版社 2003 年版。

张明楷:《刑法分则的解释原理》(上、下),中国人民大学出版社 2011 年版。

周光权:《法治视野中的刑法客观主义》,法律出版社 2013 年版。

〔德〕克劳斯·罗克辛:《德国刑法总论(第 1 卷):犯罪原理的基础构造》,王世洲译,法律出版社 2005 年版。

〔德〕克劳斯·罗克辛:《德国刑法总论(第 2 卷):犯罪行为的特别表现形式》,王世洲译,法律出版社 2013 年版。

〔德〕乌尔斯·金德霍伊泽尔:《刑法总论教科书》,蔡桂生译,北京大学出版社 2015 年版。

〔德〕乌尔里希·齐白:《全球风险社会与信息社会中的刑法:二十一世纪刑法模式的转换》,周遵友等译,中国法制出版社 2012 年版。

〔美〕哈伯特·L.帕克:《刑事制裁的界限》,梁根林等译,法律出版社 2008 年版。

〔日〕日髙义博:《违法性的基础理论》,张光云译,法律出版社 2015 年版。

〔日〕山口厚:《刑法各论》,王昭武译,中国人民大学出版社 2011 年版。

〔日〕松宫孝明:《刑法各论讲义(第 4 版)》,王昭武、张小宁译,中国人民大学出版社 2018 年版。

〔日〕西田典之:《日本刑法各论》,王昭武、刘明祥译,法律出版社 2020 年版。

二、论文

陈兴良:《刑民交叉案件的刑法适用》,《法律科学(西北政法大学学报)》2019 年第 2 期。

程啸:《论我国个人信息保护法中的个人信息处理规则》,《清华法学》2021

年第 3 期。

高富平、王文祥:《出售或提供公民个人信息入罪的边界——以侵犯公民个人信息罪所保护的法益为视角》,《政治与法律》2017 年第 2 期。

高富平:《论个人信息处理中的个人权益保护——"个保法"立法定位》,《学术月刊》2021 年第 2 期。

何荣功:《预防刑法的扩张及其限度》,《法学研究》2017 年第 4 期。

黄道丽、胡文华:《中国数据安全立法形势、困境与对策——兼评〈数据安全法(草案)〉》,《北京航空航天大学学报(社会科学版)》2020 年第 6 期。

黄祥青:《刑民交叉案件的范围、类型及处理原则》,《法律适用》2020 年第 1 期。

黄忠:《民法如何面对公法:公、私法关系的观念更新与制度构建》,《浙江社会科学》2017 年第 9 期。

姜涛:《新罪之保护法益的证成规则——以侵犯公民个人信息罪的保护法益论证为例》,《中国刑事法杂志》2021 年第 3 期。

冀洋:《法益自决权与侵犯公民个人信息罪的司法边界》,《中国法学》2019 年第 4 期。

敬力嘉:《信息网络犯罪中集体法益保护范围的扩张与限度》,《政治与法律》2019 年第 11 期。

晋涛:《刑法中个人信息"识别性"的取舍》,《中国刑事法杂志》2019 年第 5 期。

金耀:《个人信息去身份的法理基础与规范重塑》,《法学评论》2017 年第 3 期。

孔祥稳:《论个人信息保护的行政规制路径》,《行政法学研究》2022 年第 1 期。

劳东燕:《功能主义刑法解释的体系性控制》,《清华法学》2020 年第 2 期。

刘宪权:《敏感个人信息的刑法特殊保护研究》,《法学评论》2022 年第 3 期。

刘艳红:《侵犯公民个人信息罪法益:个人法益及新型权利之确证——以〈个人信息保护法(草案)〉为视角之分析》,《中国刑事法杂志》2019 年第

5 期。

刘艳红：《民法编纂背景下侵犯公民个人信息罪的保护法益：信息自决权——以刑民一体化及〈民法总则〉第 111 条为视角》，《浙江工商大学学报》2019 年第 6 期。

刘越：《论生物识别信息的财产权保护》，《法商研究》2016 年第 6 期。

龙卫球：《数据新型财产权构建及其体系研究》，《政法论坛》2017 年第 4 期。

马长山：《数字社会的治理逻辑及其法治化展开》，《法律科学（西北政法大学学报）》2020 年第 5 期。

马春晓：《现代刑法的法益观：法益二元论的提倡》，《环球法律评论》2019 年第 6 期。

梅夏英：《数据的法律属性及其民法定位》，《中国社会科学》2016 年第 9 期。

欧阳本祺：《侵犯公民个人信息罪的法益重构：从私法权利回归公法权利》，《比较法研究》2021 年第 3 期。

彭诚信：《数据利用的根本矛盾何以消除——基于隐私、信息与数据的法理厘清》，《探索与争鸣》2020 年第 2 期。

皮勇：《论网络服务提供者的管理义务及刑事责任》，《法商研究》2017 年第 5 期。

曲新久：《论侵犯公民个人信息犯罪的超个人法益属性》，《人民检察》2015 年第 11 期。

任颖：《数据立法转向：从数据权利入法到数据法益保护》，《政治与法律》2020 年第 6 期。

申卫星：《大数据时代个人信息保护的中国路径》，《探索与争鸣》2020 年第 10 期。

申卫星：《论个人信息保护与利用的平衡》，《中国法律评论》2021 年第 5 期。

石佳友：《个人信息保护法与民法典如何衔接协调》，《人民论坛》2021 年第 2 期。

石聚航：《侵犯公民个人信息罪"情节严重"的法理重述》，《法学研究》2018 年第 2 期。

孙道萃:《大数据法益刑法保护的检视与展望》,《中南大学学报(社会科学版)》2017年第1期。

孙国祥:《集体法益的刑法保护及其边界》,《法学研究》2018年第6期。

孙笑侠:《身体权的法理——从〈民法典〉"身体权"到新技术进逼下的人权》,《中国法律评论》2020年第6期。

王镭:《"拷问"数据财产权——以信息与数据的层面划分为视角》,《华中科技大学学报(社会科学版)》2019年第4期。

王利明:《论个人信息权的法律保护——以个人信息权与隐私权的界分为中心》,《现代法学》2013年第4期。

王倩云:《人工智能背景下数据安全犯罪的刑法规制思路》,《法学论坛》2019年第2期。

王锡锌、彭錞:《个人信息保护法律体系的宪法基础》,《清华法学》2021年第3期。

吴镝飞:《法秩序统一视域下的刑事违法性判断》,《法学评论》2019年第3期。

夏伟:《新型权利入民法典对刑法犯罪评价的影响》,《法学评论》2021年第3期。

夏伟:《个人信息嵌套保护模式的提出与构造》,《中国政法大学学报》2021年第5期。

谢望原:《论拒不履行信息网络安全管理义务罪》,《中国法学》2017年第2期。

许可:《数据安全法:定位、立场与制度构造》,《经贸法律评论》2019年第3期。

杨惟钦:《价值维度中的个人信息权属模式考察——以利益属性分析切入》,《法学评论》2016年第4期。

杨燮蛟、张怡静:《大数据时代个人信息刑法保护新探——以〈刑法修正案(九)〉为视角》,《浙江工业大学学报(社会科学版)》2016年第4期。

杨兴培、田然:《刑法介入刑民交叉案件的条件——以犯罪的二次性违法理论为切入点》,《人民检察》2015年第15期。

阳雪雅:《论个人信息的界定、分类及流通体系——兼评〈民法总则〉第 111 条》,《东方法学》2019 年第 4 期。

杨志琼:《非法获取计算机信息系统数据罪"口袋化"的实证分析及其处理路径》,《法学评论》2018 年第 6 期。

杨志琼:《我国数据犯罪的司法困境与出路:以数据安全法益为中心》,《环球法律评论》2019 年第 6 期。

叶良芳、应家赟:《非法获取公民个人信息罪之"公民个人信息"的教义学阐释——以〈刑事审判参考〉第 1009 号案例为样本》,《浙江社会科学》2016 年第 4 期。

叶名怡:《论个人信息权的基本范畴》,《清华法学》2018 年第 5 期。

于冲:《侵犯公民个人信息罪中"公民个人信息"的法益属性与入罪边界》,《政治与法律》2018 年第 4 期。

于改之:《法域冲突的排除:立场、规则与适用》,《中国法学》2018 年第 4 期。

喻海松:《侵犯公民个人信息罪司法适用探微》,《中国应用法学》2017 年第 4 期。

喻海松:《〈民法典〉视域下侵犯公民个人信息罪的司法适用》,《北京航空航天大学学报》(社会科学版)2020 年第 6 期。

袁泉、王思庆:《个人信息分类保护制度及其体系研究》,《江西社会科学》2020 年第 7 期。

张力、黄鑫:《大数据背景下个人信息保护的公、私法衔接》,《重庆邮电大学学报(社会科学版)》2021 年第 1 期。

张绍谦:《试论刑罚功能的局限性》,《社会科学》2005 年第 1 期。

张新宝:《从隐私到个人信息:利益再衡量的理论与制度安排》,《中国法学》2015 年第 3 期。

张新宝:《个人信息收集:告知同意原则适用的限制》,《比较法研究》2019 年第 6 期。

张新宝:《论个人信息权益的构造》,《中外法学》2021 年第 5 期。

赵宏:《从信息公开到信息保护:公法上信息权保护研究的风向流转与核心

问题》,《比较法研究》2017年第2期。

郑飞、李思言:《大数据时代的权利演进与竞合:从隐私权、个人信息权到个人数据权》,《上海政法学院学报(法治论丛)》2021年第5期。

周光权:《网络服务商的刑事责任范围》,《中国法律评论》2015年第2期。

周光权:《"刑民交叉"案件的判断逻辑》,《中国刑事法杂志》2020年第3期。

周光权:《侵犯公民个人信息罪的行为对象》,《清华法学》2021年第3期。

〔德〕克劳斯·罗克辛:《对批判立法之法益概念的检视》,陈璇译,《法学评论》2015年第1期。

〔德〕乌尔里希·齐白:《比较法视野下网络服务提供者的责任》,王华伟、吴舟译,《刑事法评论》2015年第2期。

〔美〕劳伦斯·G.沃尔特斯:《美国网络服务提供者的刑事责任理论研究——基于网上色情信息的视角》,杨新绿、涂龙科译,《刑法论丛》2015年第4期。

〔日〕伊东研祐:《现代社会中危险犯的新类型》,郑军男译,载何鹏、李洁主编:《危险犯与危险概念》,吉林大学出版社2006年版。

Athur R. Miller, "Personal Privacy in the Computer Age: The Challenge of New Technology in an Information-Oriented Society", *Michgan Law Review*, 67, 1969.

Bruce Radke, "Selected State Laws Governing the Safeguarding and Disposing of Personal Information", J. Marshall J. Computer & Info. L, 31, 2015.

E. J. Eberle, "Observations on the Development of Human Dignity and Personality in German Constitutional Law: An Overview", *Liverpool Law Review*, 33, 2012.

Omer Tene, Jules Polonetsky, "Big Data for All: Privacy and User Control in the Age of Analytics", *Northwestern Journal of Technology and Intellectual Property*, 11(5), 2013.

Paul Ohm, "Broken Promises of Privacy: Responding to the Surprising Failure of Anonymization", *UCLA Law Review*, 57, 2010.

后　记

近年来笔者在个人信息刑法保护和网络犯罪领域开展重点研究，在《法学》《政治与法律》《东方法学》《社会科学辑刊》《江西社会科学》《河南社会科学》等学术期刊发表相关论文20余篇，主要有《敏感个人信息的公、私法一体化保护》《APP个人信息的刑法保护：以知情同意为视角》《论大数据背景下涉疫情个人信息的法律保护》《个人信用信息法益及刑法保护：以互联网征信为视角》《个人生物信息安全的法律保护——以人脸识别为例》《数据安全分类分级的刑法保护》《数据安全法益的参照系与刑法保护模式》《数字生态下商用密码应用安全的法治保障》《公民个人信息刑法保护的碎片化与体系解释》《网络帮助行为的犯罪化与非犯罪化》《个人信息去识别化的刑法应对》《侵犯公民个人信息罪中的信息数量及认定规则》等；先后主持司法部科研项目"网络反腐的刑事司法路径与模式"（2012）、上海市社科规划系列研究课题"网络反腐的法律规范和法律保障研究"（2013）、上海市哲学社会科学课题"信息网络技术服务刑法规制研究"（2016）、国家社科基金项目"大数据背景下公民个人信息刑法保护体系研究"（2019）等国家和省部级课题。其中的相关学术观点受到学界关注，承担的上海市哲学社会科学课题"信息网络技术服务刑法规制研究"获评优秀，所提出的对策建议在上报领导的成果要报中被采纳，本书即为上述研究成果的汇集和总结。

本书收入"华东政法大学70周年校庆丛书"，由商务印书馆出版，也是我于2018年在上海人民出版社出版个人专著《网络反腐的刑事司法路径与模式研究》之后,在信息网络刑法研究领域的第二部专著。在此,特向母校、资助单位和出版社的领导、老师,向所有关心、支持和帮助我的师长、同事表示衷心感谢!恳请学界诸位同仁和法律实务界人士批评指正!

张勇　谨识
2022年春于上海

图书在版编目（CIP）数据

刑民一体化视域下个人信息保护问题研究 / 张勇著. —北京：商务印书馆，2022
（华东政法大学 70 周年校庆丛书）
ISBN 978-7-100-21464-3

Ⅰ. ①刑⋯ Ⅱ. ①张⋯ Ⅲ. ①个人信息—法律保护—研究—中国 Ⅳ. ① D923.74

中国版本图书馆 CIP 数据核字（2022）第 129672 号

权利保留，侵权必究。

华东政法大学 70 周年校庆丛书
刑民一体化视域下个人信息保护问题研究
张勇 著

商 务 印 书 馆 出 版
（北京王府井大街 36 号　邮政编码 100710）
商 务 印 书 馆 发 行
南京新洲印刷有限公司印刷
ISBN 978-7-100-21464-3

2022 年 10 月第 1 版	开本 880×1240　1/32
2022 年 10 月第 1 次印刷	印张 9½

定价：58.00 元